2019
中国柔性版印刷发展报告

主　编：陈　斌
副主编：曾　忠　顾　凯　乔俊伟

DEVELOPMENT REPORT OF
CHINA FLEXOGRAPHIC PRINTING
2019

文化发展出版社
Cultural Development Press

图书在版编目（CIP）数据

2019中国柔性版印刷发展报告/陈斌等主编.—北京：文化发展出版社，2019.7
ISBN 978-7-5142-2730-7

Ⅰ.①2… Ⅱ.①陈… Ⅲ.①苯胺印刷－印刷工业－工业发展－研究报告－中国－2019
Ⅳ.①F426.84

中国版本图书馆CIP数据核字(2019)第140890号

2019中国柔性版印刷发展报告

主　　编：陈　斌
副 主 编：曾　忠　顾　凯　乔俊伟

出 版 人：武　赫
策　　划：魏　欣
责任编辑：李　毅
执行编辑：魏晓峰　　　　　　责任校对：岳智勇
责任印制：邓辉明　　　　　　责任设计：侯　铮
出版发行：文化发展出版社（北京市翠微路2号 邮编：100036）
网　　址：www.wenhuafazhan.com
经　　销：各地新华书店
印　　刷：北京印匠彩色印刷有限公司
开　　本：787mm×1092mm　1/16
字　　数：260千字
印　　张：15.25
印　　次：2019年7月第1版　2019年7月第1次印刷
定　　价：108.00元
ＩＳＢＮ：978-7-5142-2730-7

◆ 如发现任何质量问题请与我社发行部联系。发行部电话：010-88275710

编委会

主 编
陈 斌

副主编
曾 忠　顾 凯　乔俊伟

成 员
(按姓氏笔画排序)

王 洋　孔玲君　张晓迁　肖 颖　孟 玫　尚玉梅　罗尧成
周建宝　宗利永　施建屏　顾春华　顾 萍　蔡成基

主 审
王晓红

完成单位

上海出版印刷高等专科学校

国家新闻出版署"柔版印刷绿色制版与标准化"重点实验室

目 录

第一部分　行业产业报告

中国柔性版印刷发展报告	003
2014—2018 年中国柔性版印刷机市场销售情况调查报告	041
2018 年中国柔版油墨产业发展报告	056

第二部分　相关政策与标准

绿色印刷相关法规政策索引	069
柔性版印刷相关标准索引	073
绿色印刷相关法规政策解读	082
柔性版印刷的标准化工作现状分析	094
柔性版印刷专用标准解读	104

第三部分　行业技术发展论述

柔性版数字直接制版机性能分析	121
橡胶直雕柔性版的特点和应用	128
平顶网点技术在软包装高清柔印应用的探索	135
柔印工艺标准化方案示例	145
卫星式柔印在纸箱胶转柔中的应用	151
柔印复合软包装技术的研究与应用	160

油墨管理提升竞争力	170
柔印污泥减量化处理研究	187
基于知识图谱的柔性版印刷技术应用专利数据挖掘	191

第四部分　行业典型案例

柔印瓦楞预印技术大放异彩	205
两化融合，打造瓦楞包装智慧印厂	209
立足大数据，走柔印智能化发展之路	214
书刊柔性版水墨印刷实现了柔印零的突破	220
水墨应用于直接接触食品包装的环保柔印生产	226
高质量的柔印组合标签印刷	230
自动质检，为柔印智能化发展打下坚实基础	235

中 # 第一部分
行业产业报告

柔性版印刷因其绿色环保、承印材料多种多样、高速度大批量生产、灵活组合多种印刷生产方式等突出特点，符合绿色环保的要求，是目前最环保的印刷方式之一，也是目前世界范围内增长速度最快的印刷方式，正在被越来越多的印刷企业和终端用户接受。

　　本部分包含了一个主报告《中国柔性版印刷发展报告》和两个分报告《2014—2018年中国柔性版印刷机市场销售情况调查报告》《2018年中国柔版油墨产业发展报告》。

中国柔性版印刷发展报告

上海出版印刷高等专科学校
国家新闻出版署"柔版印刷绿色制版与标准化"重点实验室

实施绿色印刷是我国印刷业贯彻"节约资源和保护环境"基本国策，加快推进全行业生态文明建设的重要举措。以 2010 年原国家新闻出版总署与原环境保护部共同签署《实施绿色印刷战略合作协议》和 2011 年再次联合发布的《关于实施绿色印刷的公告》为标志，我国印刷行业迈进绿色印刷发展的新阶段。原国家新闻出版广电总局印发的《印刷业"十三五"时期发展规划》提出贯彻"创新、协调、绿色、开放、共享"五大发展理念，推动我国印刷业加快"绿色化、数字化、智能化、融合化"发展，实现由印刷大国向印刷强国的初步转变，明确提出了"坚持绿色发展道路，增强绿色印刷实效"的重点任务。

柔性版印刷是目前最环保的印刷方式之一。柔性版印刷起源于 20 世纪 20 年代，由美国人发明，有将近 100 年的历史。目前柔性版印刷使用的水性油墨和 UV 油墨，都不含毒性较强的苯、酯和酮，也不含对人体有害的重金属。尤其是柔性版印刷水性油墨，无毒、无污染。其连结料主要由水和树脂组成，不含有机溶剂，可以最大限度地减少 VOCs（挥发性有机化合物）的排放，防止大气污染，改善印刷作业环境，保障从业者的身体健康，避免印刷品表面残留过多的溶剂气味，特别适用于食品、饮料、药品等卫生条件要求严格的包装印刷产品，已获得美国食品药品协会认可。另外，柔性版印刷 UV 油墨中也不含有机溶剂，油墨经过一定波长的紫外线固化后不会对环境造成污染，其安全性也获得美国环境保护局的认可。而且，柔性版印刷的墨层厚度只有凹版印刷的一半左右，单位面积的油墨消耗量远小于凹版印刷的油墨消耗。此外，柔性版印刷属于轻压力印刷，设备能耗低，柔性版制版过程对环境的危害小，超百万印次的柔性版耐印力减少了长版订单停机换版带来的材料损耗，因此，柔性版印刷成为业界公认的绿色印刷方式之一。由于柔性版印刷的环保特性，其在美国包装印刷市场中占比达到 70% 以上，在欧洲，特别是西欧占比大约为 50%。20 世纪 90 年代，随着快餐食品和化妆品等领域越来越多的外资企业进入中国，柔性版印刷也开始引入中国市场并逐步发展。2016 年 7 月工业和信息化部与财政部联合发布的《重点行业挥发性有机物削减行动计划（2017–2018）》中明确指出"鼓励采用柔性版印刷工艺和无溶剂复合工艺，逐步减少凹版印刷工艺、干式复合工艺"。

近年来，从柔性版版材，到制版技术、印刷设备与器材、印刷工艺及耗材等新材料、新技术、新工艺不断推陈出新，快速发展。特别是随着各种高分辨率网点再现技术、平顶网点技术、实地加网技术、高线数激光雕刻陶瓷网纹辊技术、无轴传动技术、印版套筒、网纹辊套筒等技术的出现与应用推广，以及印刷机精度的提高，印刷压力控制更加精确，使得网点的还原性大幅提高，柔性版印刷开始步入高品质印刷的行列，印刷效率显著提升，成本持续下降，柔性版印刷市场规模持续扩大。

目前，我国的柔性版印刷在瓦楞纸箱、标签、无菌液体包装、纸杯纸袋、餐巾纸等领域已有了相当广泛的应用，逐渐占据主导地位，并且在软包装印刷和书刊印刷领域也开始占据一席之地，表现出强劲的增长势头和发展潜力。

本报告以项目组 2019 年的最新调研数据为基础，对我国柔性版印刷行业的现状进行分析。

一、我国柔性版印刷行业发展状况

由于我国印刷工业产值的统计中没有按照印刷工艺进行细分，无法准确得到我国柔性版印刷的工业总产值。根据中国油墨行业发展报告的数据，柔性版印刷油墨消耗量约占全部印刷油墨总消耗量的 10%。考虑到柔性版印刷相比凹版印刷等其他印刷方式具有的薄墨层特性，其市场占有率应略高于油墨消耗量比例。占比大约在 12% 到 15% 之间。按照 2017 年度我国印刷工业总产值 1.2 万亿元计算，柔性版印刷的工业产值约为 1440 亿～1800 亿元之间。

我国的柔性版印刷行业是一个完全开放、充分竞争的行业，除柔性版版材生产仍然由少数国外大企业主导以外，柔性版印刷、制版、设备、油墨和其他相关企业中各种所有制企业均在其中发挥着重要的作用。由抽样调查数据可知，民营企业数量占比很高，达到总量的 60% 以上。其中，制版企业中的民营企业数量占比超过 90%；印刷企业中的民营企业数量占比超过 50%；其他相关企业中的民营企业数量占比超过 55%。

版材生产企业数量虽然不多，但它们属于柔性版印刷的上游企业，研发能力和盈利能力强，它们推出的新产品和技术往往对于行业的发展和印品质量的提升起着至关重要的引领作用。杜邦、富林特、柯达、麦德美、旭化成等国外大企业占据了市场的绝大多数。近年来以乐凯华光、上海强邦等为代表的国产版材生产企业的新产品研发速度越来越快，国产版材的生产能力也明显增强。国产版材进入市场的步伐加快，对我国柔性版印刷行业降低成本、推动行业快速发展具有重大意义。从近几年海关统计的进出口数据看，柔性版版材进口量快速上升的势头有所减缓，出口量快速增长。根据最新发布的海关统计数据看，2019 年 1～4 月份柔性版版材进口额 955 万美元，同比下降 19.2%，出口额 622 万美元，大幅增长 63.6%。国产版材在 2.28mm、2.84mm、3.94mm 等厚版领域已具有一定优势，并且正在研发 1.14mm 和 1.7mm 等薄版产品。未来几年，柔性版版材供应总体上由国外少数大企业主导的局面或将改变。

在柔性版印刷行业中，印刷企业的数量最多，是柔性版印刷行业的主要组成部分，也是毫无疑问的主角。在柔性版印刷的应用领域中，瓦楞纸印刷占据非常高的比重。根据国际瓦楞纸箱协会（ICCA）的统计数据，全球瓦楞纸箱行业 2017 年产值达到 2260 亿美元，瓦楞纸箱产量 2340 亿平方米，其中亚洲市场占比 51.6%，约为 1207 亿平方米。我国 2017 年的瓦楞纸消费量约为 2396 万吨，其中 90% 以上的瓦楞纸板采用柔性版印刷。而且全球瓦楞纸箱市场仍将持续增长，其中我国的增速更为稳健。瓦楞纸箱的稳步发展就意味着柔性版印刷的体量在继续增大。由于时间等条件所限，本次调研尚未涉及瓦楞纸板后印的企业。为使读者对瓦楞纸印刷企业有个较直观的了解，本书选择了两家有特色的瓦楞纸印刷企业进行了案例分析，具体见第四部分"行业典型案例"。除了数量庞大的瓦楞纸板后印企业外，我国其他涉及柔性版印刷的印刷企业也数以千计。它们面向的应用市场广，销售规模、人才、技术和管理水平差异也很大。

柔性版制版企业的数量也比较多。全国共有大大小小柔性版制版企业几百家，其中拥有 CDI（计算机直接制版）等各种先进制版设备和技术的制版企业已近 100 家。它们为柔性版印刷企业提供各种专业的印前制版等服务，对于提高柔性版印刷质量等具有十分重要的影响。近年来，柔性版印刷领域中与制版和加网等相关的新技术、新工艺层出不穷。德温特手工代码 2008～2017 年的标记次数表明，柔性版制版相关领域的发明专利数量仅次于柔性版油墨的专利数量。这些新技术的大量出现，对于柔性版印刷行业整体印刷质量的提升具有非常显著的效果，使得柔性版印刷跻身高品质印刷的行列。

在柔性版印刷相关企业中，油墨和印刷设备生产具有非常重要的地位。

油墨是绿色印刷产业链源头治理的关键环节。油墨生产企业是柔性版绿色印刷的重要保证。根据国家环境保护标准 HJ371—2018 的要求，柔性版水性油墨的 VOCs 含量须控制在 5% 以内。近年来世界各国的油墨生产企业均加大了柔性版印刷油墨的研究。德温特手工代码的标记次数表明，在柔性版印刷领域中柔性版油墨的专利数量居于首位，其中水性油墨是最重要的研究方向之一。

柔性版印刷设备的性能、质量和稳定性，对于印刷质量、成本和效率等具有至关重要的作用。除了瓦楞纸印刷机以外，目前的柔性版印刷机均为卷筒印刷机，按照其滚筒排列方式不同，主要分为卫星式、机组式和层叠式三种类型。其中，机组式和卫星式结构是柔性版印刷机发展的主要方向。近 5 年，中国内地共新增 1058 台机组式和 202 台卫星式柔性版印刷机。装机量的持续上升，也表明了我国柔性版印刷的市场份额在不断扩大。在新增的机组式和卫星式柔性版印刷机装机量中，国产设备分别占据了 84.31% 和 93.56% 的市场份额，市场占有率表现非常抢眼。国产设备的优异表现，在为柔性版印刷行业提供装备保障的同时，也为行业的成本降低做出了贡献。

在其他柔性版印刷相关企业中，还包括了网纹辊、套筒、双面胶带，以及环保设备等企业。这些企业对于提高柔性版印刷企业的产品质量和生产效率、降低综合成本、加强环境保护等提供了重要保障，是柔性版印刷行业不可或缺的重要组成部分。

本报告根据 2019 年的最新调研样本数据，分别对我国的柔性版印刷企业、柔性版制版企业和柔性版相关企业的发展状况等进行了深入分析。

（一）柔性版印刷企业的发展状况

1. 基本情况

民营印刷企业在柔性版印刷领域占据极其重要的地位。据统计，在调研的样本企业中，民营印刷企业的数量占比 52.86%，超过了其他类型所有制企业数量的总和。国有企业和上市公司数量合计约占总数的 25.71%，中外合资、港澳台资和外资企业数量合计约占总数的 21.43%，如图 1 所示。

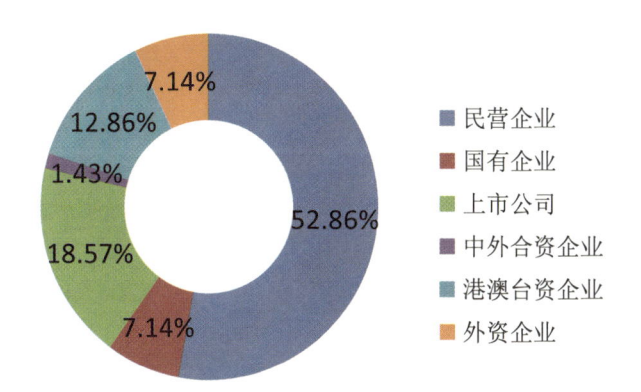

图 1 柔性版印刷企业所有制类型分布情况

包装装潢印刷是柔性版印刷的主要应用领域。按照调研企业的主要业务分布占比从高到低依次为：软包装（含透气膜印刷），27.75%；商标、标签，20.33%；厚纸包装（折叠纸盒、纸杯），14.19%；薄纸类纸包装（含纸箱预印、无菌包），13.68%；瓦楞包装（不含纸箱预印），3.96%；其他20.08%，如图2所示。由样本数据可知，本次调研的企业中瓦楞纸直接印刷业务占比很小，因此下述所有分析结论一般不适用于瓦楞纸板后印企业。

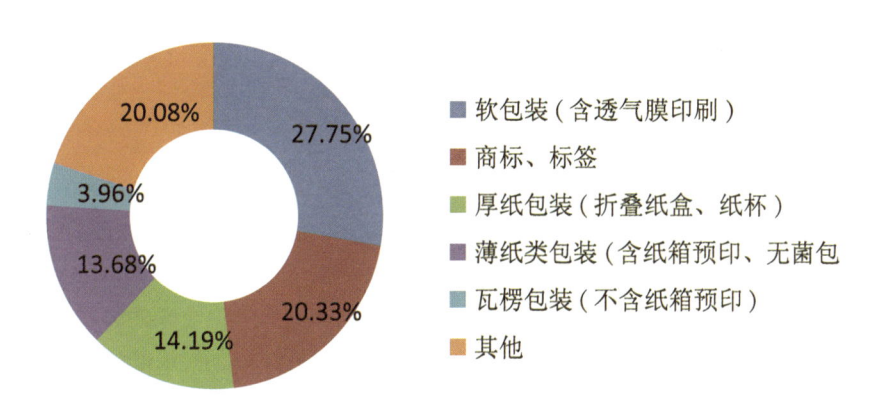

图 2 柔性版印刷企业的业务分布情况

柔性版印刷企业拥有的员工人数相对较多。员工超过100人的企业约占66.66%，超过200人的企业约占41.26%，超过300人的企业约占26.98%，50人以下的企业仅占14.29%，如图3所示。

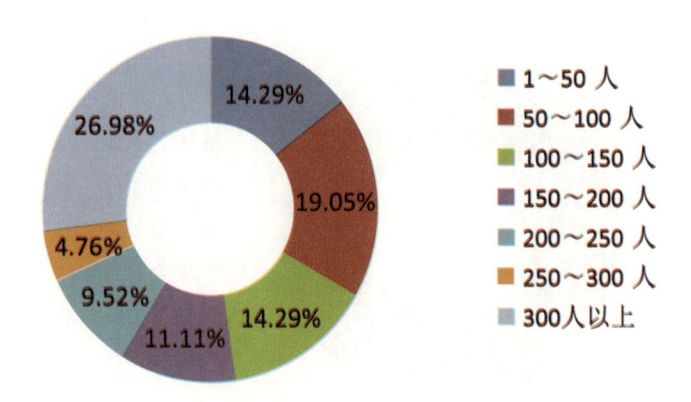

图 3 柔性版印刷企业员工人数分布情况

柔性版印刷企业的 2018 年销售额分布情况如图 4 所示。由图 4 可知，高达 80.95% 的被调研企业年销售额超过 3000 万元，这一比例与上一年度的调研数据（80.28%）相比基本持平。其中，年销售额 5000 万元以上的印刷企业约为 73.01%，年销售额 1 亿元以上的企业超过 55%，年销售额 2 亿元以上的企业超过 30%，年销售额 5 亿元以上的企业约占 12.70%。柔性版印刷企业 2017 年和 2018 年的销售额分布情况对比如图 5 所示。由图可知，年销售额 5000 万元以下的企业比例有所增加，5000 万～1 亿元的企业比例有所下降，而 1 亿元以上的企业比例变化不大。

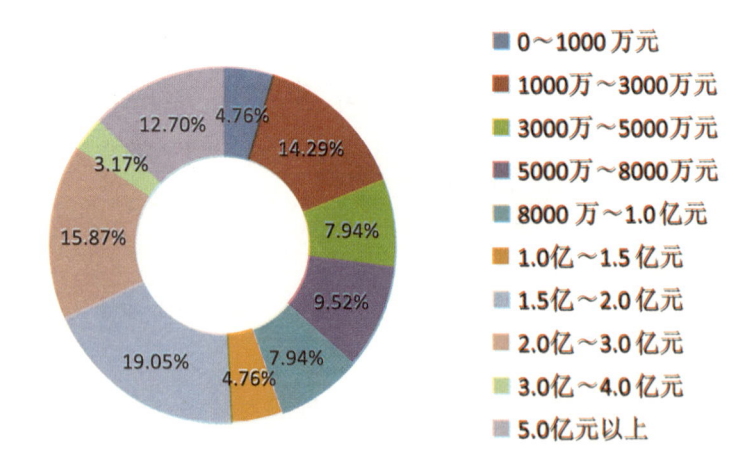

图 4 柔性版印刷企业的 2018 年销售额分布情况

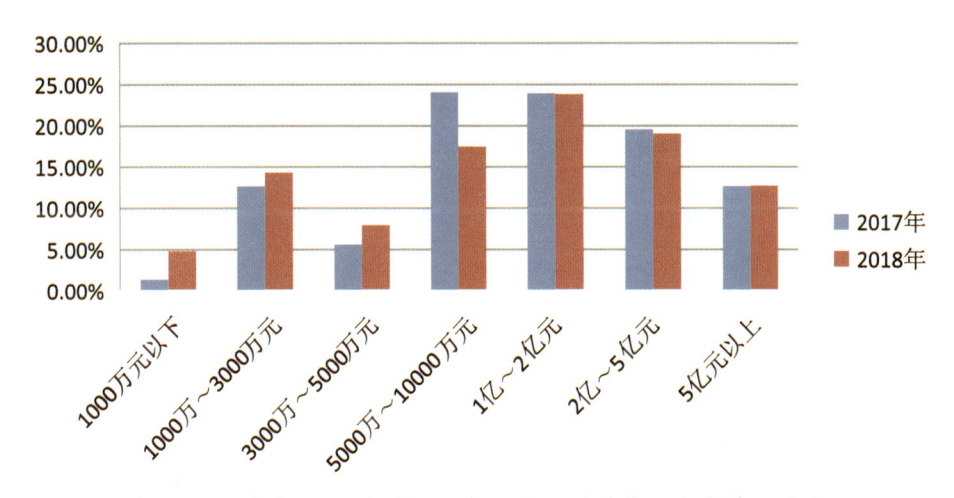

图 5　2017 年与 2018 年柔性版印刷企业的销售额分布情况对比

按照原国家新闻出版署认定的标准，年产值超过 5000 万元的大型印刷企业为"规模以上重点印刷企业"。根据历年的统计数据，这些规模以上重点印刷企业在我国印刷企业总量中占比尚未突破 4%。本次调研的柔性版印刷企业中，规模以上重点印刷企业的比例非常高，与其在全国印刷企业中的占比形成了鲜明对比。经过分析，认为导致这一现象的可能原因包括：（1）规模以上重点印刷企业积极推动和贯彻绿色印刷战略，众多大型印刷企业都涉及柔性版印刷。（2）规模以上重点印刷企业对绿色印刷高度关注，参与本次柔性版印刷行业调研的积极性非常高。（3）柔性版印刷适用于大批量高印数的长版印刷订单，企业生产规模大，经营产值高。从另一个方面看，柔性版印刷企业中规模以上重点印刷企业占比高，也说明柔性版印刷企业的起点较高，它们的技术能力和管理水平普遍较高。

柔性版印刷企业的经营状况普遍较好，但与上一年度的调研数据相比有所下降。其中，盈利或略有盈利的企业合计占比 71.43%，与上一年度的调研数据（87.32%）相比下降较大。亏损或略有亏损的企业合计占比 14.29%，与上一年度的调研数据（5.63%）相比增加明显，其中 1.43% 的企业亏损较大，如图 6 所示。

同时，调研表明企业对 2019 年度的经营状况虽然仍普遍持乐观态度，但与上一年度的调研数据相比有所下降。其中，认为好于或明显好于上一年度的企业合计占比 60.0%，与上一年度的这一调研数据 63.4% 相比略有下降。认为略差或明显差于上一年度的企业合计占比 12.86%，与上一年度的这一调研数据 9.86% 相比增加明显，如图 7 所示。

图 6 和图 7 所示数据显示，虽然柔性版印刷企业的整体经营状况和经营预期仍然保持不错的态势，但在当前中美贸易摩擦不断加剧等背景下，行业的整体经营状况有恶化迹象，并且对未来的预期也在下降。

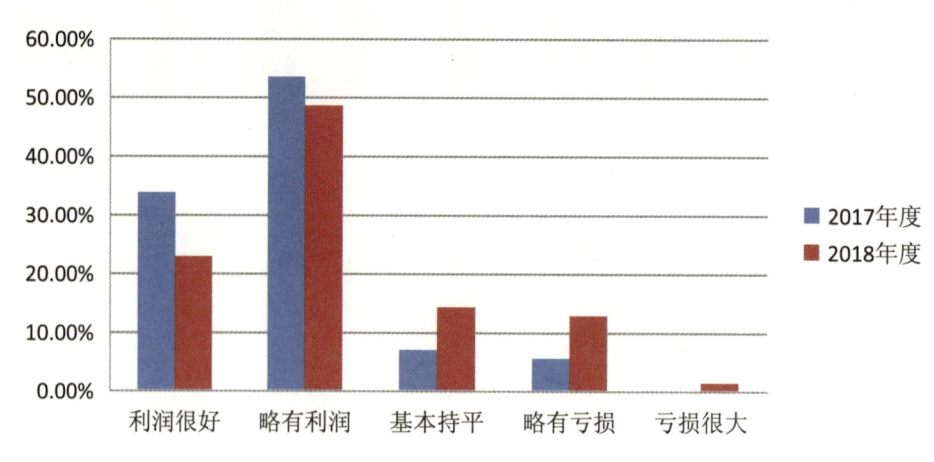

图 6 柔性版印刷企业的经营情况对比

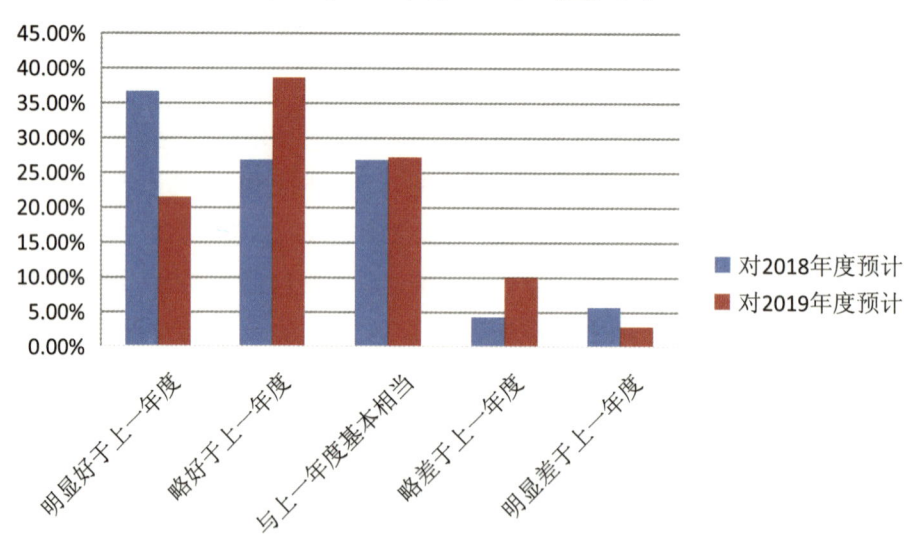

图 7 柔性版印刷企业的经营预期对比

2．柔性版印刷业务的比重情况

柔性版印刷企业并不是仅仅使用柔性版印刷这一种印刷工艺，往往还应用了平版印刷、凹版印刷、数码印刷等多种印刷工艺，甚至部分企业应用其他印刷工艺的业务占比远超柔性版印刷业务占比。

调研企业的柔性版印刷业务占企业总销售额的比重情况,如图8所示。其中,柔性版印刷业务比重10%以内、10%~20%、20%~30%、30%~40%、40%~50%、50%~60%、60%~70%、70%~80%、80%~90%和90%以上的企业数量比例分别为:19.05%、7.94%、14.29%、9.52%、9.52%、6.35%、11.11%、3.17%、4.76%和14.29%,见表1。

表1 调研企业的柔性版印刷业务占比情况

柔印业务	企业数占比
占销售额10%以内	19.05%
占销售额10%~20%	7.94%
占销售额20%~30%	14.29%
占销售额30%~40%	9.52%
占销售额40%~50%	9.52%
占销售额50%~60%	6.35%
占销售额60%~70%	11.11%
占销售额70%~80%	3.17%
占销售额80%~90%	4.76%
占销售额90%~100%	14.29%
合计	100%

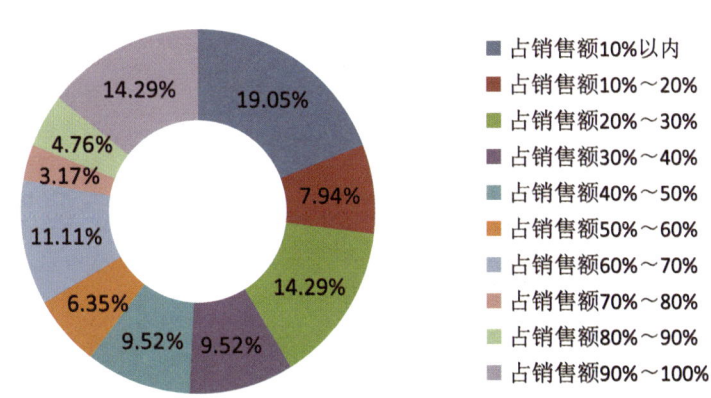

图8 调研企业的柔性版印刷业务占比情况

图 9 为 2017 与 2018 年度的柔性版印刷业务比重对比图。由图可知，柔性版印刷业务比重低于 10% 的企业约为 19.05%，与去年的调研数据 19.72% 相比基本持平。柔性版印刷业务比重低于 30% 的企业约为 41.28%，与去年调研数据 38.03% 相比略有增加；柔性版印刷业务比重超过 60% 的企业约为 33.33%，与去年的调研数据 38.03% 相比有所减少；柔性版印刷业务比重超过 90% 的企业仅为 14.29%，与去年的调研数据 21.13% 相比下降明显。

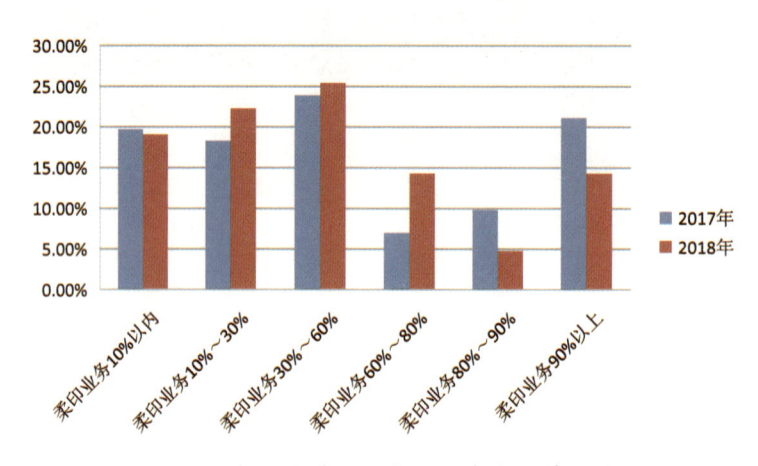

图 9　调研企业的柔性版印刷业务占比情况对比

为了详细了解规模以上重点印刷企业的柔性版印刷业务占比情况，分别对年销售额超过 5000 万元、1 亿元、2 亿元和 3 亿元的大型印刷企业进行了深入分析，如图 10、图 11、图 12 和图 13 所示。

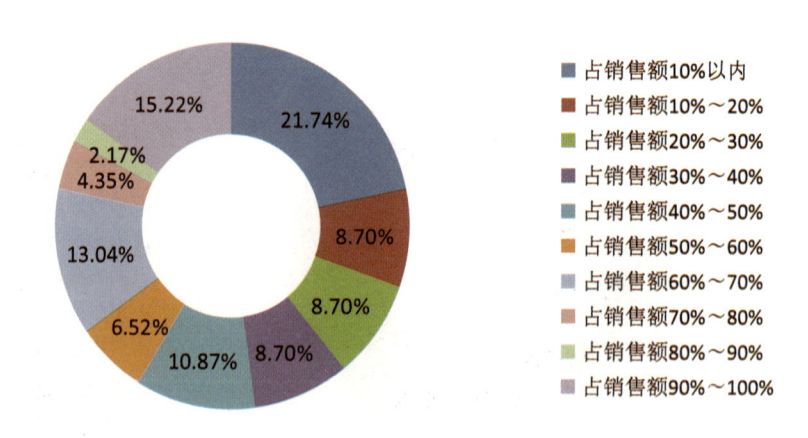

图 10　销售额大于 5000 万元企业的柔性版印刷业务占比情况

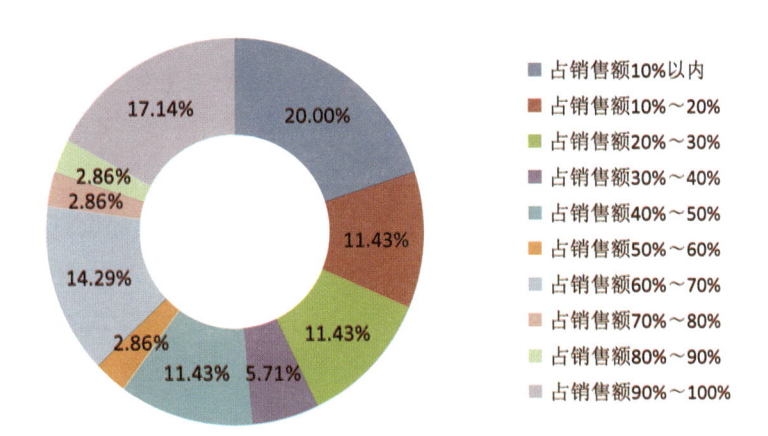

图 11　销售额大于 1 亿元企业的柔性版印刷业务占比情况

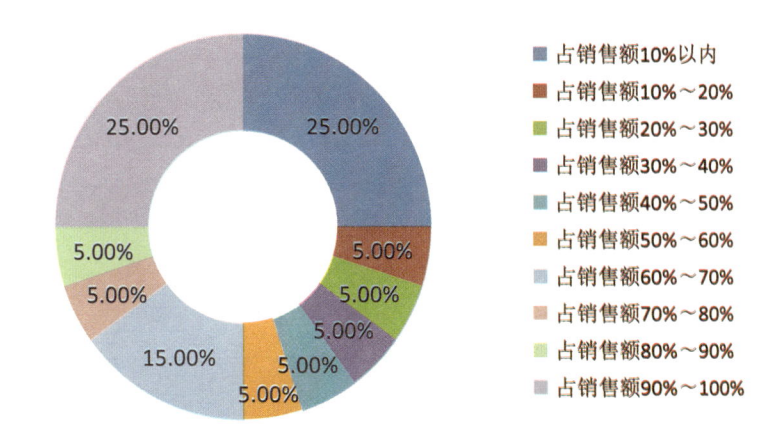

图 12　销售额大于 2 亿元企业的柔性版印刷业务占比情况

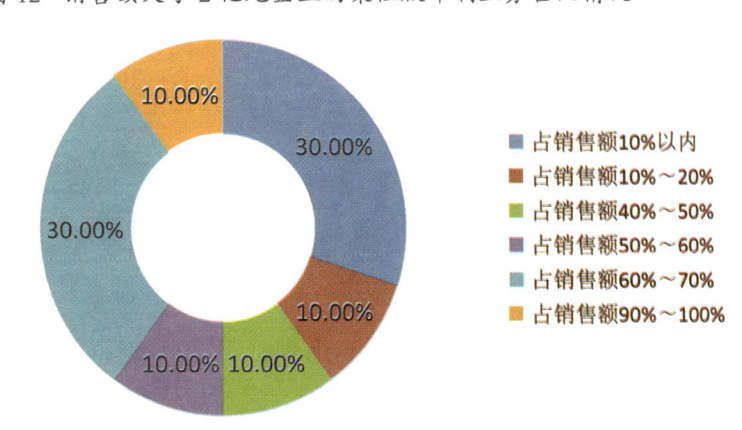

图 13　销售额大于 3 亿元企业的柔性版印刷业务占比情况

柔性版印刷业务比重小于10%的印刷企业，在全部调查企业总数中约占19.05%，在更大销售规模的企业中比例逐步上升，在销售规模3亿元以上的企业中这一比例上升至30%，表明在目前的大型印刷企业中其柔性版印刷业务比重高的企业比例更高。

对于柔性版印刷业务比重大于90%的企业，在全部调查企业总数中约为14.29%；在销售规模2亿元以上的企业中达到最高的25%，在销售规模3亿元以上的企业中这一比例又下降至10%。柔性版印刷业务比重大于90%的企业在更大销售规模的企业中的比例呈现出先逐步上升，后显著下降的变化，表明这类柔性版印刷业务比重极高的企业比例并不高，且在销售规模3亿元以上的大型印刷企业中比例更低，如图14所示。

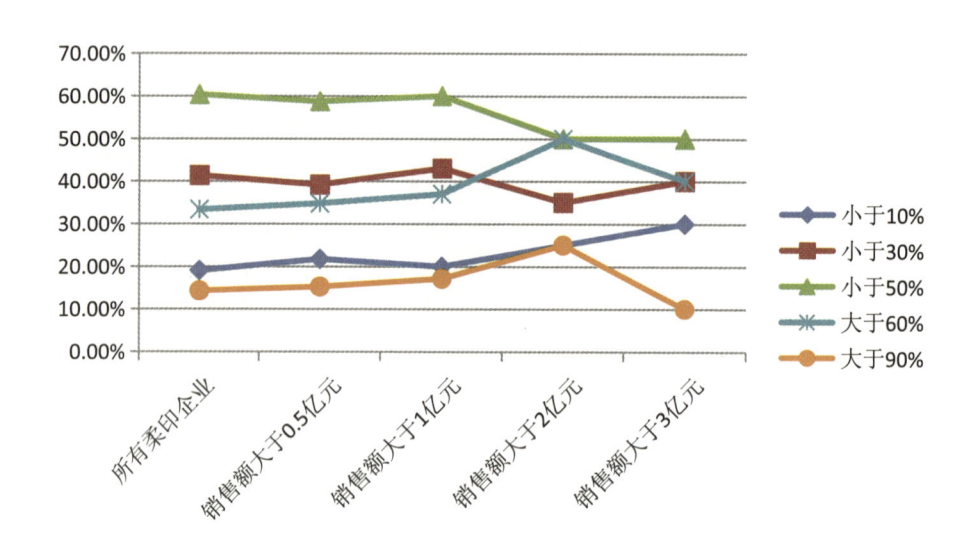

图14 柔性版印刷业务比重在不同销售规模企业中的分布图

由于规模以上重点印刷企业的技术力量雄厚，管理规范，创新能力和市场开拓能力强，在很大程度上代表着我国柔性版印刷企业的最高技术和管理水平，对行业的发展起到示范和引领作用。其中一部分企业的柔性版印刷业务比重很高，而另一部分企业的柔性版印刷业务比重却还很低。如前所述，柔性版印刷业务比重极低（小于10%）的企业在企业总数中的占比约为19.05%，而柔性版印刷业务比重很高（大于90%）的企业比例约为14.29%。这些企业的销售规模分布情况如图15和图16所示。在柔性版印刷业务比重极低（小于10%）和比重很高（大于 90%）的企业中，规模以上重点印刷企业的比例分别达到 83.34% 和 81.82%，均比规模以上重点印刷企业在全部柔性版印刷企业中的比例 73.01% 高出 10 个百分点左右（分别为 10.33% 和 8.82%）。这些柔性版印刷业务比重很低的印刷企业往往是刚刚开始涉足柔性版印刷，其柔性版印刷业务比重的未来增长空间巨大。

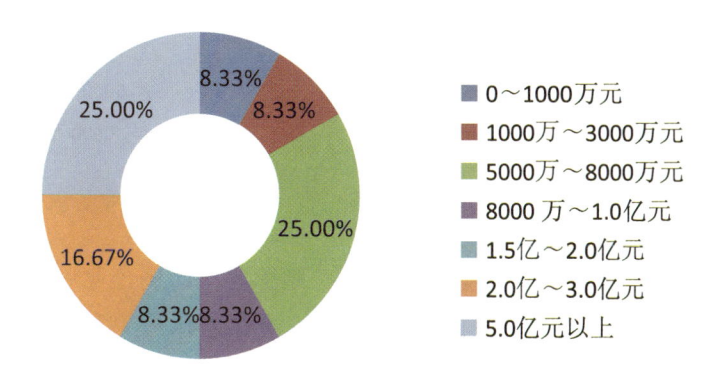

图 15　柔印业务比重小于 10% 的企业销售额分布情况

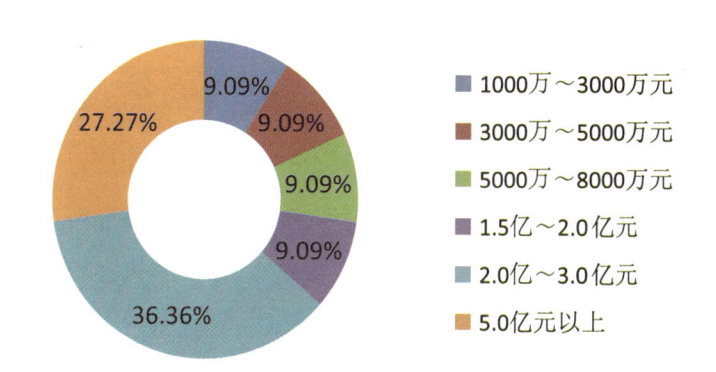

图 16　柔印业务比重大于 90% 的企业销售额分布情况

3. 柔性版版材的使用情况

柔性版版材使用量是柔性版印刷企业的一个重要指标，从很大程度上反映了柔性版印刷的应用程度。本次调研是以单体印刷企业为调研对象，不包含集团印刷企业的数据，并且对用版量指标进行了细化。2018 年度企业的柔性版使用量分布情况如图 17 所示。

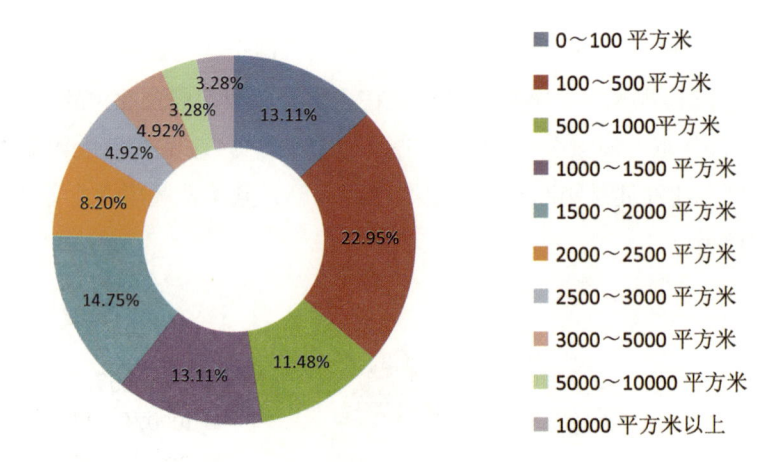

图 17　2018 年度印刷企业的使用版材量情况

将 2017 年企业使用版材量的数据中剔除集团印刷企业后，与 2018 年企业使用版材量情况对比，如表 2 所示。由表 2 可知，年用版量小于 500 平方米的企业数下降明显，年用版量 500～3000 平方米的企业数比例均有增加，年用版量 3000～5000 平方米的企业数比例有所降低，年用版数大于 5000 平方米的企业数量比例略有增加。这些数据表明企业年用版量有增加的趋势，如图 18 所示。

表 2　2017 年度与 2018 年度印刷企业的版材量使用情况

年用版量	2017 年度企业数比例	2018 年度企业数比例	同比
0~100 平方米	18.97%	13.11%	-5.85%
100~500 平方米	31.03%	22.95%	-8.08%
500~1000 平方米	10.34%	11.48%	1.13%
1000~1500 平方米	10.34%	13.11%	2.77%
1500~2000 平方米	8.62%	14.75%	6.13%
2000~2500 平方米	3.45%	8.20%	4.75%
2500~3000 平方米	1.72%	4.92%	3.19%
3000~5000 平方米	10.34%	4.92%	-5.43%
5000~10000 平方米	1.72%	3.28%	1.55%
10000 平方米以上	3.45%	3.28%	-0.17%

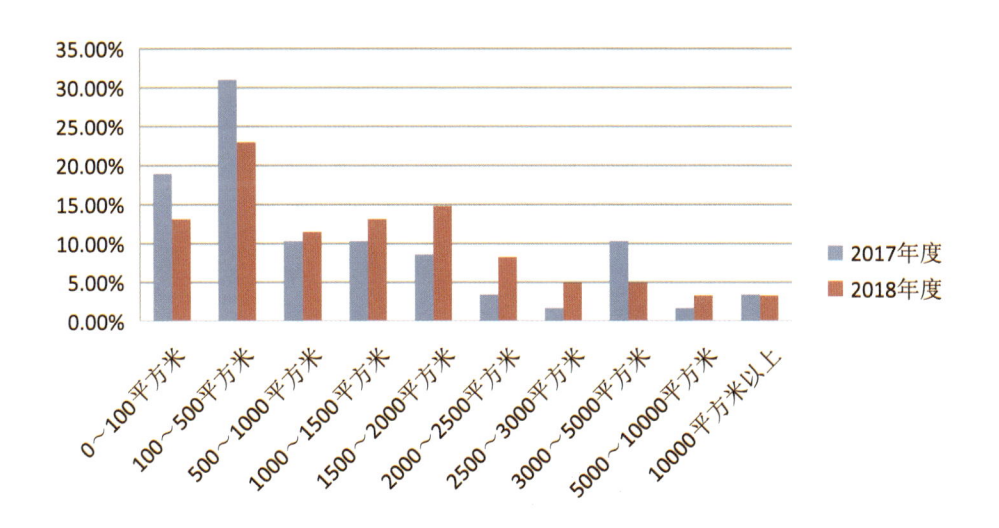

图 18　2017 年度与 2018 年度印刷企业的版材使用量情况

为进一步了解不同销售规模印刷企业中柔性版材的使用情况，分别对年销售额 5000 万元以上、1 亿元以上、2 亿元以上、3 亿元以上的企业进行了详细分析。如图 19、图 20、图 21 和图 22 所示。

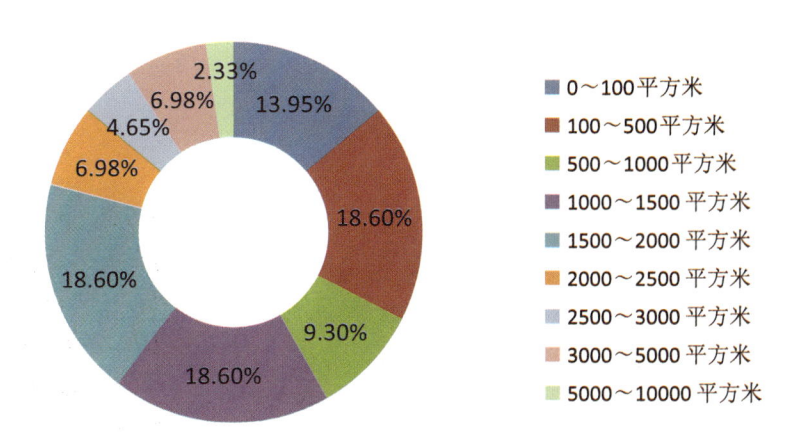

图 19　销售额大于 5000 万元企业的版材使用情况

由图 19 可知，销售额大于 5000 万元的规模以上重点印刷企业中 58.15% 的企业年使用版材量超过 1000 平方米；20.95% 的企业年使用版材量超过 2000 平方米，9.32% 的企业年使用版材量超过 3000 平方米，2.33% 的企业年使用版材量超过 5000 平方米。同时，年使用版材量低于 500 平方米的企业约 32.01%，低于 100 平方米的企业约 13.95%。

由图 20 可知，销售额大于 1 亿元的规模以上重点印刷企业中 57.58% 的企业年使用版材量超过了 1000 平方米；24.25% 的企业年使用版材量超过 2000 平方米，9.10% 的企业年使用版材量超过 3000 平方米，3.03% 的企业年使用版材量超过 5000 平方米。同时，年使用版材量低于 500 平方米的企业约 30.30%，低于 100 平方米的企业约 12.12%。

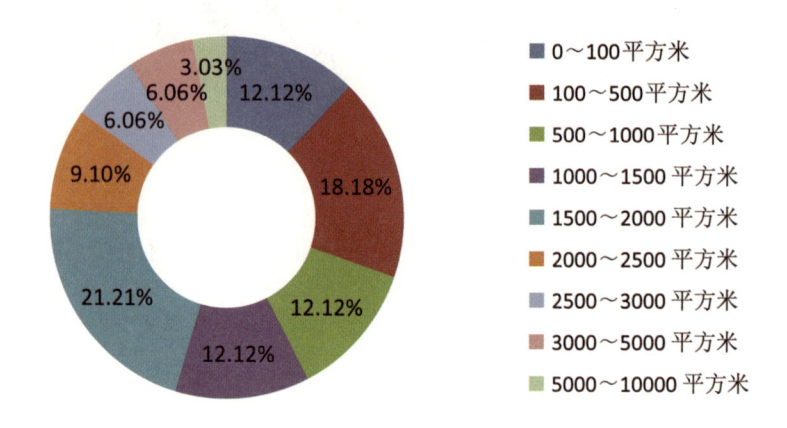

图 20　销售额大于 1 亿元企业的版材使用情况

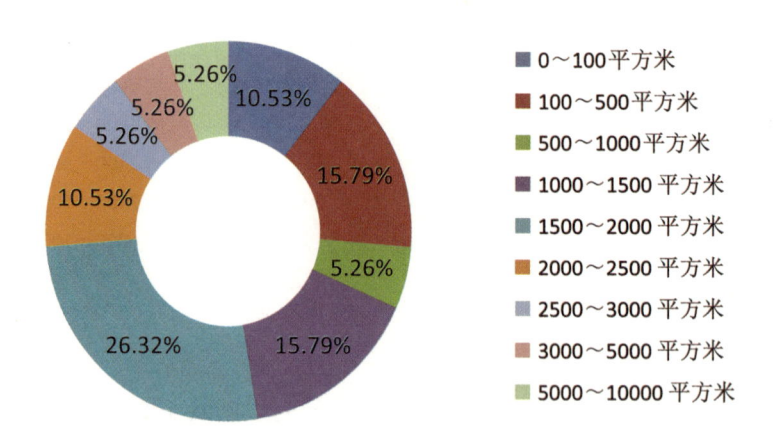

图 21　销售额大于 2 亿元企业的版材使用情况

由图 21 可知，销售额大于 2 亿元的规模以上重点印刷企业中，68.42% 的企业年使用版材量超过了 1000 平方米；26.31% 的企业年使用版材量超过 2000 平方米，10.52% 的企业年使用版材量超过 3000 平方米，5.26% 的企业年使用版材量超过 5000 平方米。同时，年使用版材量低于 500 平方米的企业约 26.32 %，低于 100 平方米的企业约 10.53%。

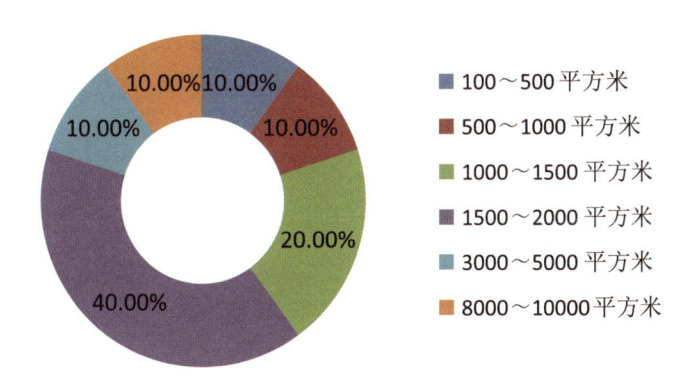

图 22　销售额大于 3 亿元企业的版材使用情况

由图 22 可知，销售额大于 3 亿元的规模以上重点印刷企业中 80.00% 的企业年使用版材量超过了 1000 平方米；30.00% 的企业年使用版材量超过 2000 平方米，20.00% 的企业年使用版材量超过 5000 平方米。同时，年使用版材量低于 500 平方米的企业约 10.00%。年使用版材量在不同销售规模企业中的情况见表 3。

表 3　年使用版材量在不同销售规模企业中的情况

使用版材量 销售规模	>1000 平方米	>2000 平方米	>3000 平方米	<100 平方米	<500 平方米
所有柔印企业	51.67%	23.34%	10.01%	13.33%	36.66 %
销售额大于 0.5 亿元	58.15%	20.95%	9.32%	13.95%	32.01 %
销售额大于 1 亿元	57.58%	24.25%	9.10%	12.12%	30.30 %
销售额大于 2 亿元	68.42%	26.31%	10.52%	10.53%	26.32 %
销售额大于 3 亿元	80.00%	30.00%	30.00%	0.00%	10.00 %

对于年使用版材量大于 1000 平方米和大于 2000 平方米的企业，在更大销售规模的企业中占比基本呈逐步上升趋势。年使用版材量大于 1000 平方米的企业数从全部企业的 51.67% 上升到销售额 3 亿元以上企业的 80.00%；年使用版材量大于 2000 平方米的企业，从全部企业的 23.34% 上升到销售额 3 亿元以上企业的 30.00%。年使用版材量大于 3000 平方米的企业，在各种销售规模的企业中 10% 左右突然上升到销售额 3 亿元以上企业的 30.00%；而年使用版材量小于 500 平方米的企业，从全部企业的 36.66%，到销售额 3 亿元以上企业的 10.00%；年使用版材量小于 100 平方米的企业，从全部企业的 13.33%，到销售额 2 亿元以上企业的 10.53% 和销售额 3 亿元以上企业的 0.0%，都表现出随销售规模上升，比例明显下降的趋势。如图 23 所示。

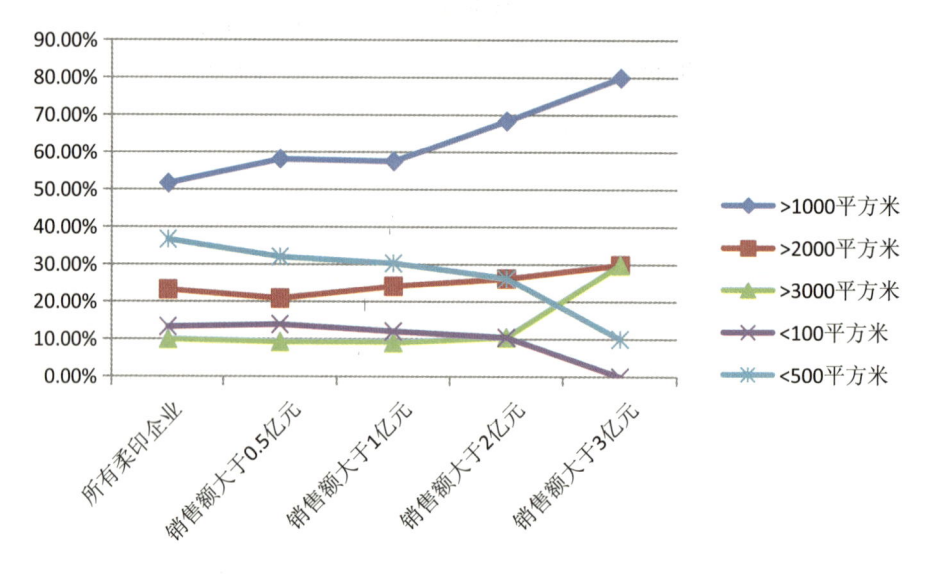

图 23　年使用版材量在不同销售规模企业中的分布趋势图

4. 柔印设备及其他技术应用情况

在调研企业中拥有柔性版印刷机台数 1～10 台不等，平均 1.38 台。柔性版印刷机的机型分布情况如图 24 所示。其中，机组式柔性版印刷机占比 37.89%，卫星式柔性版印刷机 38.95%，层叠式柔性版印刷机 9.47%，组合式柔性版印刷机 7.37%，其他形式柔性版印刷机 6.32%。

同时，封闭式墨腔、非金属印版套筒、套筒式网纹辊、无轴传动、在线质量检测等各种先进技术在柔性版印刷设备上也有了相当比例的应用。比如，

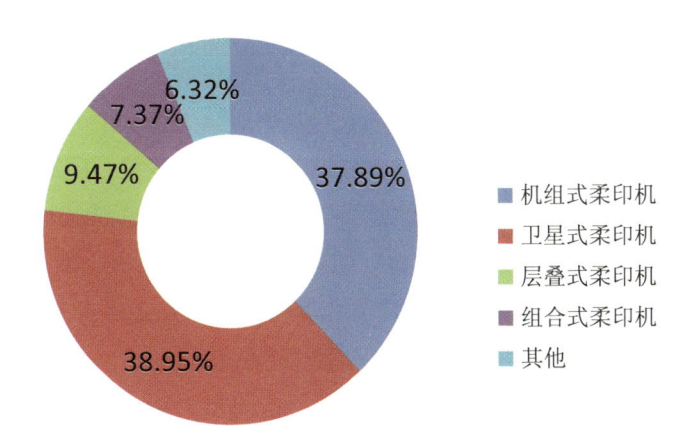

图 24　印刷企业拥有柔印机的机型分布情况

58.06%企业的柔性版印刷机采用封闭式墨腔；47.54%企业的柔性版印刷机采用套筒式网纹辊；48.27%企业的柔性版印刷机采用非金属式印版套筒；47.62%企业的柔性版印刷机采用了无轴传动技术；40.35%企业的柔性版印刷机采用了全检式在线质量检测设备，如表4所示。

表 4　柔性版印刷企业的柔性设备上新技术应用情况

新技术	全部机台采用	部分机台采用	没有采用
封闭墨腔	58.06%	29.03%	12.9%
套筒式网纹辊	47.54%	29.51%	22.95%
套筒式印版辊	48.27%	31.03%	20.06%
无轴传动与伺服控制	47.62%	47.62%	4.76%
全检式在线质量检测	40.35%	36.84%	22.81%

71.5%的柔性版印刷企业使用了各种联线加工工艺。最常用的联线工艺有分切、模切、覆膜、清废、涂布、烫金等后道加工及凹印、胶印、丝印、喷墨等组合印刷单元等。

（二）柔性版制版企业的发展状况

1. 基本情况

与批量生产的生产型企业不同，柔性版制版企业属于技术生产服务型企业。制版行业是一个充分自由竞争的行业，民营企业占据绝对多数。虽然制版行业的生产总值并不高，但对柔性版印刷企业提高印刷质量，降低综合成本等具有直接影响。在调查的印刷企业中，拥有公司（或集团）自建制版中心的与2017年基本相同，约为26.98%。这意味着73.02%的印刷企业其制版业务完全委托专业制版公司完成。同时调查也表明，即使有制版中心的印刷企业，其部分制版业务也会委托专业制版公司完成。

从销售规模来看，柔性版制版企业年销售额一般在500万至8000万元之间。其中年销售额超过500万元的企业约为86.21%，年销售额超过1000万元的企业约为51.73%，年销售额超过3000万元的企业约为31.03%，年销售额超过5000万元的企业约为17.24%，如图25所示。

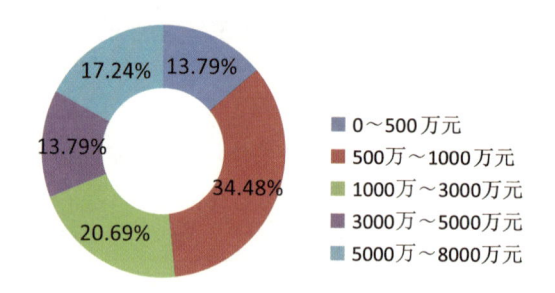

图 25　2018 年柔性版制版企业的销售额分布情况

表 5　2017 年与 2018 年柔性版制版企业的销售额分布情况对比

销售额	2017 年度企业数量比例	2018 年度企业数量比例	同比
500 万元以下	6.25%	13.79%	7.54%
500 万 ~1000 万元	31.25%	34.48%	3.23%
1000 万 ~3000 万元	37.50%	20.69%	-16.81%
3000 万 ~5000 万元	15.63%	13.79%	-1.84%
5000 万 ~8000 万元	9.38%	17.24%	7.86%

与 2017 年度销售额分布情况对比如表 5 所示。由表 5 可知，销售额 1000 万～3000 万元的制版企业比例下降明显，而销售额 1000 万元以下和 5000 万元以上的企业比例均有较大幅度增长。以上数据显示制版企业正在发生分化。如图 26 所示。

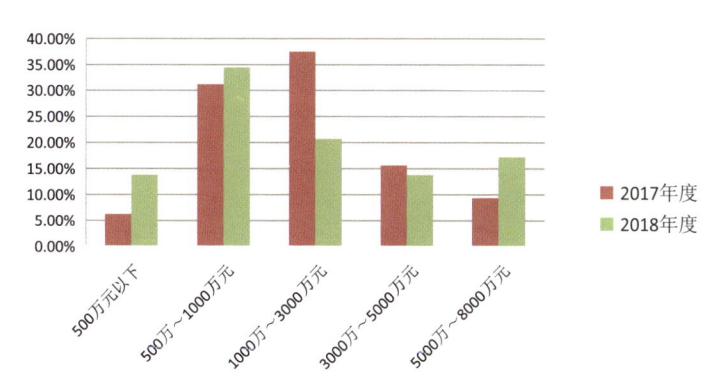

图 26　2017 年与 2018 年柔性版制版企业的销售额分布情况对比

柔性版制版企业 2018 年度的经营状况如图 27 所示。2017 年度和 2018 年度的经营情况对比如图 28 所示。由图 28 可知，2018 年度盈利（包括利润很好和略有利润）的制版企业约为 79.31%，基本持平的企业为 20.69%，没有亏损企业。与 2017 年度的调研数据比较，盈利企业比例下降了 14.44%，说明制版企业的竞争加剧，盈利能力有所降低。

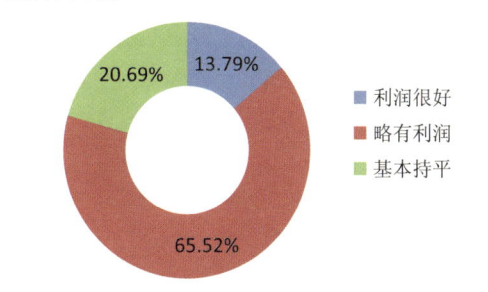

图 27　2018 年度柔性版制版企业的经营情况

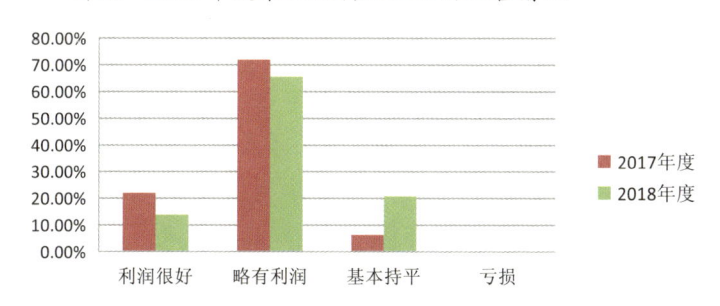

图 28　2017 年度和 2018 年度柔性版制版企业的经营情况对比

制版企业中对 2019 年度盈利情况持乐观态度的为 48.27%，预计 2019 年度盈利状况与 2018 年度持平的为 37.93%，另有 13.8% 的企业认为略差或明显差于 2018 年，如图 29 所示。对下一年度的经营预期情况对比如图 30 所示。由图 30 可知，制版企业比去年同期的预期乐观比例有较大幅度下降，整个行业的危机意识有所增加，值得进一步跟踪研究。

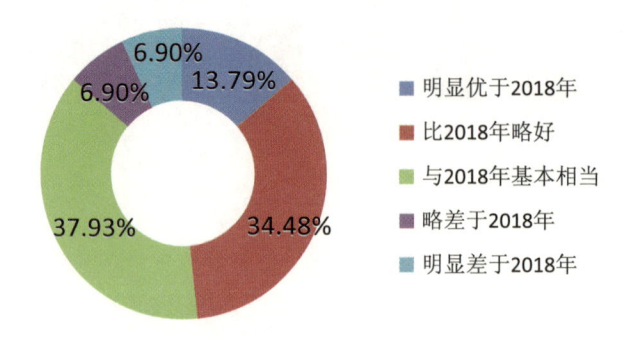

图 29　柔性版制版企业对 2019 年的预期情况

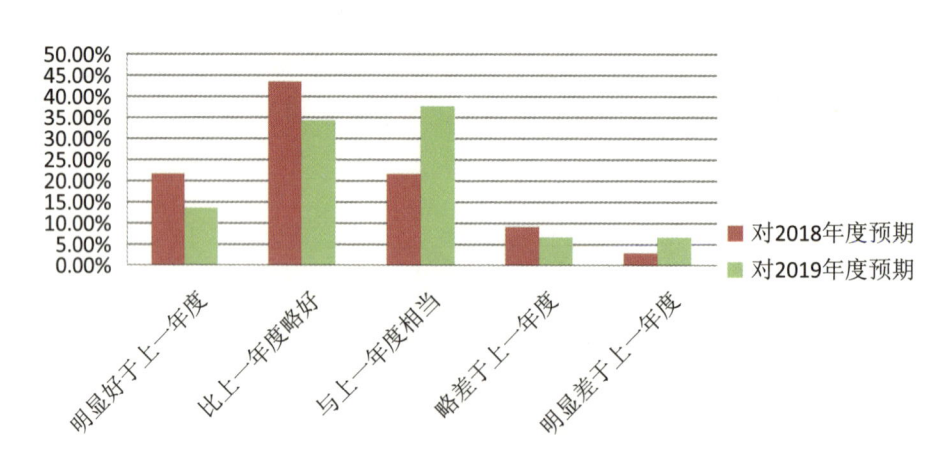

图 30　柔性版制版企业对经营预期对比

2. 版材及溶剂的使用情况

本次调研的制版企业每家平均拥有各类激光雕刻机 2.3 台，曝光机 4.1 台，洗版机 3.83 台，烘干机 4.59 台。它们在整个制版行业中属于技术实力相对雄厚、专业水平较高的企业。近年来各种制版与加网的新技术、新工艺层出不穷，设备更新换代很快。出于竞争考虑，制版企业主动参与新技术、新工艺应用与推广的积极性很高，对于柔性版印刷质量的大幅提高功不可没，是促进柔性版印刷行业新技术、新工艺应用推广的推动力量。

所调研的制版企业年平均版材使用量约为9513平方米，比上一年度9135平方米增长了4.14%。2018年柔性版制版企业的版材使用量分布情况如图31所示。由图31可知，年使用版材量超过3000平方米的企业约占65.39%，超过5000平方米的企业约占46.16%，超过8000平方米的企业约占38.48%，超过10000平方米的企业约占34.61%，超过20000平方米的企业约占23.08%。与2017年度的版材使用量相比，年使用版材量超过3000平方米的企业降低了4.61%，而超过5000平方米的企业增加了4.16%，超过20000平方米的企业增加了1.08%。2017年和2018年度的版材使用量对比情况如图32所示。

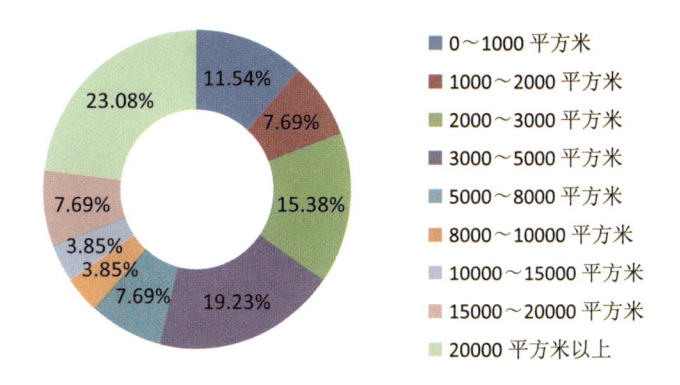

图31 2018年柔性版制版企业的版材使用量

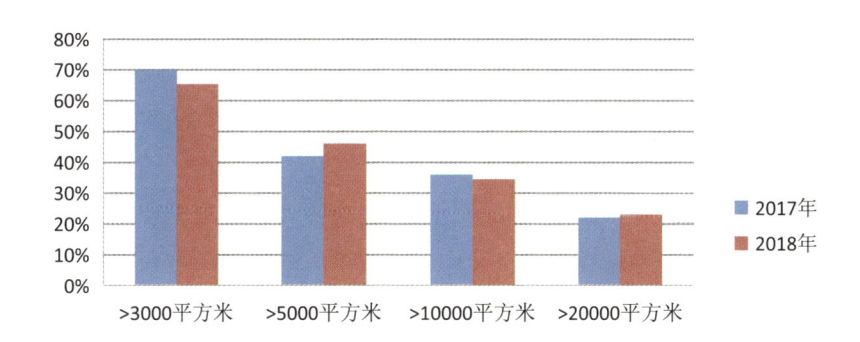

图32 2017年与2018年柔性版制版企业的版材使用量情况对比

在调研的制版企业中橡胶版的使用量最小，液态树脂版次之。据了解，虽然部分手工雕刻橡胶版正逐渐被液态树脂版所取代，但随着近年来对无缝印版需求的提升，激光直接雕刻橡胶版再次获得市场关注，橡胶版的使用量仍然占据一席之地。而作为新生事物的液态树脂版使用量虽然较少，但表现出良好的发展势头。使用固态感光树脂版、液态树脂版和橡胶版的比例分别为85.41%、9.52和5.07%。如图33所示。

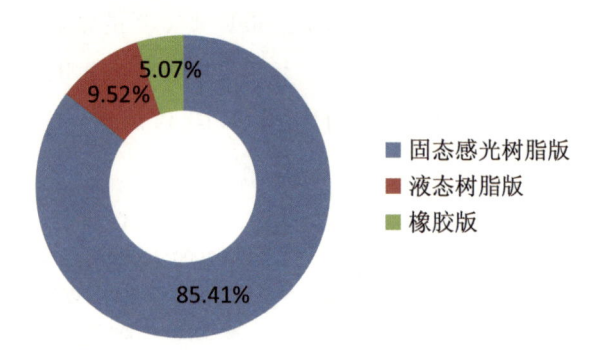

图33 柔性版制版企业的版材种类占比情况

在版材厚度方面，按照使用量多少，依次为1.7mm、1.14mm、2.28mm、3.94mm、2.84mm、2.54mm和其他厚度版材。

最常用的网目线数从多到少依次是110LPI、90LPI以下、175LPI、100LPI、150LPI、133LPI、120LPI、90LPI和175LPI以上。

3. 制版技术

在柔性版制版技术中，传统的胶片制版技术仍然占有不小比重，约为32.14%，数字制版技术约为67.86%。在数字制版技术方面，按照使用的多少排序依次为天然平顶版材技术、柯达FLEXCEL NX制版技术、杜邦Digiflow氮气制版技术、艾司科InlineUV制版技术、富林特NeXT曝光技术、橡胶直接雕刻技术、麦德美 LUX制版技术、液态制版技术、热敏制版技术、水洗版制版技术和其他制版技术等，如图34所示。

图 34　数字制版技术应用情况

在加网技术方面，大多数公司同时拥有多种加网技术。其中，拥有高清 HD 网点技术的企业最多，高达 68.97%。其次，拥有 Pixel+ 加网（简称 P+）、柯达 NX 加网技术和柯达 NX Advantage 加网技术的企业分别为 27.59%。拥有全高清 Full HD 网点的企业比例为 20.69%。使用水晶网点 Crystal 加网和 Bellissima 加网技术的企业分别为 10.34% 和 3.45%。另外，使用传统调幅或混合加网等其他加网技术的企业比例也很高，合计达到 27.59%，如图 35 所示。

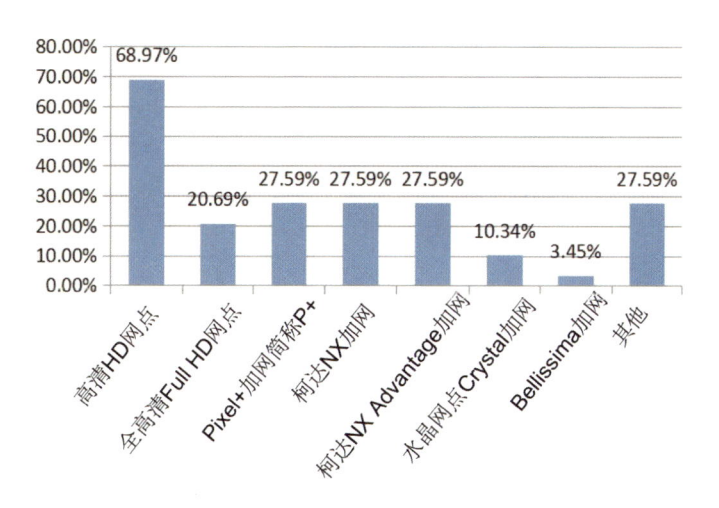

图 35　各种加网技术应用情况

（三）柔性版印刷相关企业的发展状况

柔性版印刷相关企业是指除了版材生产企业和制版企业以外其他为柔性版印刷企业提供产品和服务的相关企业，包括柔性版印刷设备、印刷油墨、网纹辊、套筒、双面胶带等配套设备、部件和耗材的生产与服务企业。

在柔性版印刷相关企业中，设备和油墨生产企业占有十分重要的地位。印刷设备的性能、质量和稳定性，对于柔性版印刷质量、成本和效率等具有至关重要的作用。近年来装机量的持续上升，表明了我国柔性版印刷的市场份额在不断扩大。同时，国产设备的优异表现，在为柔性版印刷行业提供装备保障的同时，也为行业的成本降低做出了贡献。而印刷油墨是绿色印刷产业链源头治理的关键环节。从柔性版印刷油墨使用量、在全部油墨中所占比例，以及其中水性油墨、UV油墨和溶剂油墨的构成变化情况也可间接反映柔性版印刷的应用推广及环保特性等情况。柔性版印刷设备的装机量及柔性版印刷油墨的发展情况分别在本书的《2014−2018年中国柔性版印刷机市场销售情况调查报告》和《2018年中国柔版油墨产业发展报告》中专题介绍。

本次调研中，柔性版印刷相关企业的业务类别分布，如36图所示。其中：柔印油墨，28.47%；柔印耗材，22.75%；柔印设备及其配件，21.12%；制版设备及其配件，15.40%；环保设备，2.86%；其他，9.40%。

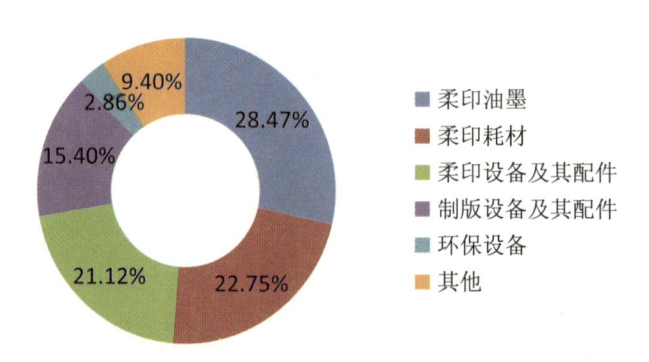

图36　柔性版印刷相关企业的业务类别分布情况

柔性版印刷相关企业的整体经营状况优良，83.58%的企业盈利，11.94%的企业基本持平，亏损企业约为4.48%，如图37所示。对于2019年度的盈利预期，58.21%的企业预计好于2018年度，28.36%的企业预计与2018年度基本相当，13.43%的企业认为略差或明显差于2018年度，如图38所示。

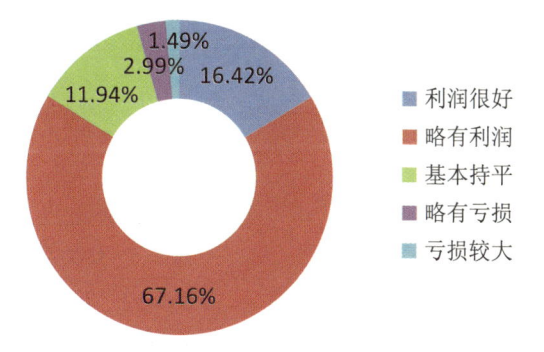

图 37 柔性版印刷相关企业的经营情况

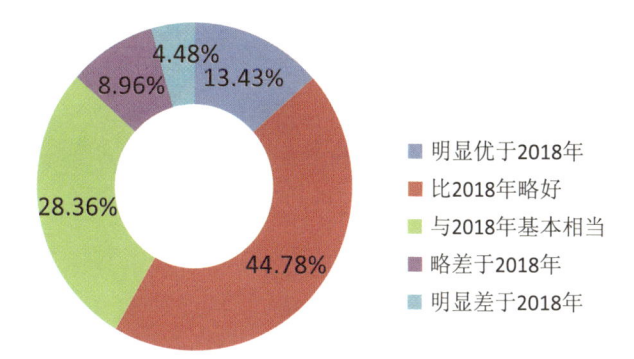

图 38 柔性版印刷相关企业的经营预期情况

从员工人数来看，柔性版印刷相关企业以 10～30 人和 200 人以上的企业最多，占比均为 29.85%，如图 39 所示。其中 200 人以上的企业多为油墨生产企业和柔印设备生产企业。

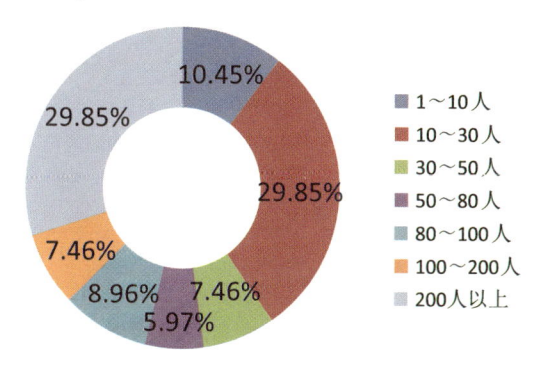

图 39 柔性版印刷相关企业的人员分布情况

从企业销售额分布来看，2亿元以上的企业占比很高，约为25.37%。其次是销售额在1000万~3000万元之间的企业，约占19.4%。其中2亿元以上的企业也多为油墨生产企业和柔印设备生产企业，如图40所示。

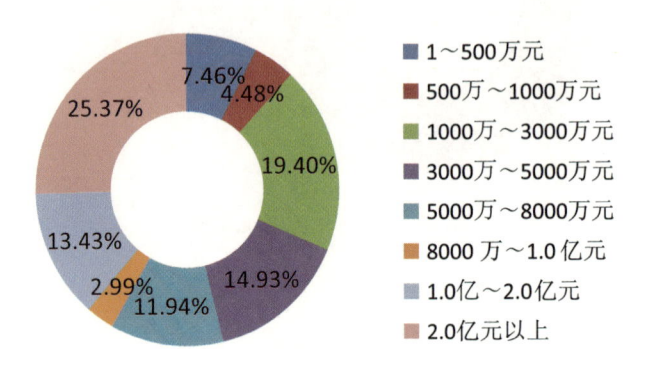

图40 柔性版印刷相关企业的销售额分布情况

二、柔性版印刷行业的环保现状

在柔性版印刷油墨使用方面，环保性最优的水性墨使用量较高，约为57.33%；溶剂型油墨（醇溶剂油墨）使用量约为28.21%；UV油墨用量约为14.46%，如图41所示。

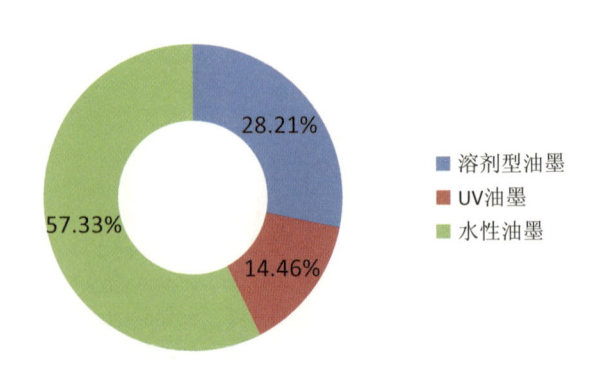

图41 柔性版印刷油墨使用情况

在各类柔性版制版工艺的洗版方式中，四氯乙烯溶剂型洗版的应用比例仍然较高，约为49.37%，环保型溶剂洗版的应用比例约为38.16%，水洗版约为3.00%，采用无溶剂洗版技术（热敏制版、液态制版或橡胶直雕制版）约为9.48%，如图42所示。

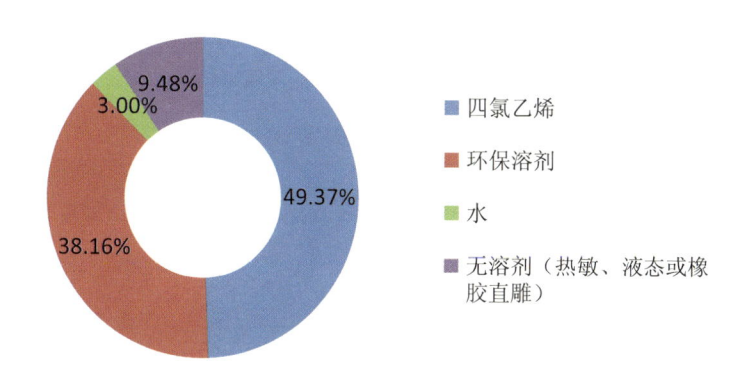

图42　洗版溶剂的应用比例

在调研的印刷企业和制版企业中，废水、废气处理和溶剂回收设备安装率普遍较高。其中约75.71%的印刷企业和72.41%的制版企业完全安装了VOCs处理设备，7.14%的印刷企业和10.34%的制版企业部分安装了VOCs处理设备，没有安装VOCs处理设备的印刷企业和制版企业分别为7.14%和3.45%，没有回答该问题的印刷企业和制版企业分别为10%和13.79%。

54.29%的印刷企业和24.14%的制版企业全部安装了废水处理装置，8.57%的印刷企业和3.45%的制版企业部分安装了废水处理装置，14.29%的印刷企业和17.24%的制版企业没有安装废水处理装置，另有22.86%的印刷企业和55.17%的制版企业没有回答该问题。

41.43%的印刷企业和82.76%的制版企业全部安装了溶剂回收装置，11.43%的印刷企业和3.45%的制版企业部分安装了溶剂回收装置，没有安装溶剂回收装置的印刷企业和制版企业分别为11.43%和3.45%，另有35.71%的印刷企业和10.34%的制版企业没有回答该问题。

柔性版印刷企业和柔性版制版企业的环保设备安装情况如表6和表7所示。

表6　柔性版印刷企业的环保设备安装情况

题目 选项	全部采用	部分机台采用	没有采用	未回答
VOCs 处理设备	75.71%	7.14%	7.14%	10%
废水处理装置	54.29%	8.57%	14.29%	22.86%
溶剂回收装置	41.43%	11.43%	11.43%	35.71%

表7　柔性版制版企业的环保设备安装情况

题目 选项	全部采用	部分机台采用	没有采用	未回答
VOCs 处理设备	72.41%	10.34%	3.45%	13.79%
废水处理装置	24.14%	3.45%	17.24%	55.17%
溶剂回收装置	82.76%	3.45%	3.45%	10.34%

三、人才需求情况

随着技术进步，柔性版印刷质量和效率有了大幅提升，在制约行业发展的主要因素中，印刷质量和效率的影响有所下降。而随着柔性版印刷行业快速发展，对专业人才的需求量大幅增加。柔性版印刷专业人才短缺已然成为影响柔印行业发展的主要制约因素之一。

调查表明，印刷企业和制版企业的各岗位对人员的学历要求各不相同，如图43所示。其中，工艺与生产管理、市场营销和印前制作岗位对人员学历要求较高。工艺与生产管理岗位对本科及以上学历、大专学历和中专学历的需求分别为35.80%、48.15%和16.05%；市场营销岗位对本科及以上学历、大专学历和中专学历的需求分别为33.33%、50.93%和15.74%；印前制作岗位对本科及以上学历、大专学历和中专学历的需求分别为16.67%、57.89%和25.44%。

设备维护和质量控制岗位对人员学历要求中等。其中，设备维护岗位对本科及以上学历、大专学历和中专学历的需求分别为14.41%、44.14%和41.44%；质量控制岗位对本科及以上学历、大专学历和中专学历的需求分别为11.84%、52.63%和35.53%。

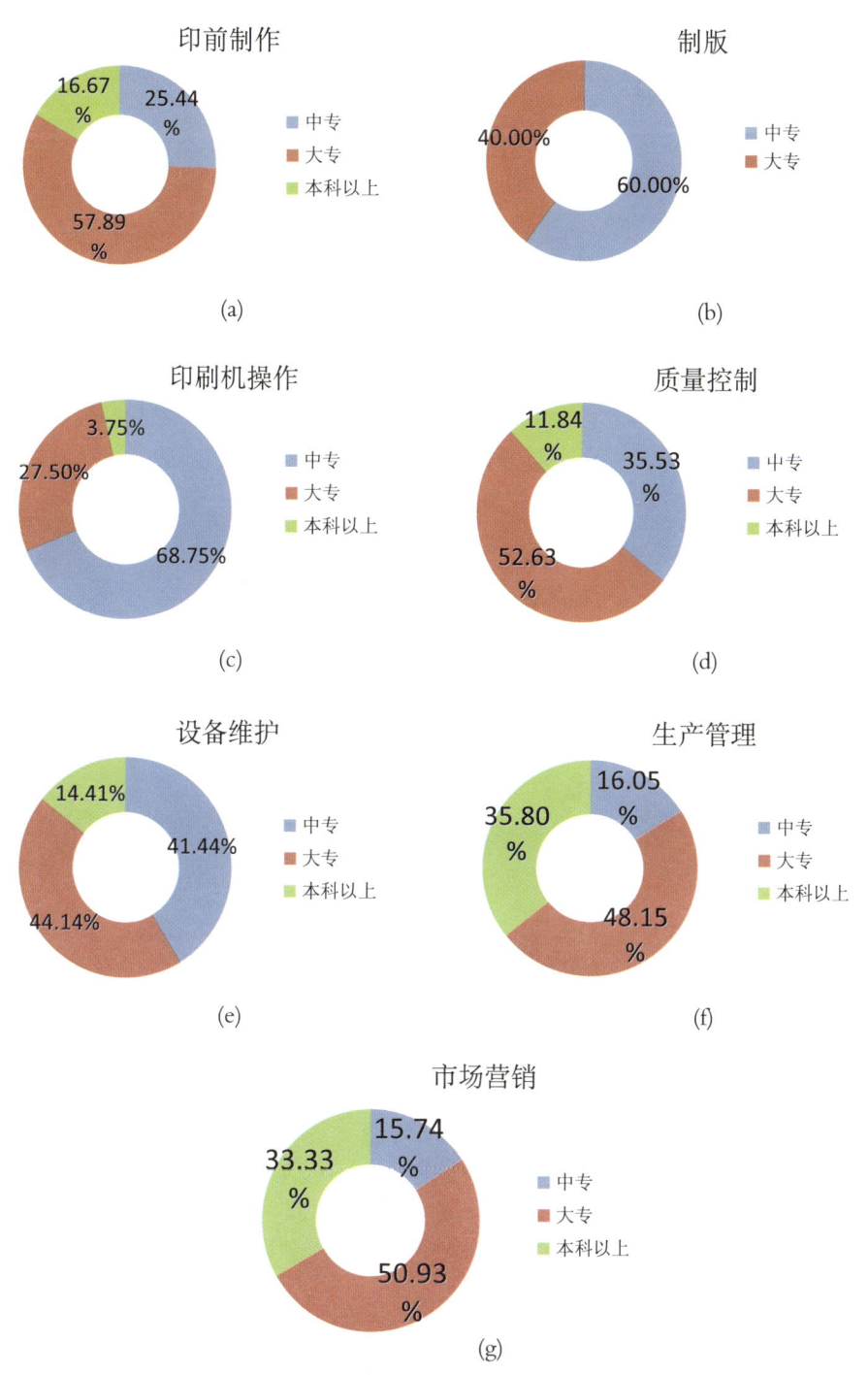

图 43 各岗位对人才学历的需求情况

印刷机操作和制版岗位对学历要求相对较低。其中，印刷机操作岗位对本科及以上学历、大专学历和中专学历的需求分别为 3.75%、27.50% 和 68.75%；制版岗位对本科及以上学历需求为零，对大专学历和中专学历的需求分别为 40.00% 和 60.00%。

印刷企业和制版企业各岗位对人才需求数量见表 8 和表 9。在印刷企业中，印刷机操作和市场营销岗位需求人数最多。每家印刷企业对这两个岗位的平均需求人数分别为 7.03 和 5.7 人，对印前制作、质量控制、设备维护和生产管理岗位的人员平均需求人数分别为 3.58、3.55、3.73 和 3.42 人，对其他岗位的需求人数约为 4.92 人。在制版企业中，印前制作和制版岗位的人才最为紧俏。每家制版企业对这两个岗位的平均需求人数分别为 7.57 和 5.63 人，对设备维护和市场营销岗位的平均需求人数分别为 2.4 和 2.74 人，对其他岗位的需求人数约为 3.57 人。

表 8　印刷企业对各岗位人才的需求人数

岗位	平均需求人数（人）
印前制作	3.58
印刷机操作	7.03
质量控制	3.55
设备维护	3.73
生产管理	3.42
市场营销	5.7
其他	4.92

表 9　制版企业对各岗位人才的平均需求人数

岗位	平均需求人数（人）
印前制作	7.57
制版	5.63
设备维护	2.4
市场营销	2.74
其他	3.57

四、发展前景及存在的问题

（一）发展前景

随着柔性版印刷新技术、新工艺等的应用，以及印刷机精度的提高，柔性版印刷质量显著提升，已经步入高品质印刷的行列，质量可媲美胶印和凹印。特别是随着柔性版印刷水性墨在薄膜类承印物上印刷工艺的成熟和国家环保管控力度的加强，将极大地推动柔性版印刷在软包装印刷市场的应用，从而进一步推动我国柔性版印刷市场的整体快速发展。

通过调研发现，要实现我国柔性版印刷市场份额的突破性发展，除了继续保持并扩大其在瓦楞纸箱、无菌液体包装、纸杯纸袋、餐巾纸等领域的优势地位，稳步扩大在标签印刷和折叠纸盒印刷的市场份额，同时要进军软包装印刷市场，尤其是与食品直接接触的密实袋和自立袋等。

根据调研，我国柔性版印刷细分领域中增长最快的市场主要包括：标签（不干胶类）、软包装、复合软包装、薄纸（纸袋／食品包装）、纸箱预印、液体无菌包、工业包装（纸袋，FFS）、厚纸（纸杯／纸碗／纸盒）、瓦楞纸水印和纸箱后印等，如图44所示。其中的标签（不干胶类）、软包装和复合软包装印刷市场是柔性版印刷未来重点攻克的方向。

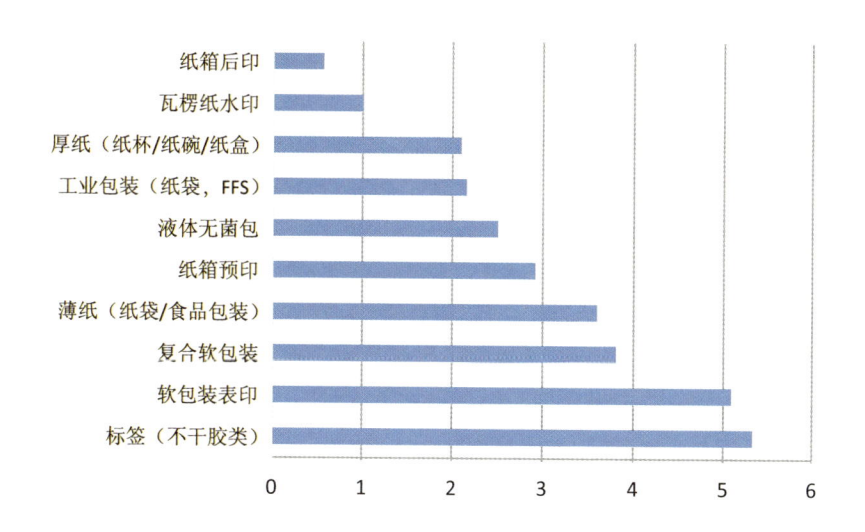

图 44　我国柔性版印刷细分领域中增长最快的市场

（二）制约行业发展的主要因素与困扰

受调查的不同类型企业，对于制约行业发展主要因素的认识略有不同，如下所述。

在受调查的印刷企业中，认为制约行业发展的主要因素中排在前几位的分别是：（1）配套部件与耗材（版材、网纹辊、套筒、双面胶等）成本高；（2）印刷品质量与凹印、胶印相比仍有不足之处；（3）进口柔印机价格高；（4）产业熟练工人短缺；（5）柔性版制版成本高。其他主要制约因素分别是：环保压力大、印刷工艺流程和标准体系不成熟等。

在受调查的制版企业中，认为制约行业发展的主要因素中排在前几位的分别是：（1）产业熟练工人短缺；（2）印刷品质量与凹印、胶印相比仍有不足之处；（3）进口柔印机价格高；（4）印刷工艺流程和标准体系不成熟。紧随其后的分别是：柔性版制版成本高、配套部件与耗材（版材、网纹辊、套筒、双面胶等）成本高、环保压力大等。

在受调查的配套企业中，认为制约行业发展的主要因素中排在前几位的分别是：（1）进口柔印机价格高；（2）印刷品质量与凹印、胶印相比仍有不足之处；（3）产业熟练工人短缺；（4）配套部件与耗材（版材、网纹辊、套筒、双面胶等）成本高。其他主要制约因素分别是：柔性版制版成本高、环保压力大等。

综合看来，在受调查的企业普遍认为制约行业发展的主要因素排在前几位的分别是：（1）进口柔印机价格高；（2）印刷品质量与凹印、胶印相比仍有不足之处；（3）配套部件与耗材（版材、网纹辊、套筒、双面胶等）成本高；（4）产业熟练工人短缺；（5）柔性版制版成本高。其他的主要制约因素分别是：印刷工艺流程和标准体系不成熟、环保压力大等，如图45所示。

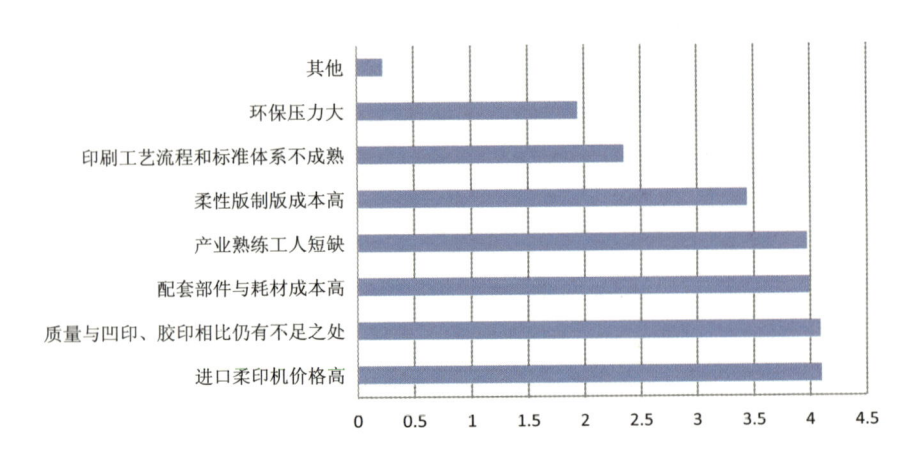

图45 制约行业发展的主要因素

受调查的不同类型企业面临的主要问题和亟须解决的主要任务亦略有不同。在印刷企业面临的主要问题排名前三的依次是：（1）用工成本上升；（2）市场订单不足；（3）人才短缺。亟须解决的主要任务中排名前三的依次是：（1）新产品、新工艺开发；（2）招聘专业技术人员／管理人员／营销人员／熟练工人；（3）企业发展战略规划。制版企业面临的主要问题中排名前三的依次是：（1）用工成本上升；（2）市场订单不足；（3）人才短缺。亟须解决的主要任务中排名前三的依次是：（1）企业发展战略规划；（2）招聘专业技术人员／管理人员／营销人员／熟练工人；（3）新产品、新工艺开发。以上表明，新产品、新技术和新工艺的开发得到企业的普遍重视，同时专业人才的短缺也是影响企业发展的突出问题，需要全行业共同努力培养更多优秀的专业人才，以满足柔性版印刷行业的快速发展需要。

五、结论与建议

（一）基本结论

受时间和条件所限，调研样本尚存在一些不足，但并不影响从调研中得出我国柔性版印刷行业发展现状的一些基本结论。

1. 柔性版印刷是符合我国印刷业绿色化转型发展的重要方式

柔性版印刷，尤其是水性油墨柔性版印刷，在印刷过程中可最大限度地减少VOCs的排放，防止大气污染，印刷品表面无溶剂气味残留，特别适用于食品、饮料、药品等卫生条件要求严格的包装印刷产品。热敏制版、水洗版等各种绿色制版技术的出现，使得印前的制版环节更加绿色化。调研发现，环保型油墨和绿色制版方式的推广率普遍较高，而且在制版和印刷过程中废水、废气处理和溶剂回收等环保设备安装率也很高，使得柔性版印刷工艺全流程的环保特性进一步体现，使得柔性版印刷发展更加符合我国印刷业绿色化转型的要求和方向。

2. 柔性版印刷在长版订单和承印材料多样性方面拥有很强的优势

调查发现，柔性版印刷承印材料具有非常广泛的多样性，如纸张、纸板、铝箔、塑料薄膜、复合薄膜、纺织品、玻璃制品、金属制品等均可采用柔性版印刷方式印刷，柔性版印刷领域涵盖瓦楞纸箱、折叠纸盒、纸杯纸袋、吊牌、标签、食品药品包装、日化用品包装、书刊等诸多领域。柔性版的耐印力高，可达百万印次以上，特别是在长版大印量的印刷方面具有很强的优势。

3. 新技术、新工艺在柔印行业普及率较高，且仍在快速发展之中

调研发现天然平顶版材、各种平顶制版技术、高清网点和各种加网技术、高线数网目技术、封闭式墨腔、套筒网纹辊、非金属印版套筒、无轴传动技术，甚至全检式在线质量检测技术等在我国柔性版印刷行业都有相当比例的应用。德温特手工代码2008-2017年的标记次数表明，柔性版制版、柔性版油墨和柔印设备相关领域的新技术大量出现，且仍有快速发展的趋势。这对于柔性版印刷行业整体印刷质量和效率等的提升具有显著的效果。

4. 柔性版印刷行业处于快速发展阶段，未来发展空间巨大

柔性版印刷行业正处于快速发展阶段，但目前的市场占有率仍然不高。表现在两个方面：一是与欧美发达国家相比，我国柔性版印刷的市场占有率仍然很低。二是印刷企业中柔性版印刷业务占比总体较低。随着柔性版印刷新技术、新工艺等的应用，以及印刷机精度的提高，柔性版印刷质量显著提升，已经步入高品质印刷的行列，具备了挑战其他印刷工艺质量的基本条件。特别是随着柔性版印刷水性墨在薄膜类承印物上印刷的成熟和国家环保管控力度的加强，将极大地推动柔性版印刷在软包装印刷市场的应用，从而进一步推动我国柔性版印刷市场的整体快速发展，未来发展空间巨大。而要实现我国柔性版印刷市场份额的突破性发展，需要在标签印刷、软包装和复合软包装印刷领域争取更大的市场份额。

5. 行业整体发展良好，但成本、质量、人才和效率是主要制约因素

在我国印刷行业整体表现比较低迷的大环境下，本次所调研的企业经营状况普遍良好，而且对2019年盈利水平的预期普遍比较乐观，这非常难得。表明在各种有利条件共同作用下，我国柔性版印刷正进入快速发展期，趋势整体向好，但是仍然存在一些问题和挑战制约着柔印行业的进一步发展。其中成本、质量、人才和效率是最主要的制约因素。特别是随着柔性版印刷行业的快速发展，对专业人才的需求量大幅增加，人才短缺已成为仅次于成本和质量的制约着行业发展的第三大因素。印刷机操作、市场营销和印前制作等岗位人才缺口巨大。尽快培养更多适应行业快速发展需求的优秀专业人才，是行业面临的巨大挑战之一。学校应该更加紧密地与行业企业合作，担负起更多培养柔性版印刷专业人才的责任。

（二）几点建议

1. 加强政策引导，鼓励印刷企业绿色化转型发展

在我国持续推进生态环境战略的大背景下，绿色印刷已成为业界共识。柔

性版印刷是目前最环保的印刷方式之一，且具有承印材料多样、工艺组合灵活、生产速度快、适合大批量生产等突出特点，是目前我国增长速度最快的印刷方式之一。为了推进印刷业的绿色转型发展，促进柔性版印刷在国内的应用，建议加强政策引导，建立柔性版绿色印刷示范工程，推广示范企业的成功经验；将柔性版印刷列入分类统计内容，加强对实施柔性版印刷企业财税政策、产业政策和专项资金扶持，推动印刷企业绿色化转型发展进程。

2. 加快制定柔性版绿色印刷标准，推广环保技术应用

柔性版印刷虽然是业界公认的绿色印刷方式，但是国家环境保护标准的环境标志产品技术要求至今没有柔性版印刷的标准，导致柔性版印刷企业不能被认定为绿色印刷企业，无法享受政府相关优惠政策和资金扶持。建议加快完善柔性版印刷绿色化发展的标准体系，推动绿色印刷标准全覆盖。对使用符合 HJ 371—2018 标准的柔印油墨印刷的企业，允许备案后直排，以提高国家环境保护标准的执行力，倒逼柔印油墨生产企业加大研发力度，生产出更多符合该标准的产品。另外，也要加强印刷污水和废渣处理的研究，推广已取得成效的成果应用。

3. 加强产学研合作，解决柔性版印刷的瓶颈问题

柔性版印刷质量和成本等与印刷设备、油墨、承印材料、印版材料、制版技术、网纹辊，甚至双面胶等各种原辅材料密切相关，需要柔性版印刷全产业链的通力合作。建议设立专项引导资金，鼓励相关企业、高校和科研院所加大研发投入、通过产学研合作，联合攻关，解决制约柔性版印刷产业发展的瓶颈问题，为柔性版印刷产业的快速发展提供技术支撑。

4. 加快柔性版印刷人才队伍建设，形成多层次人才培养体系

随着柔性版印刷行业的快速发展，专业人才的短缺问题十分突出，必须加大柔性版印刷产业相关专业人才的培养力度。尽快建立和完善大专院校柔性版印刷专业建设与课程设置，积极开展职业技能培训和竞赛活动，将相关的培训纳入政府的培训补贴范围，提高企业职工的业务能力和技术水平，形成多层次的柔性版印刷产业技术人才培养体系，为柔性版行业的快速发展提供充分的人力资源。

5. 加强舆论引导和宣传，促进向绿色印刷消费转型

虽然柔性版印刷是一种非常环保的印刷方式，在我国整个印刷工业中占比还很小。因此，环保理念的宣传和消费观念的转变非常重要，需要依托主流新闻媒体加大绿色消费宣传，引导公共舆论，培育绿色消费理念，形成绿色消费的内在驱动，尽快实现向绿色印刷消费的有效转型。

综上所述，绿色印刷已经成为大势所趋。虽然目前柔性版印刷的市场份额还比较小，还面临着一系列亟待解决的问题和困扰，但其未来应用前景和发展空间十分广阔，需要全行业给予充分关注并共同努力，为实现我国印刷业的转型升级做出新的贡献！

（主要执笔人：乔俊伟　罗尧成）

2014—2018 年中国柔性版印刷机市场销售情况调查报告

施建屏
（中国印刷技术协会柔性版印刷分会）

卷筒料柔性版印刷机按照滚筒排列方式，可以分成卫星式、机组式和层叠式三种类型，能体现出柔性版印刷的效率特长及机器制造水平的主要是机组式和卫星式两种。

机组式柔性版印刷机低投资、高产出、配置灵活、便于组合不同印刷方式和联线后加工，具有良好的印刷质量和生产效率，使用符合环保要求少（无）VOCs 排放的水基油墨、UV 油墨，采用卷筒材料进行印刷和模切，能满足用户自动贴标要求，提高了工作效率，设备结构简单，便于操作和维护保养。与机组式柔性版印刷机相比，卫星式柔性版印刷机可获得更高的套印精度，且机器的结构刚性好、生产效率高、承印材料损耗低、使用性能更稳定。近年来，在国家环保政策的压力下，使用传统印刷工艺的企业加速转向柔性版印刷。随着供应链上版材、制版、油墨、网纹辊等国际上最新技术的引入并加速国产化，柔性版印刷质量得到很大的提高，在保证印品质量的同时，成本得到了很好的控制。考虑到印刷包装企业的环保设施的添置及运行费用，国内劳动力成本的迅速上升，以及随着我国人口老龄化的加速和全面二胎政策推进带来的卫生用品需求迅速增长等因素，具有高质量、高效率、低成本、低排放特点的柔性版印刷技术广泛应用于承印材料为金属纸、塑料薄膜、不干胶、铜版纸、瓦楞纸箱预印及后印、纸杯、纸盒、纸袋、透气膜／无纺布、软包装袋等包装印刷产品中。

一、对本报告的几点说明

本报告机组式柔性版印刷机部分的数据来源是《印刷技术》杂志 2014—2018 年期间每年所做的"'柔性版印刷在中国'装机量调查报告",统计数据为 2013 年 7 月 1 日—2018 年 6 月 30 日。调查和统计的范围是销售到中国内地的机组式柔性版印刷机,不包括销售到香港特别行政区、澳门特别行政区、台湾省,以及出口到国外的机组式柔性版印刷机。

本报告卫星式柔性版印刷机部分的数据来源是我分会的 2014—2018 年期间每年所做的"中国卫星式柔性版印刷机销售情况调查",统计数据为 2014 年 1 月 1 日—2018 年 12 月 31 日。调查和统计的范围是销售到中国内地的幅面在 800mm 以上的中宽幅卫星式柔性版印刷机,以及另外分开统计的国产卫星式柔性版印刷机制造商销售到香港特别行政区、澳门特别行政区、台湾省,以及出口到国外的卫星式柔性版印刷机。

本报告只统计分析 2014-2018 年期间机组式柔性版印刷机和幅面在 800mm 以上的中宽幅卫星式柔性版印刷机的装机量及增量情况,层叠式柔性版印刷机未在统计分析范围之内。并且,未统计用于涂布上光的单色柔性版印刷机组。

本报告除引用以上数据外,我们还咨询了相关行业协会、业内专家、部分参与调查的供应商,并对信息进行了对比、统计和分析。

二、2014—2018 年机组式柔性版印刷机的销售情况

1. 国内销售数量五年超过 1000 台

从引用《印刷技术》杂志 2014-2018 年期间每年所做的"'柔性版印刷在中国'装机量调查报告"的数据显示,2013 年 7 月 1 日-2018 年 6 月 30 日,共有 1058 台全新的机组式柔性版印刷机在中国内地投入使用。由于个别几家供应商对前两年销售数据的重新提供和补充,近 5 年中国内地机组式柔性版印刷机装机量实际每年实现增量过 200 台,"2014-2018 年中国内地机组式柔性版印刷机销售量及增长率"见表 1;在近 5 年的 1058 台装机量中,国产机为 892 台,占 84.31%;进口机为 166 台,占 15.69%,"2014-2018 年中国内地机组式柔性版印刷机国产与进口设备销售量及占比"详见表 2;"2014-2018 年部分机组式柔性版印刷机供应商国内销售量及增量一览表"详见表 3。

从国产品牌装机量的座次来看，潍坊东航以407台的成绩稳坐"头把交椅"，其近5年的装机量占机组式柔性版印刷机同期装机总量的38.47%，占国产机同期装机总量的45.63%；青州意高发紧随其后，5年装机量为358台，占同期装机总量的33.84%，占国产机同期装机总量的40.13%；浙江炜冈2016年开始进军该市场，虽然目前排在第三位，3年装机量为112台，占5年装机总量的10.59%，占国产机同期装机总量的12.56%，其2018年装机量增长率排在首位，高达115.38%，未来发展前景光明，实力绝不容小觑。青州意高发2018年装机量增长率为28.32%，潍坊东航2018年装机量增长率为22.96%，可谓旗鼓相当。由此可见，国产主要品牌机组式柔性版印刷机在过去5年的装机量均交出了令人满意的答卷。2014-2018国产设备销售量及占比如图2所示。

从进口品牌来看，在装机量方面，排名第一的是麦安迪，近5年装机量为41台，领先于其他进口品牌，其同期装机量占机组式柔性版印刷机5年装机量的3.88%，占进口机同期装机总量的24.70%；捷拉斯以39台的成绩紧随其后，占5年装机量的3.69%，占进口机同期装机量的23.49%；博斯特佛罗伦萨（原基杜）排名第三，装机量为36台，占5年装机量的3.40%，占进口机同期装机量的21.69%。

表1　2014—2018年中国内地机组式柔性版印刷机销售量及增长率

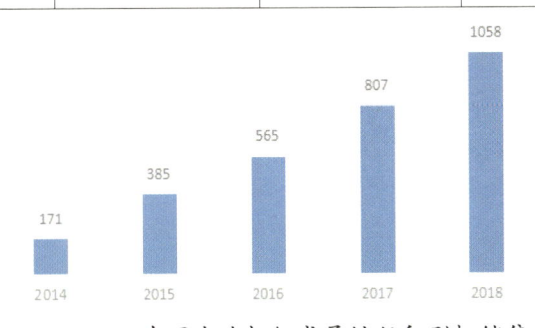

年份	销售量（台）	增量（台）	增长率（%）
2014	171	——	——
2015	385	214 注(1)	125.15
2016	565	180	46.75
2017	807	242 注(2)	42.83
2018	1058	251	31.10

图1　2014-2018中国内地机组式柔性版印刷机销售量

表2　2014—2018年中国内地机组式柔性版印刷机国产与进口设备销售量及占比

年份	国产设备 当年销售量	占比（%）	进口设备 当年销售量	占比（%）
2014	135	78.95	36	21.05
2015	174	81.31	40 注(1)	18.69
2016	161	89.44	19	10.56
2017	207 注(2)	85.54	35 注(2)	14.46
2018	215	85.66	36	14.34
共计	892	84.31	166	15.69

图2　2014-2018国产设备销售量及占比

图3　2014-2018进口设备销售量及占比

表3 2014—2018年部分机组式柔性版印刷机供应商国内销售量及增量一览表

销售厂商	品牌	2014	2015	2016	2017	2018	合计
美国联合	麦安迪	10	6	6	10 注(2)	9	41
基杜中国	博斯特（基杜）	6	11		10 注(2)	9	36
捷拉斯	捷拉斯	6	8	8	8	9	39
纽博泰	纽博泰	9 注(1)	9 注(1)	4		2	24
欧米特	欧米特	5	6	1	7	7	26
潍坊东航	东航	75	99	76	81	76	407
意高发	意高发	45	75	85	74	79	358
浙江炜冈	炜冈	—	—		52 注(2)	60	112
西安德鑫	德鑫	12					12
上海紫光	紫光	3					3
	年度合计	171	214	180	242	251	1058

注：（1）在2011-2015年的调查中，丹麦纽博泰均未参与，而2016年这家供应商重新参与调查，并提供了这5年的装机量（45台），笔者将此数据分解成每年9台加入2014、2015年进口机的"当年销售量"中；（2）广州基杜因故未参与2016-2017年的调查，2018年这家供应商重新参与，并提供了这两年的装机量（10台）。浙江炜冈于2015年开始推出机组式柔性版印刷机，并未参与2016-2017年的调查，2018年这家供应商首次参与，并提供了这两年的装机量（52台）。此外，因统计口径问题，之前美国联合参与的调查中并未提供2005年6月30日之前的装机量数据（31台），笔者根据年份未将此数据加入。因此，此数据中有52台加进2017年国产机"当年销售量"中，10台加入2017年进口机"当年销售量"中。

2.区域分布稳定集中

2014-2018年中国内地机组式柔性版印刷机调查结果，如表4和图4、图5、图6、图7、图8所示。从供应商有明确地区反馈的情况来看，有安装的省、自治区、直辖市为28个，5年来青海、宁夏回族自治区和西藏自治区没有新机安装，从有统计资料的13年来看，西藏自治区装机量仍未实现"零"的突破。其

表4 2014—2018年机组式柔性版印刷机三大印刷产业带装机量情况

产业带	2014	2015	2016	2017	2018	合计
长三角地区	64	58	49	54	88	313
珠三角地区	33	40	37	54	45	209
环渤海地区	31	43	34	34	40	182

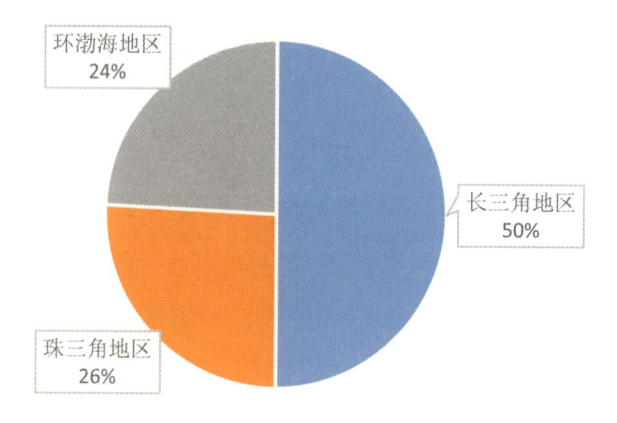

图4 2014年机组式柔性版印刷机三大印刷产业带装机量

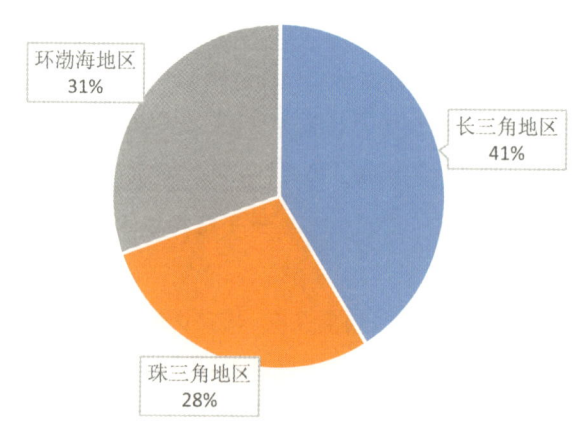

图5 2015年机组式柔性版印刷机三大印刷产业带装机量

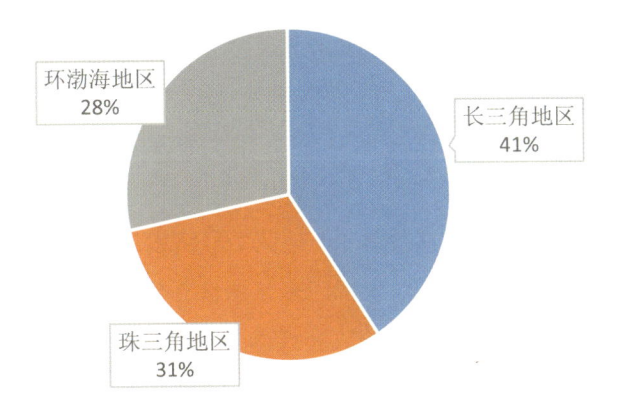

图6 2016年机组式柔性版印刷机三大印刷产业带装机量

（环渤海地区 28%，长三角地区 41%，珠三角地区 31%）

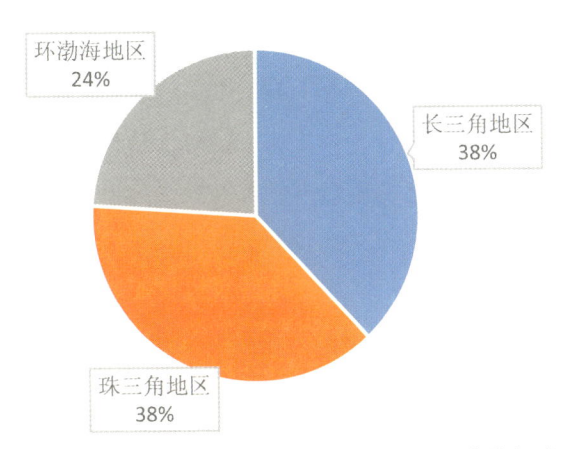

图7 2017年机组式柔性版印刷机三大印刷产业带装机量

（环渤海地区 24%，长三角地区 38%，珠三角地区 38%）

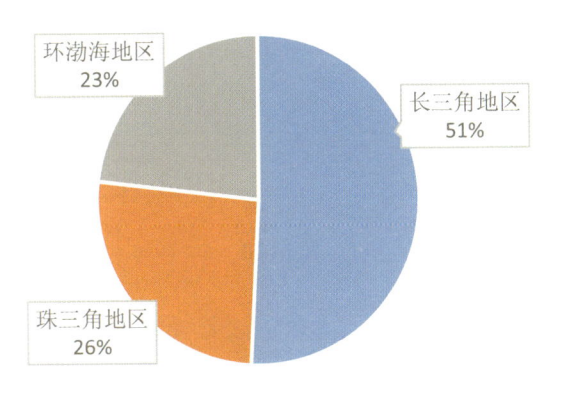

图8 2018年机组式柔性版印刷机三大印刷产业带装机量

（环渤海地区 23%，长三角地区 51%，珠三角地区 26%）

中，广东以175台的装机量遥遥领先，占有明确地区分布的装机总量（966台）的18.1%；位列第二的是浙江，装机量为125台，占比为12.9%；江苏紧追其后，装机量为94台，占比为9.7%；上海装机量达到89台，占比为9.2%；山东装机量迅速上升达到80台，占比为8.3%。上述5个省市的装机量均已超过80台，特别是广东省达到175台，是当之无愧的"第一梯队"。排在区域装机量最后3位的是宁夏、青海和西藏，这与这3个地区的经济发展水平相对落后是分不开的。

装机增量方面，2014年以来，广东、浙江、江苏一直名列装机增量前茅。在最近一次调查中，广东以45台的成绩拔得头筹，浙江以38台的成绩入围前三甲，同时入围的还有势头很旺的上海，其取得27台的佳绩。值得注意的是，江苏（23台）、安徽（20台）、山东（16台）增长势头也较猛。

将三大印刷产业带进行对比，2014—2018年珠三角地区（广东）装机量为175台，约占有明确地区分布的装机总量的18.1%；以上海、浙江、江苏为主体的长三角地区装机量为308台，占比为31.9%；环渤海地区（北京、天津、山东、河北、辽宁）装机量为170台，占比为17.6%。从整体来看，三大印刷产业带的装机量累计为653台，占有明确地区分布的装机总量的67.6%。从以上数据可以看出，三大印刷产业带仍以绝对优势继续引领中国内地机组式柔性版印刷机市场的发展，尤其是长三角地区以5年308台装机量的成绩荣登三大印刷产业带装机增量之首，再次显示出了超强的发展潜力。表5显示了2014—2018年机组式柔性版印刷机区域装机量及排名。

表5 2014—2018年机组式柔性版印刷机区域装机量及排名

地区	2014	2015	2016	2017	2018	合计	排名
广东	30	40	37	23	45	175	1
浙江	20	19	22	26	38	125	2
江苏	16	19	16	20	23	94	3
上海	23	20	11	8	27	89	4
山东	12	19	22	11	16	80	5
安徽	6	11	12	12	20	61	6
河南	3	10	14	9	11	47	7

续表

地区	2014	2015	2016	2017	2018	合计	排名
湖北	5	14	5	11	11	46	8
福建	7	8	6	8	11	40	9
河北	7	9	4	7	8	35	10
四川	5	10	3	6	10	34	11
天津	6	9	2	3	5	25	12
北京	2	4	3	3	11	23	13
陕西	3	3	1	6	4	17	14
湖南	1	1	4	6	2	14	15
江西	1	2	1	5	0	9	16
广西壮族自治区	3	1	1	3	0	8	17
辽宁	1	2	3	1	0	7	18
吉林	0	1	2	2	1	6	19
新疆维吾尔自治区	0	0	2	1	3	6	19
贵州	0	2	1	1	1	5	20
黑龙江	2	0	2	0	0	4	21
云南	1	1	1	0	1	4	21
重庆	0	0	1	1	2	4	21
内蒙古自治区	0	0	2	2	0	4	21
甘肃	1	0	0	0	1	2	22
海南	1	0	0	0	0	1	23
山西	0	0	1	0	0	1	23

续表

地区	2014	2015	2016	2017	2018	合计	排名
宁夏回族自治区	0	0	0	0	0	0	24
青海	0	0	0	0	0	0	24
西藏自治区	0	0	0	0	0	0	24

从传统地理分区来看，华东地区（上海、江苏、浙江、安徽、江西、山东）仍然排在首位，装机量为458台（以浙江为首，125台），占有明确地区分布的装机总量的47.4%；华南地区（广东、广西、海南、福建）装机量为224台（以广东为首，175台），占比为23.2%；华北地区（北京、天津、河北、山西、内蒙古）装机量为88台（以河北为首，35台），占比为9.1%；西南地区（重庆、四川、贵州、云南、西藏）装机量为47台（以四川为首，34台），占比为4.9%；华中地区（河南、湖北、湖南）装机量为107台（河南、湖北不相上下，分别为47和46台），占比为11.1%；西北地区（陕西、甘肃、青海、宁夏、新疆）装机量为25台（以陕西为首，17台），占比为2.6%；东北地区（黑龙江、吉林、辽宁）装机量为17台（辽宁、吉林难分伯仲，分别为7台和6台），占比为1.7%。

调查数据反映的结果也与多家柔性版印刷机供应商的观点一致，其认为华东与华南地区是过去五年柔性版印刷市场增长最快的地区，主要是由于这些地区的印刷企业整体实力较强、终端客户集中、管理规范，对于柔性版印刷工艺的认可度较高。

三、2014—2018年卫星式柔性版印刷机的销售情况

从我分会在2014—2018年期间每年所做的"中国卫星式柔性版印刷机销售情况调查"的数据中可以看到，2014年1月1日–2018年12月31日，共有202台全新的卫星式柔性版印刷机在中国内地投入使用，如图9所示。最近2年中国内地卫星式柔性版印刷机每年实现销售超过50台，"2014–2018年中国内地卫星式柔性版印刷机装机量及增长率"见表6；在近5年的202台装机量中，

国产机为 189 台，占 93.56%，进口机为 13 台，占 6.44%，"2014-2018 年中国内地卫星式柔性版印刷机国产与进口设备销售量及占比"详见表 7；"2014-2018 年部分卫星式柔性版印刷机供应商国内销售量及增量一览表"详见表 8。

表 6 2014—2018 年中国内地卫星式柔性版印刷机销售量及增长率

年份	销售量（台）	增量（台）	增长率（%）
2014	39	—	—
2015	64	25	64.10
2016	95	31	48.44
2017	147	52	54.74
2018	202	55	37.41

表 7 2014—2018 年中国内地卫星式柔性版印刷机国产与进口设备销售量及占比

年份	国产设备 当年销售量	占比（%）	进口设备 当年销售量	占比（%）
2014	36	92.30	3	7.70
2015	22	88.00	3	12.00
2016	30	96.77	1	3.23
2017	48	92.31	4	7.69
2018	53	96.36	2	3.64
共计	189	93.56	13	6.44

表 8 2014—2018 年部分供应商卫星式柔性版印刷机国内销售量及增量一览表

销售厂商	品牌	2014	2015	2016	2017	2018	合计
西安航天华阳	HY Flexo	18	9	18	27	21	93
广东欧格	OLGER	15	9	6	7	7	44
潍坊东航	东航			1	—		1

续表

销售厂商	品牌	2014	2015	2016	2017	2018	合计
陕西北人	北人		3	—	—	—	3
瑞安昶泓	昶泓			3	11	22	36
中山松德	SOTECH	3	1	2	3	—	9
佛山伟塔	伟塔机械	2017 年新建企业				3	3
博斯特	BOBST	2	1	—	—	1	4
高宝	KB		1				1
嘉华行	Uteco	1	—		2		3
索玛机械	SOMA		1	1	2	1	5
年度合计		39	25	31	52	55	202

图 9　2014—2018 年中国内地卫星式柔性版印刷机销售量及增长率

　　从近 5 年国产品牌装机量的座次来看，西安航天华阳以 93 台的成绩遥遥领先，其销售数量占卫星式柔性版印刷机同期装机量的 46.04%，占国产机同期装机量的 49.21%；广东欧格排名第二，5 年装机量为 44 台，占同期装机量的 21.78%，占国产机同期装机量的 23.28%；瑞安昶泓 2016 年开始进入卫星式柔性版印刷机销售，虽然排在第三位，近 3 年的装机量为 36 台，占 5 年装机量的 17.82%，占国产机同期装机量的 19.05%，其 2018 年装机量增长率排在首位，高达 157.14%，未来发展前景光明，实力绝不容小觑。西安航天华阳 2018 年装机量增长率为 29.16%，广东欧格 2018 年装机量增长率为 18.92%。由此可见，国产主要品牌卫星式柔性版印刷机在过去 5 年的装机量均交出了令人满意的答卷。

从进口品牌来看，在装机量方面，排名第一的是捷克索玛机械，近 5 年装机量为 5 台，领先于其他进口品牌，占卫星式柔性版印刷机 5 年装机量的 2.48%，占进口机同期装机量的 38.46%；博斯特（原 F&K）以 4 台的成绩紧随其后，占 5 年装机量的 1.98%，占进口机同期装机量的 30.77%；香港嘉华行（代理意大利 Uteco）排名第三，装机量为 3 台，占 5 年装机量的 1.49%，占进口机同期装机总量的 23.08%。

四、柔性版印刷机的进出口数据

据来自中国印刷及设备器材工业协会的 2014-2018 年每年所做的"国内印刷装备器材进出口贸易年度报告"的统计数据，我们可以清楚地看到国产中高档柔性版印刷机的制造技术并不能令国内柔性版印刷企业，尤其是标签印刷企业满意，使得进口柔性版印刷机数量每年保持在 60 台左右。必须承认国产的设备与进口机相比，人工智能操作设计、废料损耗、质量稳定性和印刷成品率上还存在差距，印刷质量高的用户还是倾向于进口；而出口柔性版印刷机单台的售价仍然偏低，以层叠式为主的特征还存在，机组式和卫星式柔印机的技术能级、操作便利性、产品质量稳定性还有待进一步提高，自身品牌在国际上的创立还有很长的路要走，出口的市场还是很大的，但必须注意避免在国际市场上互相压低价格的恶性竞争出现。2014-2018 年内地柔性版印刷机进出口数据如表 9 和图 10、图 11 所示。

我国的柔性版印刷机制造业是随着改革开放同时起步的，经过 40 年的砥砺奋进，伴随着中国经济的高速发展，国产柔性版印刷设备经历了从无到有，从小到大，从单一向多元，从低层次向高层次，从依赖进口到进口和国产并举，呈现出产业链完整、发展势头良好的局面。当前柔性版印刷机的主要问题，是柔印工艺进步对设备功能不断增长的需求和如何满足印刷企业的柔印质量、成本、效率、人才之间的矛盾。绿色发展已成为国家新发展理念的内容之一，随着消费者对健康和安全的重视的提高，中国柔印迎来了绿色环保国策下最好发展条件的新时代。在政府管理部门和行业协会的指导推动下，国产高精度柔印机、制版机、网纹辊、

表9 2014—2018年中国内地柔性版印刷机进出口数据一览表

年份	进口柔性版印刷机			出口柔性版印刷机		
	金额（万美元）	数量（台）	平均单价（万美元）	金额（万美元）	数量（台）	平均单价（万美元）
2014	7800	53	147.17	3000	1141	2.63
2015	3600	56	64.28	3020	741	4.08
2016	4688	64	73.25	4106	862	4.76
2017	4168	57	73.12	5568	3503	1.59
2018	3592	62	57.93	6328	1249	5.07

图10 2014—2018年进出口柔性版印刷机金额（万美元）

图11 2014—2018年进出口柔性版印刷机平均单价（万美元）

油墨、版材等产业重要配套设备器材逐步国产化并在市场中占据主导地位，产业链上下游在技术、工艺、材料、设备上的协作更加紧密，国际性不断创新的柔印新技术交流途径更为通畅。在印刷业"十三五"时期发展规划的"绿色化、数字化、智能化、融合化"目标引领下，柔印产业必将为我国从印刷大国迈向印刷强国作出自己应有的贡献。

随着柔性版水性油墨的少（无）排放VOCs特征得到了国家生态环境部等政府部门的认可，国家环境保护标准《环境标志产品技术要求 凹印油墨和柔印油墨》（HJ 317—2018）已于去年10月1日正式实施。我们有理由相信，在政府大力抓环保治理的今天，柔性版印刷这种绿色环保工艺正在被越来越多的印刷企业和终端用户所接受，柔印水墨在非吸收性基材上的应用将进一步得到推广，柔性版印刷技术进军软包和纸箱纸盒市场已成为有识之士的一个共同努力方向，我国的柔性版印刷机市场必将继续保持良性的稳步增长态势。

2018年中国柔版油墨产业发展报告

尚玉梅[1] 田全慧[2]
(1.中国日用化工协会油墨分会；2.上海出版印刷高等专科学校)

随着环境问题对人类发展的影响，越来越多的产业深入研究寻找绿色、环保、无污染的新技术与材料，为人类未来的进步积极努力。如今，在印刷行业里，柔版印刷由于采用绿色与环保的油墨，同时具有投资少、效率高、适用范围广的特点，使其成为许多包装产品的印刷方案，并正以每年近5%的速度迅速增长，成为备受关注的技术。

中国柔性版印刷的引进和开发始于20世纪80年代，现在已经能自己制造柔版印刷机及其基材、各种柔版印刷油墨，特别是水性油墨和水性光油已实现规模化生产。

近些年，我国政府通过采用政策引导、法规标准规范、监管督查等多种措施，在环境保护工作上取得了很大的进步，整个印刷产业链也积极地按照"源头治理、过程控制、末端治理"的方针前进，柔版印刷在印刷生产、工艺、材料等方面也向着环保、绿色的发展方向坚定不移地努力着。为进一步了解国内柔印行业以及柔印行业中油墨的基本发展情况，分析国内绿色与环保印刷的状况，本报告对近三年来国内柔版印刷油墨产业进行了调研，完成了《2018年中国柔版油墨产业发展报告》。这份报告在全国油墨产业总体统计数据的基础上，重点对近三年柔版油墨的产业数据进行了分析。

对本报告的几点说明：

（1）本报告中油墨总体完成情况2016—2018年的数据源是中国日用化工协会油墨分会提供2017年全国油墨完成情况与2018年全国油墨完成情况的报告。

（2）本报告我国油墨进出口情况，其中2016年油墨进出口数据来源于2017年中国印刷业年度报告中的海关统计数据，2017年数据来源于2018年中国印刷业年度报告中的海关统计数据，2018年数据来源于油墨分会提供的2018年全国油墨完成情况报告。

（3）本报告里的 2018 年油墨分会统计信息专业组对行业统计信息成员企业统计结果数据源来源于油墨分会提供的 2018 年全国油墨完成情况报告。

（4）本报告除引用以上数据外，我们还咨询了中国印协柔印分会、业内专家、部分参与调查的油墨企业，并专门进行柔版油墨企业调查，以补充国家统计局提供油墨大类数据里缺少的柔版油墨数据，并对信息进行了对比、统计和分析。

（5）本报告的数据是在数据源提供数据基础上进行了一定取整，并计算后保留小数点后 2 位的操作。

（6）本次调研虽然对全国大部分柔版油墨生产企业的销售与生产数据进行了收集与分析，但可能仍有部分遗漏，希望在后续企业的反馈中可以不断完善与提升，也希望能有更多的企业参与调研，并提供更多的数据，让相关的调查统计研究分析更具科学性，为国家政策的制定提供强有力的数据支持。

一、2018 年全国油墨行业完成情况

（一）油墨总体完成情况

根据油墨行业统计信息专业组对 2018 年行业完成情况统计结果，结合全国油墨生产分布的情况及油墨行业几年来发展客观现状及增长规律，综合各方面信息，本报告认为 2018 年全国油墨大类产品产量约为 75.5 万吨，较 2017 年上升了 1.75%；工业总产值（现价）约为 173 亿元，较 2017 年上升了 1.17%；产品销售收入约为 181.7 亿元，较 2017 年上升了 1.62%；国内市场油墨消耗量约为 73.25 万吨，与 2017 年基本持平；利润总额约为 8.4 亿元，较 2017 年增长 5.00%。如表 1 所示。

表 1 近三年油墨行业完成情况（来自油墨行业统计信息专业组统计表）

指标名称	2016 年	2017 年	2018 年	同比 2017
油墨大类产品产量	71.50 万吨	74.20 万吨	75.50 万吨	1.75%
工业总产值（现价）	168.00 亿元	171.00 亿元	173.00 亿元	1.17%
产品销售收入	177.80 亿元	178.80 亿元	181.70 亿元	1.62%
利润总额	9.60 亿元	8.00 亿元	8.40 亿元	5.00%

（二）我国油墨进出口情况

据海关统计，2018 年油墨出口 26596 吨，比 2017 年下降 1.70%；出口金额 11128.9 万美元，比 2017 年下降 1.85%。进口油墨 16106.97 吨，比 2017 年下降 8.25%；进口金额 31604.3 万美元，比 2017 年增长 0.74%。如表 2 所示。

表 2　近三年我国油墨进出口情况

内容	2016 年	2017 年	2018 年	同比 2017 年
油墨出口	25564 吨	27048 吨	26596 吨	-1.70%
	11575 万美元	11335 万美元	11129 万美元	-1.85%
油墨进口	18707 吨	17436 吨	16107 吨	-8.25%
	28117 万美元	31369 万美元	31604 万美元	0.74%

二、行业统计信息成员企业统计结果

2018 年，油墨分会统计信息专业组对行业统计信息成员企业进行了产量的统计，名列前十位的企业列于表 3 中。

表 3　油墨分会统计产量前十位企业名单

企业名称	产品	完成数（吨）
洋紫荆油墨有限公司	凹版油墨，柔版油墨，平版油墨	61417
迪爱生投资有限公司	平版油墨，凹版油墨，柔版油墨	41495
杭华油墨股份有限公司	平版油墨，柔版油墨	27559
天津东洋油墨有限公司	平版油墨，柔版油墨，凹版油墨	24538
广东天龙油墨集团股份有限公司	柔版油墨，平版油墨	23459
新东方油墨有限公司	柔版油墨	19649
珠海市乐通化工股份有限公司	柔版油墨，凹版油墨	18342
苏州科斯伍德油墨股份有限公司	平版油墨	17166
迪爱生（太原）油墨有限公司	平版油墨，凹版油墨，柔版油墨	14968
浙江永在油墨有限公司	凹版油墨，柔版油墨	12288

2018年，油墨分会统计信息专业组对行业统计信息成员企业进行了销售收入的统计，名列前十位的企业列于表4中，利润前十位企业名单列于表5中。

表4 油墨分会统计销售收入前十位企业名单

单位名称	完成数（万元）
洋紫荆油墨有限公司	138349
迪爱生投资有限公司	101269
杭华油墨股份有限公司	95070
天津东洋油墨有限公司	63802
盛威科（上海）油墨有限公司	47999
苏州科斯伍德油墨股份有限公司	39518
新东方油墨有限公司	38599
广东天龙油墨集团股份有限公司	35457
珠海市乐通化工股份有限公司	34949
深圳市深赛尔股份有限公司	23215

表5 油墨分会统计的利润前十位企业名单

排名	单位名称
1	杭华油墨股份有限公司
2	迪爱生投资有限公司
3	洋紫荆油墨有限公司
4	新东方油墨有限公司
5	深圳市深赛尔股份有限公司
6	苏州科斯伍德油墨股份有限公司
7	天津东洋油墨有限公司
8	黄山新力油墨科技有限公司
9	上海油墨泗联化工有限公司
10	甘肃盈科化工有限责任公司

三、全国油墨产量和产品结构分析

在国家整体经济稳步发展的大背景下，国内油墨工业生产经营情况总体保持平稳的局面。在原材料价格持续上涨，环保投入增加，管理成本不断上升等诸多情况下，油墨工业仍旧继续努力适应并满足下游印刷市场的需求，而保持平稳的发展。

根据油墨分会统计专业委员会统计结果，2018 年油墨产品结构分布如表 6 所示。平版油墨约占比 37.15%，凸版油墨约占比 0.51%，柔版油墨约占比 10.06%，凹版油墨约占油墨总产量的 42.49%，孔版油墨约占比 5.12%，其他油墨约占比约 4.67%，结构占比分布如图 1 所示。

本报告选取了有代表性的企业进行数据分析比对，由于企业生产经营特点的不同，情况差异很大。平版油墨产量与上一年相比基本变化不大，从近两年的

表 6　油墨大类产品占比情况统计

产品名称	2017 年占总量比例（%）	2018 年占总量比例（%）	与同期对比（%）
平版油墨	37.93%	37.15%	-0.78%
凸版油墨	0.48%	0.51%	0.03%
柔版油墨	9.42%	10.06%	0.64%
凹版油墨	42.59%	42.49%	-0.10%
孔版油墨	4.75%	5.12%	0.37%
其他油墨	4.83%	4.67%	-0.16%

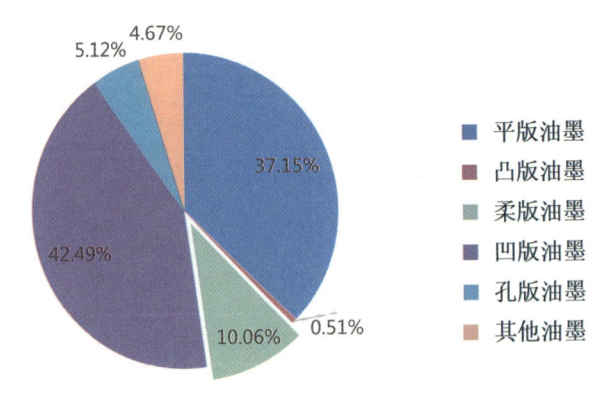

图 1　2018 年油墨大类占比分布图示

数据可以看出，平版油墨的市场需求经历了前几年的大幅下降后，近两年市场的需求量基本保持平稳的状态。凹版油墨由于环保管控的原因，导致下游很多排放不达标的印刷企业关停整顿，使得凹版油墨销量与2017年相比略有下降，其中用于薄膜包装的表印墨和里印复合油墨均有不同程度的增长，但是用于纸张印刷的凹版油墨下降明显。近几年随着国家产业政策的引导，环保油墨成为行业发展的主攻方向，在溶剂含量较高的凹版油墨中，各个企业纷纷结合自身的发展特点，开发出单一溶剂油墨、醇溶油墨、醇水油墨等环保产品，由于水性凹版油墨国外没有成熟的经验借鉴，很多油墨厂商都积极地投入人力、物力开发水性凹版油墨，尽管在短时间内还存在很多技术壁垒，但是研发人员没有停止过创新探索的步伐。

值得一提的是由于国家产业政策的引导，近几年，符合环保要求的油墨市场需求量增长还是很好的，如UV油墨、水性油墨、可再生含量高的植物油基油墨等发展均不错，因此柔版油墨占比有一定提高。

四、柔版油墨产量和产品结构分析

（一）2018年柔版油墨销售情况

柔版油墨主要有水性油墨、溶剂型油墨及UV油墨。根据统计数据，水性柔版油墨与溶剂型柔版油墨随着柔印产业在国内的不断发展，销量正在加快增长。图2和图3分别为2016年至2018年水性与溶剂型柔版油墨的产量统计数据。

本次报告的统计显示，较2017年柔版油墨的销售量而言，2018年不同类型的柔版油墨的销售量都在增长，其中各不同类型柔版油墨的增长率如表7所示。

水性油墨产量

2016年销售总额（吨）	2017年销售总额（吨）	2018年销售总额（吨）
14875.3	28447.64	48929.35

图2　2016-2018年水性柔版油墨的产量统计数据

溶剂型油墨产量

```
2016年销售总额（吨）: 3440
2017年销售总额（吨）: 3484
2018年销售总额（吨）: 3982
```

图 3　2016-2018 年溶剂型柔版油墨的产量统计数据

表 7　2018 年不同类型柔版油墨的增长率

产品品种	增长率（%）
水性柔版油墨	72.00
溶剂型柔版油墨	14.29
UV 柔版油墨	30.20

（二）各柔版油墨企业品种占比情况

2018 年本次报告统计数据中，各类型柔版油墨占比油墨企业总产量的比重情况如图 4 所示。从图中可以看出，柔版油墨生产企业中水性柔版油墨企业的比重最多，占比达 43%，同时 UV 油墨与水性光油各占比 14%，相对较少。

柔版油墨生产企业主要的客户产品类型有纸板类、标签类、薄膜类，以及出版物等其他产品。从图 5 中不同的产品占比分析，纸板类产品是柔版油墨的主要产品形式，占比 38%，同时标签类与薄膜类产品占比分别为 35% 与 31%，与纸类产品三分天下。

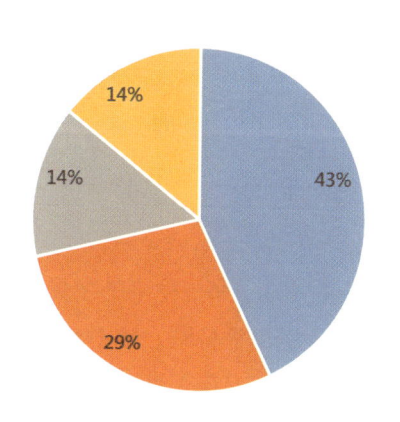

图 4　不同类型柔版油墨占比

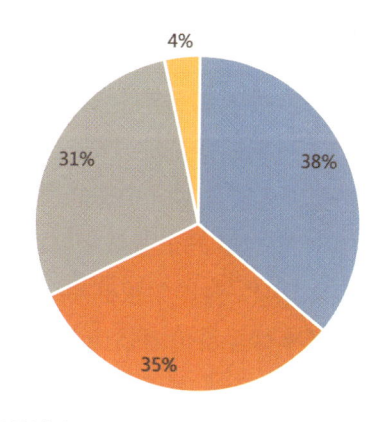

图 5　柔版油墨生产产品占比

柔版油墨生产企业主要客户有医药、食品饮料、瓦楞纸箱、日化等行业。从图 6 中不同的行业领域占比分析，食品饮料行业是柔版油墨的主要应用行业，占比 36%，其次是瓦楞纸箱领域，占比 28%；日化行业占比 25%，医药行业占比为 11%。

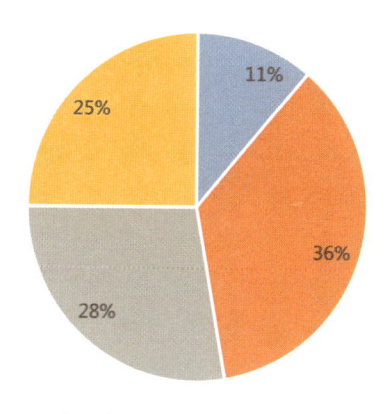

图 6　柔版油墨应用行业分析

五、对未来柔版油墨行业发展趋势的几点看法

(一)柔版油墨产业保持稳步发展

根据调研企业反馈,60% 柔版油墨企业认为目前的产业发展远远不够,这个行业还在发展,需求正在增长。33% 的企业认为产业发展还不太够,仍然有发展空间。7% 的企业认为目前市场已经饱和,产业产能过剩。

因此,全国柔版油墨行业仍将继续满足印刷业的需求,保持稳步的发展态势,但是整体经济仍面临诸多不确定因素,比较艰难的环境仍将持续。面对当前严峻的形势,企业需要不断地提升自身的综合实力,加强公司环保工程的建设,加大科研投入,注重技术力量和人才队伍的培养,丰富和完善产品种类结构,提高服务意识,开发推广更多环保、绿色、安全的产品,提供个性化的优质服务,充分发挥企业自身的特点,在竞争激烈的市场中占据一席之地。

企业可加强同高校、科研院所等的合作,通过国家的产业政策引导,以合作、协同的模式,与高校、科研院所等研究机构加强联系,以建立专题科研项目小组的形式,由高校科研院所进行初开发,企业结合应用的实际情况进行产业化,将行业产品进行深度开发。

(二)柔版油墨行业产品种类进入调整期

全国柔版油墨行业产品结构将进入深度调整期,随着国家环保工作的推进,相关的标准、法规的逐步出台,同时下游客户对环保产品需求的呼声越来越高涨,很多油墨企业的绿色环保产品均得到了较好的发展,如水性油墨、UV 油墨等。行业环保的步伐在不断地坚定地向前迈进。总之,沿着绿色环保型油墨为主线的发展思路是未来油墨企业生存的保障。

近两年,水性油墨的开发成为行业内热点及争议很大的一个领域,同时也成为整个印刷产业链关注的焦点。由于中国人对包装精美度及色彩饱和度一贯的高要求,使得溶剂型油墨成为包装领域的主流产品。但近两年来,随着环保税的征收,地方政府对环保项目的政策鼓励,及当地环保部门对企业环保方面监管力度的加大,催生了整个产业链对水性油墨的向往,其中,带动了水性柔版油墨的需求量大增。由于水性油墨自身的产品结构特点,从质量上到生产效率上都要满足印刷工艺的需求,很多油墨企业加大了水性产品的研发力度,通过联合上游供应商及下游印刷厂共同组成项目攻关小组,着手共同努力攻克这一技术难题。

（三）柔版油墨行业环保规范使用要求提高

在当前环保形势严峻的形态下，部分排放不达标的、管理缺失的小企业将逐步被取缔，油墨行业未来的发展之路显而易见摆在每家油墨企业的面前，企业内部的环保治理和开发客户需要的环保产品将是油墨企业可持续发展的必经之路。环保的投入也会使油墨企业的成本有所提升，同时也是衡量油墨企业软实力的标尺，油墨行业应重视这一问题，尽早做好准备。

按照生态环境部要求，2019年完成印刷行业和油墨行业相关的排污许可证申请与核发技术规范指南等相关文件，到2020年行业将全面推行排污许可证制度。为了可持续的发展，环保工作需放在重要的位置，从原材料的选择、清洁生产、过程的收集，到末端的集中处理等，需要企业全方位地做好环保各项工作，只有做到达标排放，企业才具备生存的基本条件。

油墨行业将继续贯彻落实工信部提出的VOCs减排行动计划，重点研发绿色、安全、环保型油墨，推广使用低（无）VOCs的非吸收性基材的水性油墨、单一溶剂型凹版油墨、辐射固化油墨等，为印刷行业提供低（无）VOCs的环保油墨。从原料使用及工艺过程开始替代与控制，目标就是使用低（无）VOCs的环保油墨产品比例不少于70%。

民以食为天，政府部门提出"坚持最严谨的标准、最严格的监管、最严厉的处罚、最严肃的问责"四个最严要求，以增强食品安全监管统的一性和专业性，切实提高食品安全监管水平和能力，确保"舌尖上"的安全。国家卫生健康委员会正在策划建立与食品接触的包装材料用油墨的相关标准，中国日化协会油墨分会积极地参与其中，由于新标准延续GB9685的正清单模式，需要业内企业引起足够的重视，积极地配合分会开展该项标准的制定工作，使标准既满足食品安全需求，又能促进规范企业正常生产，起到引领行业和下游客户的作用。

第二部分
相关政策与标准

本部分包含了与柔性版印刷有关的绿色印刷相关法规与政策索引、柔性版印刷相关标准索引、绿色印刷相关法规政策解读、柔性版印刷的标准化工作现状分析、柔性版印刷专业标准解读共五方面的内容，便于查阅和应用。

我国自2010年开始倡导绿色印刷，并发布了众多相关法规与政策文件，"绿色印刷相关法规与政策索引"中列出了现行的绿色印刷相关的法律法规，以及自2010年以来、截至2019年6月的柔性版印刷相关的绿色环保政策和事件。"柔性版印刷相关标准索引"由两方面内容构成：一是柔性版印刷行业的专用标准，二是适用于柔性版印刷的通用型标准，均包含了国家标准和行业标准。《绿色印刷相关法规政策解读》和《柔性版印刷专业标准解读》两篇文章，分别对相关法律法规和相关政策及标准作了简要介绍。《柔性版印刷的标准化工作现状分析》一文简要描述了柔性版印刷领域标准制修订工作的基本情况。

本部分中的索引信息主要是通过网络查询收集整理而成。在查询过程中可能存在有关信息遗漏或缺失的情况，对相关法律法规、政策，以及标准解读也可能存在不到位的现象，敬请批评指正。

绿色印刷相关法规政策索引

绿色发展是构建现代化经济体系的必然要求，是解决污染问题的根本之策。绿色印刷可以帮助与推动我国印刷业实现节能减排与低碳经济的目标，改善与提高我国印刷业的环境保护水平，有力地配合与支持我国政府在哥本哈根气候峰会向世界宣布的2020年将我国的碳排放总量降低至2005年GDP水平的40%~45%的庄重承诺。以下列出2010年以后，截至2019年6月的主要绿色印刷政策文件、法律法规和相关事件。

一、绿色印刷相关法律法规

1.《中华人民共和国清洁生产促进法》(2012修正)，法律，全国人民代表大会常务委员会，2012年7月1日

2.《中华人民共和国环境保护法》(2014修正)，法律，全国人民代表大会常务委员会，2015年1月1日

3.《中华人民共和国固体废物污染环境防治法》(2016修正)，法律，全国人民代表大会常务委员会，2016年11月7日

4.《中华人民共和国水污染防治法》(2017修正)，法律，全国人民代表大会常务委员会，2018年1月1日

5.《中华人民共和国环境保护税法实施条例》，行政法规，国务院，2018年1月1日

6.《中华人民共和国环境保护税法》(2018修正)，法律，全国人民代表大会常务委员会，2018年10月26日

7.《中华人民共和国大气污染防治法》(2018修正)，法律，全国人民代表大会常务委员会，2018年10月26日

8.《中华人民共和国土壤污染防治法》，法律，全国人民代表大会常务委员会，2019年1月1日

二、绿色印刷相关政策

1. 国务院办公厅转发环境保护部等部门关于推进大气污染联防联控工作改善区域空气质量指导意见的通知，国务院办公厅，2010年5月11日，国办发〔2010〕33号

2. 产业结构调整指导目录（2011年本），发改委，2011年3月27日，发展和改革委员会令〔2011〕9号

3. 关于实施绿色印刷的公告，新闻出版总署、环保部联合发布，2011年10月8日，新闻出版总署公告〔2011〕2号

4. 关于加强环境保护重点工作的意见，国务院，2011年10月17日，国发〔2011〕35号

5. 关于中小学教科书实施绿色印刷的通知，新闻出版总署、教育部、环保部联合发布，2012年4月6日，新出联〔2012〕11号

6. 关于修改《产业结构调整指导目录（2011年本）》有关条款的决定，发改委，2013年2月16日，发展和改革委员会令〔2013〕21号

7. 关于推进绿色印刷产业发展的通知，新闻出版总署，2013年4月10日，新出政发〔2013〕96号

8. 关于印发大气污染防治行动计划的通知，国务院，2013年9月10日，国发〔2013〕37号

9. 关于票据票证实施绿色印刷的通知，新闻出版广电总局、环保部、工信部、国家认证认可监督管理委员会联合发布，2013年11月4日，新出联〔2013〕9号

10. 国务院关于印发水污染防治行动计划的通知，国务院，2015年4月2日，国发〔2015〕17号

11. 国务院关于印发土壤污染防治行动计划的通知，国务院，2016年5月31日，国发〔2016〕31号

12. 国家危险废物名录，环保部，2016年6月14日，环境保护部令39号

13. 重点行业挥发性有机物削减行动计划（2016-2018），工信部、财政部联合发布，2016年7月8日，工信部联节〔2016〕217号

14. 关于印发《大气污染防治专项资金管理办法》的通知，财政部、环保部联合发布，2016年7月20日，财建〔2016〕600号

15. 国务院办公厅关于印发控制污染物排放许可制实施方案的通知，国务院

办公厅，2016 年 11 月 10 日，国办发〔2016〕81 号

16．关于加快我国包装产业转型发展的指导意见，工信部、商务部联合发布，2016 年 12 月 6 日，工信部联消费〔2016〕397 号

17．固定污染源排污许可分类管理名录（2017 年版），环保部，2017 年 7 月 28 日，环境保护部令 45 号

18．关于印发《"十三五"挥发性有机物污染防治工作方案》的通知，环保部、发改委、财政部、交通运输部、质检总局、能源局联合印发，2017 年 9 月 14 日，环大气〔2017〕121 号

19．关于征求《排污许可证申请与核发技术规范 印刷工业（征求意见稿）》国家环境保护标准意见的函，生态环境部，2018 年 4 月 27 日，环办标征函〔2018〕9 号

20．关于《大气污染防治行动计划》实施情况终期考核结果的通报，生态环境部，2018 年 5 月 17 日，环办大气函〔2018〕367 号

21．关于加强生态环境监测机构监督管理工作的通知，生态环境部，2018 年 5 月 31 日，环监测〔2018〕45 号

22．关于印发《2018－2019 年蓝天保卫战重点区域强化督查方案》的通知，生态环境部，2018 年 6 月 7 日，环环监〔2018〕48 号

23．关于征求《排污许可证后管理指导意见（征求意见稿）》意见的函，生态环境部，2018 年 6 月 14 日，环办规财函〔2018〕511 号

24．国务院关于印发打赢蓝天保卫战三年行动计划的通知，国务院，2018 年 6 月 27 日，国发〔2018〕22 号

25．关于发布《环境标志产品技术要求 凹印油墨和柔印油墨》等 4 项国家环境保护标准的公告，生态环境部，2018 年 7 月 13 日，生态环境部公告〔2018〕19 号

26．关于印发《生态环境部贯彻落实〈全国人民代表大会常务委员会关于全面加强生态环境保护 依法推动打好污染防治攻坚战的决议〉实施方案》的通知，生态环境部，2018 年 7 月 30 日，环厅〔2018〕70 号

27．关于发布钢铁行业等 14 个行业清洁生产评价指标体系的公告，发改委、生态环境部、工信部联合发布，2018 年 12 月 29 日，发展和改革委员会公告〔2018〕17 号

28．关于发布《环境空气挥发性有机物气相色谱连续监测系统技术要求及检

测方法》等四项国家环境保护标准的公告，生态环境部，2018年12月29日，生态环境部公告〔2018〕75号

29. 关于征求《排污单位自行监测技术指南涂料油墨制造（征求意见稿）》等三项国家环境保护标准意见的函，生态环境部，2019年1月31日，环办标征函〔2019〕2号

30. 关于印发《重点行业挥发性有机物综合治理方案》的通知，生态环境部，2019年6月26日，环大气〔2019〕53号

三、绿色印刷相关事件

1. 国家新闻出版总署和环保部签订了《实施绿色印刷战略合作协议》，2010年9月14日签订

2. 国家新闻出版广电总局发布《印刷业"十二五"时期发展规划》，2011年4月20日发布

3. 受工信部委托，由中国印刷及设备器材工业协会组织编制的中国《印刷机械行业"十二五"发展规划》在北京正式发布，2011年8月5日发布

4. 国务院办公厅专门以文件形式将绿色印刷实施的部门分工落实给原新闻出版总署，2011年12月16日

5. 全国塑料彩印复合软包装行业第二次VOCs综合治理交流会召开，2014年12月13~14日召开

6. 国家新闻出版广电总局发布《印刷业"十三五"时期发展规划》，2017年3月23日发布

7. 环境保护部关于《环境保护部关于修改〈环境保护主管部门实施按日连续处罚办法〉的决定（征求意见稿）》公开征求意见的通知，2017年5月18日

8. 全国生态环境保护大会5月18日至19日在北京召开，2018年5月18~19日召开

9. 生态环境部发布新闻"生态环境部强调'回头看'将紧盯督察整改不力问题"，2018年5月28日

10. 国新办举行《打赢蓝天保卫战三年行动计划》政策吹风会，2018年6月20日举行

11. 关于就《产业结构调整指导目录（2019年本，征求意见稿）》公开征求意见的公告，2019年4月8日

柔性版印刷相关标准索引

柔性版印刷标准是规范我国柔性版印刷企业工艺技术的基础保证，全国印刷标准化技术委员会、全国印刷机械标准化技术委员会、全国油墨标准化技术委员会以及中国印刷技术协会柔性版印刷分会等相关单位充分发挥技术优势，融合各方专家和人才，在行业企业的大力支持下，组织编制了系列柔性版印刷标准。以下列出了在2019年6月前已经发布的柔性版印刷专用国家标准和行业标准，以及适用于柔性版印刷的各类相关印刷标准。

标准索引由两部分构成，第一部分是柔性版印刷行业的专用标准，共有15项；第二部分为适用于柔性版印刷的通用型标准，并按术语类、印前技术类、印刷材料及其质量检测类、印刷机械相关类、印刷过程控制类、印刷品质量与检测方法类、印后加工控制与检测方法类、环保要求及检测方法相关类分为八大类。每一部分的标准都包含了国家标准和行业标准。标准中的索引信息依次为标准编号、标准名称、发布单位、实施日期和发文公告。

一、柔性版印刷专用国家标准和行业标准

1.GB/T 36487—2018，印刷机械　柔性版数字直接制版机，国家市场监督管理总局和国家标准化管理委员会，2019-02-01，中华人民共和国国家标准公告2018年第10号

2.GB/T 17934.6—2014，印刷技术　网目调分色片、样张和印刷成品的加工过程控制　第6部分：柔性版印刷（MOD ISO12647-6：2006），国家质量监督检验检疫总局和中国国家标准化管理委员会，2015-07-01，中华人民共和国国家标准批准发布公告2014年第33号

3.GB/T 17497.1—2012，柔性版装潢印刷品　第1部分：纸张类，国家质量监督检验检疫总局和中国国家标准化管理委员会，2013-06-01，中华人民共和国国家标准批准发布公告2012年第42号

4.GB/T 17497.2—2012，柔性版装潢印刷品 第2部分：塑料与金属箔类，国家质量监督检验检疫总局和中国国家标准化管理委员会，2013-06-01，中华人民共和国国家标准批准发布公告 2012 年第 42 号

5.GB/T 17497.3—2012，柔性版装潢印刷品 第3部分：瓦楞纸板类，国家质量监督检验检疫总局和中国国家标准化管理委员会，2013-06-01，中华人民共和国国家标准批准发布公告 2012 年第 42 号

6.GB/T 26554—2011，印刷机械 卷筒纸柔版印线分切机，国家质量监督检验检疫总局和中国国家标准化管理委员会，2012-01-01，中华人民共和国国家标准批准发布公告 2011 年第 09 号

7.GB/T 25679—2010，印刷机械 卷筒料机组式柔性版印刷机，国家质量监督检验检疫总局和中国国家标准化管理委员会，2011-07-01，中华人民共和国国家标准批准发布公告 2010 年第 10 号（总第 165 号）

8.HJ 371—2018，环境标志产品技术要求 凹印油墨和柔印油墨，生态环境部，2018-10-01，生态环境部公告〔2018〕19 号

9.HG/T 5311—2018，印刷用柔性树脂版，国家发展和改革委员会，2018-09-01，中华人民共和国工业和信息化部公告 2018 年第 23 号

10.HG/T 4009—2008，瓦楞纸板印刷用柔性树脂版，国家发展和改革委员会，2008-10-01

11.QB/T 2825—2017，柔性版水性油墨，工业和信息化部，2017-07-01，工业和信息化部公告 2017 年第 23 号

12.QB/T 4538—2013，水性柔性版耐高温预印油墨，工业和信息化部，2014-03-01，工业和信息化部公告 2013 年第 52 号

13.JB/T 12374—2015，层叠式柔性版印刷机，工业和信息化部，2016-03-01，中华人民共和国工业和信息化部公告 2015 年第 63 号

14.JB/T 11467—2013，卫星式柔版印刷机，工业和信息化部，2014-07-01，中华人民共和国工业和信息化部公告 2013 年第 71 号

15.JB/T 11458—2013，印刷机械 卷筒纸柔印铁丝订制本联动机，工业和信息化部，2014-07-01，中华人民共和国工业和信息化部公告 2013 年第 71 号

二、适用于柔性版印刷的通用国家标准和行业标准

（一）术语类

1.GB/T 9851.1—2008，印刷技术术语　第1部分：基本术语，国家新闻出版总署，2008-12-01，国家标准批准发布公告2008年第12号（总第125号）

2.GB/T 9851.2—2008，印刷技术术语　第2部分：印前术语，国家新闻出版总署，2008-12-01，国家标准批准发布公告2008年第12号（总第125号）

3.GB/T 9851.3—2008，印刷技术术语　第3部分：凸版印刷术语，国家新闻出版总署，2008-12-01，国家标准批准发布公告2008年第12号（总第125号）

4.GB/T 9851.7—2008，印刷技术术语　第7部分：印后加工术语，国家新闻出版总署，2008-12-01，国家标准批准发布公告2008年第12号（总第125号）

5.GB/T 15962—2018，油墨术语，国家市场监督管理总局，2019-01-01

6.JB/T 11948—2014，印刷机械　印后机械基本术语，工业和信息化部，2014-11-01，中华人民共和国工业和信息化部公告2014年第47号

7.CY/T 129—2015，绿色印刷　术语，国家新闻出版广电总局，2015-03-27，行业标准备案公告2015年第5号（总第185号）

8.JB/T 4178—2016，印刷机术语，工业和信息化部，2016-06-01，中华人民共和国工业和信息化部公告2016年第3号

（二）印前技术类

1.GB/T 14706—1993，校对符号及其用法，国家技术监督局，1994-07-01

2.GB/T 14707—1993，图像复制用校对符号，国家技术监督局，1994-07-01

3.GB/T 788—1999，图书和杂志开本及其幅面尺寸（neq ISO 6716:1983），国家质量技术监督局，2000-05-01

4.GB/T 18721—2002，印刷技术　印前数据交换　CMYK标准彩色图像数据（CMYK/SCID，IDT ISO 12640:1997），国家质量监督检验检疫总局和中国国家标准化管理委员会，2003-01-01

5.GB/T 20439—2006，印刷技术　印前数据交换　用于四色印刷特征描述的输入数据（IDT ISO 12642:1996），国家质量监督检验检疫总局和中国国家标准化管理委员会，2007-05-01，中国国家标准批准发布公告 2006年第9号（总第96号）

6.GB/T 22113—2008，印刷技术 印前数据交换 用于图像技术的标签图像文件格式（TIFF/IT，IDT ISO 12639），国家新闻出版总署，2008-12-01，国家标准批准发布公告2008年第11号（总第124号）

7.GB/T 27935.3—2011，印刷技术 印前数据交换 PDF的使用 第3部分：颜色管理工作流程中的完整数据交换(PDF/X-3，IDT ISO 15930:2002)，国家质量监督检验检疫总局和中国国家标准化管理委员会，2012-03-01，国家标准公告2011年第23号

8.GB/T 27935.1—2016，印刷技术 印前数据交换 PDF的使用 第1部分：使用CMYK数据的完整数据交换(PDF/X-1和PDF/X-1a)，国家质量监督检验检疫总局和中国国家标准化管理委员会，2017-07-01，国家标准公告2016年第23号

9.GB/T 18721.2—2017，印刷技术 印前数据交换 第2部分：XYZ/sRGB编码的标准彩色图像数据(XYZ/SCID，IDT ISO 12640-2:2004)，国家质量监督检验检疫总局和中国国家标准化管理委员会，2017-12-01

（三）印刷材料及其质量检测类

油墨

1.GB/T 36421—2018，包装材料用油墨限制使用物质，国家市场监督管理总局，2019-01-01

2.QB/T 4751—2014，油墨分类，工业和信息化部，2014-11-01，工业和信息化部公告2014年第47号

3.QB/T 2929—2008，溶剂型油墨溶剂残留量限量及其测定方法，国家发展和改革委员会，2008-07-01，发改委公告2008年第11号

4.QB/T 5345—2018，油墨摩擦牢度的检验方法，工业和信息化部，2019-07-01，中华人民共和国工业和信息化部公告 2018年第67号

5.SN/T 3006—2011，包装材料用油墨中有机挥发物的测定 气相色谱法，国家质量监督检验检疫总局和中国国家标准化管理委员会，2012-04-01，国质检认〔2015〕59号

承印材料

1.GB/T 33254—2016，包装印刷材料分类，国家质量监督检验检疫总局和中国国家标准化管理委员会，2017-07-01，国家标准公告2016年第23号

2.GB/T 30328—2013，印后加工材料分类，国家质量监督检验检疫总局和中国国家标准化管理委员会，2014-06-01，国家标准公告2013年第27号

3.CY/T 104.1—2014，印刷技术　纸和纸板印刷适性测试方法　第1部分：术语，国家新闻出版广电总局，2014-07-16，中华人民共和国行业标准备案公告2014年第9号（总第177号）

4.CY/T 104.2—2014，印刷技术　纸和纸板印刷适性测试方法　第2部分：印刷适性仪基本要求，国家新闻出版广电总局，2014-07-16，中华人民共和国行业标准备案公告2014年第9号（总第177号）

5.CY/T 104.3—2014，印刷技术　纸和纸板印刷适性测试方法　第3部分：印刷渗透性，国家新闻出版广电总局，2014-07-16，中华人民共和国行业标准备案公告2014年第9号（总第177号）

6.CY/T 104.4—2014，印刷技术　纸和纸板印刷适性测试方法　第4部分：印刷均匀性，国家新闻出版广电总局，2014-07-16，中华人民共和国行业标准备案公告2014年第9号（总第177号）

7.CY/T 104.5—2014，印刷技术　纸和纸板印刷适性测试方法　第5部分：油墨转移量，国家新闻出版广电总局，2014-07-16，中华人民共和国行业标准备案公告2014年第9号（总第177号）

8.CY/T 104.6—2014，印刷技术　纸和纸板印刷适性测试方法　第6部分：透印，国家新闻出版广电总局，2014-07-16，中华人民共和国行业标准备案公告2014年第9号（总第177号）

9.CY/T 104.7—2014，印刷技术　纸和纸板印刷适性测试方法　第7部分：印刷粗糙度，国家新闻出版广电总局，2014-07-16，中华人民共和国行业标准备案公告2014年第9号（总第177号）

10.CY/T 104.8—2014，印刷技术　纸和纸板印刷适性测试方法　第8部分：粘脏，国家新闻出版广电总局，2014-07-16，中华人民共和国行业标准备案公告2014年第9号（总第177号）

11.CY/T 127—2015，用于纸质印刷品的印刷材料挥发性有机化合物检测试样的制备方法，国家新闻出版广电总局，2015-01-29，行业标准备案公告2015年第5号（总第185号）

（四）印刷相关机械类

1.GB/T 34386—2017，卷筒料印刷品质量检测系统，国家质量监督检验检疫总局 中国国家标准化管理委员会，2018-07-01，中华人民共和国国家标准公告 2017 年第 26 号

2.GB/T 33244—2016，数字硬打样系统质量要求及检验方法，国家质量监督检验检疫总局和中国国家标准化管理委员会，2017-07-01

3.GB/T 28387.2—2012，印刷机械和纸加工机械的设计及结构安全规则 第 2 部分：印刷机、上光机和印前机械，国家质量监督检验检疫总局和中国国家标准化管理委员会，2012-10-01，中华人民共和国国家标准公告 2012 年第 9 号

4.GB/T 26138—2010，印刷机械 印刷机系统和印后系统以及相关辅助设备的图形符号，国家质量监督检验检疫总局和中国国家标准化管理委员会，2011-07-01，中华人民共和国国家标准公告 2011 年第 2 号

5.JB/T 8115—2016，印刷机械 切纸机，工业和信息化部，2016-06-01，中华人民共和国工业和信息化部公告 2016 年第 3 号

6.JB/T 12378—2015，印刷机械 节能产品评价指南，工业和信息化部，2016-03-01，中华人民共和国工业和信息化部公告 2015 年第 63 号

7.JB/T 6933—2014，印刷机类别划分，工业和信息化部，2014-11-01，中华人民共和国工业和信息化部公告 2014 年第 47 号

8.JB/T 11946—2014，印刷机械 印前设备类别划分，工业和信息化部，2014-11-01，中华人民共和国工业和信息化部公告 2014 年第 47 号

9.JB/T 11947—2014，印刷机械 印后设备类别划分，工业和信息化部，2014-11-01，中华人民共和国工业和信息化部公告 2014 年第 47 号

10.JB/T 11122—2010，印刷机械 局部上光机，工业和信息化部，2011-04-01，工科〔2010〕第 134 号

11.JB/T 8586—2010，印刷机械 上光机，工业和信息化部，2010-07-01，工科〔2010〕第 82 号

12.JB/T 6531—2004，印刷机械 噪声声功率级测定方法，国家发展和改革委员会，2005-04-01，国家发展改革委公告 2004 年第 61 号

13.JB/T 10224—2001，粘盒机，全国印刷机械标准化技术委员会，2001-10-01，中机联〔2001〕58 号

（五）印刷过程控制类

1.GB/T 18720—2002，印刷技术　印刷测控条的应用，国家质量监督检验检疫总局　中国国家标准化管理委员会，2003-01-01

2.GB/T 17934.1—1999，印刷技术　网目调分色片、样张和印刷成品的加工过程控制　第1部分：参数与测试方法（eqv ISO12647-1:1996），国家质量技术监督局，2000-08-01

3.CY/T 128—2015，印刷技术　匹配颜色特征化数据集的印刷系统调整方法，国家新闻出版广电总局，2015-01-29，行业标准备案公告2015年第5号（总第185号）

（六）印刷品质量与检测方法类

1.GB/T 33255—2016，包装印刷产品分类，国家质量监督检验检疫总局和中国国家标准化管理委员会，2017-07-01，国家标准公告2016年第23号

2.GB/T 7706—2008，凸版装潢印刷品，国家新闻出版总署，2008-12-21，国家标准批准发布公告2008年第12号（总第125号）

3.GB/T 22771—2008，印刷技术　印刷品与印刷油墨用滤光氙弧灯评定耐光性，国家质量监督检验检疫总局和中国国家标准化管理委员会，2009-09-01，国家标准批准发布公告2008年第24号（总第137号）

4.GB/T 23649—2009，印刷技术　过程控制　印刷用反射密度计的光学、几何学和测量学要求（IDT ISO 14981:2000），国家质量监督检验检疫总局和中国国家标准化管理委员会，2009-11-01，国家标准批准发布公告2009年第6号（总第146号）

5.GB/T 19437—2004，印刷技术　印刷图像的光谱测量和色度计算（IDT ISO 13655:1996），国家质量监督检验检疫总局　中国国家标准化管理委员会，2004-06-01

6.GB/T 18722—2002，印刷技术　反射密度测量和色度测量在印刷过程控制中的应用（eqv ISO 13655:2000），国家质量监督检验检疫总局　中国国家标准化管理委员会，2003-01-01

7.CY/T 132.2—2017，绿色印刷　产品合格判定准则　第2部分：包装类印刷品，国家新闻出版广电总局，2017-09-01，中华人民共和国行业标准备案公告 2017年第10号

8.CY/T 157—2017，印刷品外观质量视觉检测系统使用要求和检验方法，国家新闻出版广电总局，2017-09-01，中华人民共和国行业标准备案公告 2017 年第 10 号

9.CY/T 131—2015，绿色印刷 产品抽样方法及测试部位确定原则，国家新闻出版广电总局，2015-03-27，国家标准化管理委员会 2015 年第 5 号（总第 185 号）

10.CY/T 3—1999，色评价照明和观察条件，新闻出版署，1999-09-01

（七）印后加工控制与检测方法类

1.GB 27934.1—2011，纸质印刷品覆膜过程控制及检测方法 第 1 部分：基本要求，国家质量监督检验检疫总局和中国国家标准化管理委员会，2012-06-01，国家标准公告 2011 年第 23 号

2.GB/T 30327—2013，印后加工一般要求，国家质量监督检验检疫总局 中国国家标准化管理委员会，2014-06-01，中华人民共和国国家标准批准发布公告 2013 年第 27 号

3.CY/T 59—2009，纸质印刷品模切过程控制及检测方法，新闻出版总署，2009-06-21，国家新闻出版总署科技发展司〔2007〕27 号

4.CY/T 60—2009，纸质印刷品烫印与压凹凸过程控制及检测方法，新闻出版总署，2009-06-21，国家新闻出版总署科技发展司〔2007〕27 号

5.CY/T 61—2009，纸质印刷品制盒过程控制及检测方法，新闻出版总署，2009-06-21，国家新闻出版总署科技发展司〔2007〕27 号

（八）环保要求及检测方法相关类

1.GB 37822—2019，挥发性有机物无组织排放控制标准，生态环境部和国家市场监督管理总局，2019-07-01，生态环境部公告 2019 年第 18 号

2.GB 37824—2019，涂料、油墨及胶黏剂工业大气污染物排放标准，生态环境部和国家市场监督管理总局，2019-07-01，生态环境部公告 2019 年第 18 号

3.GB 25463—2010，油墨工业水污染物排放标准，环境保护部和国家质量监督检验检疫总局，2010-10-01，中华人民共和国国家标准批准发布公告 2010 年第 08 号

4.HJ 1010—2018，环境空气挥发性有机物气相色谱连续监测系统技术要求

及检测方法，生态环境部，2019-07-01，生态环境部公告 2018 年第 75 号

5.HJ 1011—2018，环境空气和废气 挥发性有机物组分便携式傅里叶红外监测仪技术要求及检测方法，生态环境部，2019-07-01，生态环境部公告 2018 年第 75 号

6.HJ 1012—2018，环境空气和废气 总烃、甲烷和非甲烷总烃便携式监测仪技术要求及检测方法，生态环境部，2019-07-01，生态环境部公告 2018 年第 75 号

7.HJ 1013—2018，固定污染源废气非甲烷总烃连续监测系统技术要求及检测方法，生态环境部，2019-07-01，生态环境部公告 2018 年第 75 号

绿色印刷相关法规政策解读

金张英[1] 施建屏[2] 孔玲君[1]
（1. 上海出版印刷高等专科学校；2. 中国印刷协会柔性版印刷分会）

绿色印刷，主要是指对生态环境影响小、污染少、节约资源能源的印刷方式。随着国家日益强盛，科技日益发展，人民生活水平逐渐提高，全民对绿色环保的重要性也有了越来越清晰的认识。近年来，国家对环境和污染问题的重视程度也与日俱增，出台了众多与环保有关的政策法规，其中不少都与印刷业密切相关。绿色印刷的推行是利国利民的大事，是充分满足人们日益增长的美好生活需要的必然要求，是建设环境友好型社会的必由之路。因此，我们选取部分政策法规进行解读，希望有助于促进绿色印刷的发展和推进。

一、相关法律法规与解读

目前施行的《中华人民共和国大气污染防治法》（修订版）于 2018 年 10 月 26 日由全国人民代表大会常务委员会通过并实施，条文从最初的六章五十条发展到现在的八章一百二十九条，自 1988 年施行以来，频繁的修正和大量条文的修订体现了政府对大气污染防治的决心，对雾霾、常见大气污染物（VOCs、二氧化硫、氮氧化物、氨等）、温室气体和臭氧层破坏等问题的重视。不同修订版本的《大气污染防治法》为不同阶段政府出台的大气污染防治政策提供了法律后盾，使得相关职能部门能依法治理大气问题，改善空气环境。在治理过程中亦有不少印刷企业由于超过大气污染物排放标准或者超过重点大气污染物排放总量控制指标排放大气污染物而被处罚。在当前愈加严格的执法环境下，印刷企业应提升环保绿色意识，配合国家做好产业转型和技术改进，为改善空气质量出一分力；这同时也是印刷企业得以在当前形势下存活的关键因素之一。

2012 年 2 月 29 日由全国人民代表大会常务委员会通过《中华人民共和国清

洁生产促进法》（修订版），并于 2012 年 7 月 1 日开始施行。《清洁生产促进法》自 2003 年开始施行，体现了政府和民众对于推动生态文明建设和促进可持续发展的迫切愿望，希望通过法律手段促进清洁生产，提高资源利用率，减少和避免污染物产生，保护和改善环境，保障人体健康，促进经济与社会可持续发展。2012 修订版进一步明确了政府推进清洁生产的工作职责，扩大了对企业实施强制性清洁生产审核范围，明确规定建立清洁生产财政支持资金以加大激励措施力度，强化了清洁生产审核法律责任，强化了政府监督与社会监督作用。2012 修订版的出台，进一步加快了各行业实施清洁生产步伐；有助于推广应用先进生产技术，推进产品升级和产业结构优化，推动实现节能减排目标、转变经济发展方式。

2014 年 4 月 24 日，全国人民代表大会常务委员会通过了《中华人民共和国环境保护法》（修订版），自 2015 年 1 月 1 日起正式实施。2014 版环保法完成了 25 年来最重大的修订，处罚力度明显加大，被称为长牙的环保法，取消了 1989 年版本中"对造成大气污染事故的企业事业单位的罚款，最高不超过 50 万元"的封顶，规定对造成重特大大气污染事故的，按造成直接损失的 3 倍以上 5 倍以下计算罚款，并且对于被责令改正，拒不改正的，按照原处罚数额按日连续处罚。2014 版环境法也为之后颁布的《环境保护主管部门实施按日连续处罚办法》提供了法律依据。

2018 年 10 月 26 日，全国人民代表大会常务委员会通过《中华人民共和国环境保护税法》（修正版），并即日起施行。相比 2018 年 1 月 1 日施行的版本，主要是条文中原来的"环境保护主管部门"改为"生态环境主管部门"，其他主要内容并未作改动。《环境保护税法》的施行被视为"绿色税制"来临的标志。与此同时，作为环保税的前身，在我国拥有四十多年历史的排污收费制度正式退出历史舞台。《环境保护税法》是首个独立型的环境税，其目的在于减少污染物的排放；因此除了依然遵循"谁排污谁付费"的原则外，也通过对节能减排者减税的方式鼓励节能减排。从行政收费到依法征税，不仅强化了企业节能减排的社会责任和义务，而且有利于解决排污费制度存在的执法刚性不足的问题。对印刷企业而言，为实现绿色转型，在前期虽然需投入大笔治污资金，但之后通过降低企业的污染排放后，可减少环保税方面的支出。

二、相关政策与解读

（一）加强绿色印刷支持的相关政策解读

2010年9月14日，原国家新闻出版总署和原环境保护部签订了《实施绿色印刷战略合作协议》，重点对纸张、油墨和热熔胶三个方面进行重金属残留以及挥发性有机物污染的严格控制，提出用水性油墨替代苯类油墨，用水性上光替代油性上光，用蜂窝纸板、纸浆模塑材料替代聚苯乙烯发泡材料，并采用更环保的印刷材料等。根据此次签署的合作协议，环境保护部和新闻出版总署两个部门共同成立实施绿色印刷战略工作领导小组，研究制定绿色印刷行动方案，制定发布印刷环境标志标准，完善绿色印刷评价体系，在印刷企业中推广执行绿色印刷标准，优先开展中小学教材的绿色印刷工作，并逐步向政府采购产品印刷、食品药品包装印刷等领域推广，同时加强对印刷企业实施绿色印刷的政策扶持，淘汰落后印刷工艺、技术和产能，推动我国印刷业加快绿色转型和升级。

2011年10月8日，原国家新闻出版总署和原环境保护部联合发布了《关于实施绿色印刷的公告》（新闻出版总署公告〔2011〕2号文），明确了实施绿色印刷的指导思想、范围目标、组织管理、绿色印刷标准、绿色印刷认证、工作安排及配套保障措施等，对推进绿色印刷实施作出了全面部署。这标志着我国实施绿色印刷进入新阶段。

2012年4月6日，原国家新闻出版总署、教育部和原环境保护部联合发布了《新闻出版总署、教育部、环境保护部关于中小学教科书实施绿色印刷的通知》（新出联〔2012〕11号文），提出了中小学教科书必须委托获得绿色印刷环境标志产品认证的印刷企业印制。工作目标是从2012年秋季学期起，各地使用的绿色印刷中小学教科书数量应占到本地中小学教科书使用总量的30%；再经过1～2年，基本实现全国中小学教科书绿色印刷的全覆盖。政策发布后上海率先采用柔印工艺水墨印刷中小学教科书，相比绿色胶印常用的大豆油墨，柔印使用的水性油墨更安全和低排放。2012年6月1日，由原上海市新闻出版局主办的2012年沪版秋季教科书柔性版绿色印刷签约仪式在宁夏银川第22届全国图书交易博览会上海展区隆重举行。在该展会上上海科技教育出版社等11家出版社与上海印刷（集团）有限公司签署了20个品种、100万册的秋季教科书柔性版绿色印刷协议。从2012年开始，上海中小学的学生簿册已全部采用了柔印水墨印刷。2014年，原国家新闻广电总局印刷管理司宣布基本实现全国中小学教科书绿色印刷的全覆盖。

2013年4月10日，原国家新闻出版总署发布了《关于推进绿色印刷产业发展的通知》（新出政发〔2013〕96号文），要求加快营造绿色印刷发展环境、加大拓展绿色印刷市场力度、重点支持绿色印刷发展项目、充分发挥骨干企业示范作用、积极鼓励绿色印刷自主创新和全面加强绿色印刷人才培养。该通知表示"绿色印刷是拉动我国印刷业持续发展的重要引擎"，要切实推动我国印刷业实现绿色发展。

2013年11月4日，原国家新闻出版广电总局、原环境保护部、工业和信息化部、国家认证认可监督管理委员会联合发布《关于票据票证实施绿色印刷的通知》（新出联〔2013〕9号文），旨在引导票据票证印刷企业逐步实施绿色印刷，鼓励印刷企业贯彻执行绿色印刷标准，推动票据票证印刷品实现绿色印刷。通知要求从2013年起，各地要开始在票据票证领域宣传推广绿色印刷；到"十二五"期末，政府采购的票据票证印刷品基本实现绿色印刷；引导和鼓励其他各类票据票证逐步实现绿色印刷。

2016年7月8日，工业和信息化部和财政部联合发布《重点行业挥发性有机物削减行动计划（2016-2018）》（工信部联节〔2016〕217号文）。首次在中央部委文件中提出了"油墨行业要重点研发推广使用低（无）VOCs非吸收性基材的水性油墨（VOCs含量低于30%）、单一溶剂型凹印油墨、辐射固化油墨"，"鼓励采用柔性版印刷工艺和无溶剂复合工艺，逐步减少凹版印刷工艺、干式复合工艺"。

2019年6月26日，生态环境部发布《关于印发〈重点行业挥发性有机物综合治理方案〉的通知》（环大气〔2019〕53号）。为贯彻落实《中共中央 国务院关于全面加强生态环境保护坚决打好污染防治攻坚战的意见》，《国务院关于印发打赢蓝天保卫战三年行动计划的通知》有关要求，深入实施《"十三五"挥发性有机物污染防治工作方案》，加强对各地工作指导，提高挥发性有机物（VOCs）治理的科学性、针对性和有效性，协同控制温室气体排放，制订该方案，提出主要目标为："到2020年，建立健全VOCs污染防治管理体系，重点区域、重点行业VOCs治理取得明显成效，完成'十三五'规划确定的VOCs排放量下降10%的目标任务，协同控制温室气体排放，推动环境空气质量持续改善"。在该《方案》中，包装印刷行业作为重点行业之一，被提出以下治理任务："包装印刷行业VOCs综合治理。重点推进塑料软包装印刷、印铁制罐等VOCs治理，积极推进使用低（无）VOCs含量原辅材料和环境友好型技术替代，全面加强无组织排放控制，建设高效末端净化设施。重点区域逐步开展出版物印刷VOCs治理工作，推广使用植物油基油墨、辐射固化油墨、低（无）醇润版液等低（无）VOCs含量原辅材料和无水印刷、橡皮布自动清洗等技术，实现污染减排"；"强化源头控制。塑料软包装印刷企业推广使用水醇性油墨、单一组分溶剂油墨，无溶剂复合技术、共挤出复合技术等，鼓励使用水性油墨、辐射固化油墨、紫外光固化光油、低（无）挥发和高沸点的清洁剂等。印铁企业加快推广使用辐射固化涂料、辐射固化油墨、紫外光固化光油。制罐企业推广使用水性油墨、水性涂料。鼓励包装印刷企业实施胶印、柔印等技术改造"；"加强无组织排放控制。加强油墨、稀释剂、胶黏剂、涂布液、清洗剂等含VOCs物料储存、调配、输送、使用等工艺环节VOCs无组织逸散控制。含VOCs物料储存和输送过程应保持密闭。调配应在密闭装置或空间内进行并有效收集，非即用状态应加盖密封。涂布、印刷、覆膜、复合、上光、清洗等含VOCs物料使用过程应采用密闭设备或在密闭空间内操作；无法密闭的，应采取局部气体收集措施，废气排至VOCs废气收集系统。凹版、柔版印刷机宜采用封闭刮刀，或通过安装盖板、改变墨槽开口形状等措施减少墨槽无组织逸散。鼓励重点区域印刷企业对涉VOCs排放车间进行负压改造或局部围风改造"；"提升末端治理水平。包装印刷企业印刷、干式复合等VOCs排放工序，宜采用吸附浓缩＋冷凝回收、吸附浓缩＋燃烧、减风增浓＋燃烧等高效处理技术"。该《方案》强调了关键参数的监测监控和保存，要求"建立管理台账，记录企业生产和治污设施运行的关键参数，在线监控参数要确保能够实时调取，相关台账记录至少保存三年"，并在附件中列出了包装印刷行业的VOCs治理台账记录要求和废气收集与处理设施关键参数；在监测监控方面要求："石化、化工、包装印刷、工业涂装等VOCs排放重点源，纳入重点排污单位名录，主要排污口安装自动监控设施，并与生态环境部门联网，重点区域2019年年底前基本完成，全国2020年年底前基本完成。鼓励重点区域对无组织排放突出的企业，在主要排放工序安装视频监控设施。鼓励企业配备便携式VOCs监测仪器，及时了解掌握排污状况。具备条件的企业，应通过分布式控制系统（DCS）等，自动连续记录环保设施运行及相关生产过程主要参数。自动监控、DCS监控等数据至少要保存一年，视频监控数据至少保存三个月。"

（二）印刷业规划发展相关的绿色印刷政策解读

2011年3月27日，国家发展和改革委员会发布了《产业结构调整指导目录（2011年本）》（发展和改革委员会令〔2011〕9号文），鼓励制造高端印刷设备、发展数字印刷技术、生产环保型油墨等。该《指导目录》的鼓励类中与柔印相关的主要有"多色宽幅柔性版印刷机（印刷宽度≥1300毫米，印刷速度≥350米／分）"和"机组式柔性版印刷机（印刷速度≥150米／分）"两类设备，以及"水性油墨"这种节能环保型油墨。2019年4月8日，国家发展和改革委员会发布了《关于就〈产业结构调整指导目录（2019年本，征求意见稿）〉公开征求意见的公告》。此次发布的《征求意见稿》依然体现了国家对环境保护和清洁发展的重视。可见，随着对绿色环保的重视，柔印势必是印刷行业技术转型的方向之一。

2011年4月20日，原新闻出版总署发布《印刷业"十二五"时期发展规划》。该规划提到"绿色印刷已经成为全球印刷业未来发展的主流，发展绿色印刷也已成为我国印刷业'十二五'发展的主攻方向"，"因此，在'十二五'期间要抓住时机，及时采取有力措施，通过推行绿色印刷战略，加快印刷产业发展方式转变，推动整个印刷产业实现转型和升级"。在总体目标中提出"以中小学教科书、政府采购产品和食品药品包装为重点，大力推动绿色印刷发展。到'十二五'期末，基本建立绿色环保印刷体系，力争绿色印刷企业数量占到我国印刷企业总数的30%"。在该规划的主要任务中提到："引导产业绿色转型。组织好'绿色环保印刷体系建设工程'，协调有关部门开展多层次多方位合作，制定和完善绿色环保印刷标准，开展绿色环保印刷企业和印刷产品的认证，推进我国绿色环保印刷的发展"。2017年3月23日，原国家新闻出版广电总局发布《印刷业"十三五"时期发展规划》。在该规划中总结了"十二五"时期的主要成就："绿色印刷成效显著。'十二五'期间，绿色印刷成为行业共识，标准体系初步建立，实施领域不断拓展，检测能力逐步提高，市场倒逼机制初步形成。中央和地方财政扶持资金发挥了杠杆引导作用。近千家企业获得绿色印刷认证，部分企业主动实施清洁生产，12亿册中小学教科书实现绿色印刷全覆盖，印刷从业者的工作环境得到改善"；以及存在的主要问题："绿色发展机制有待完善。绿色印刷实施流程标准、制度体系有待完善，印刷产品环保质量不稳定，企业实施绿色印刷的自觉性和主动性有待提高，绿色印刷领域需要进一步扩大，产业链协同发展亟待加强，特别是加快源头治理"。在该规划的主要目标中提出："在'十三五'期间，贯彻'创新、协调、绿色、开放、共享'五大发展理念，推动我国印刷业加快'绿色化、数字化、智能化、融合化'发展，促进产业结构优化升级，提高规模化、集约化、专业化水平，实现由印刷大国向印刷强国的初步转变"。在该规划的重点任务中提出："坚持绿色发展道路，增强绿色印刷实效。继续大力实施绿色印刷，提升产业绿色发展水平。完善绿色印刷实施机制，积极融入国家绿色产品认证工作，发展市场化检测认证。加快绿色印刷标准体系建设，按照'源头削减和过程控制是重点、兼顾末端治理'的思路推动 VOCs（挥发性有机物）治理。实施'绿色印刷推广工程'，推动企业降成本、节能耗、减排放，制定绿色原辅材料产品目录，鼓励使用绿色材料和工艺，推动产业链协同发展。推动印刷与出版等上游环节对接，扩大绿色印刷产品范围和市场，形成市场倒逼机制，提高企业的积极性和主动性。组织绿色印刷宣传周，广泛宣传绿色理念，支持绿色印刷对接交流活动"。可见，从"十二五"期间到"十三五"期间，绿色印刷的推进取得了一定的成果，并且将作为重点任务继续坚定不移地推进下去。

2016 年 12 月 6 日，工业和信息化部和商务部联合发布了《工信部 商务部关于加快我国包装产业转型发展的指导意见》（工信部联消费〔2016〕397 号文）。该文件在"推广绿色包装技术"这一段中指出："大力推广应用无溶剂、水性胶等环境友好型复合技术，倡导使用柔版印刷等低（无）VOCs 排放的先进印刷工艺"。

（三）标准化相关的绿色印刷政策解读

2018 年 7 月 13 日，生态环境部发布关于《发布〈环境标志产品技术要求 凹印油墨和柔印油墨〉等 4 项国家环境保护标准的公告》（生态环境部公告〔2018〕19 号）。其中的《环境标志产品技术要求 凹印油墨和柔印油墨》最早版本发布于 2007 年，一定程度上引导了凹印油墨和柔印油墨的环保发展方向。在本次修订后的 2018 版的标准中，相比 2007 版最大变化是柔印油墨 VOCs 的限量由原来的≤10% 改为现在的≤5%；并对油墨产品中有害物质限制提出了更高的要求。此次修订后明确了该标准不再是推荐性的，是规定实施的标准；溶剂型油墨将不再是环境标志产品，其印刷的产品不允许进入政府采购清单，不再被认定为绿色印刷产品。这一转变不仅体现了对绿色环保更高的要求，还体现了绿色印刷从末端治理向源头控制的趋势，与其将 VOCs 控制成本转嫁到印刷厂的末端治理，不如从起始的原材料加以控制。2019 年 1 月 31 日，生态环境部又发布《关于征求〈排污单位自行监测技术指南涂料油墨制造（征求意见稿）〉等三项国家环境保护标准意见的函》（环办标征函〔2019〕2 号文）。其中的《排污单位自行监测技术指南涂料油墨制造（征求意见稿）》对包含柔印油墨在内的印刷油墨制造排污单位提出了自行监测的一般要求，以及监测方案制定、信息记录和报告的基本内容和要求。这两个标准有助于生产厂家从源头开始绿色环保油墨的监控，从而实现最后终端的绿色印刷。

（四）大气水土壤污染治理相关的绿色印刷政策解读

2010年5月13日，中央人民政府门户网站发布了《国务院办公厅转发环境保护部等部门关于推进大气污染联防联控工作改善区域空气质量指导意见的通知》（国办发〔2010〕33号文），明确将印刷行业列入"开展挥发性有机物污染防治"范围。虽然印刷行业没有被列入联防联控的重点行业，但在《指导意见》的第四部分"加大重点污染物防治力度"中要求"从事喷漆、石化、制鞋、印刷、电子、服装干洗等排放挥发性有机污染物的生产作业，应当按照有关技术规范进行污染治理"。该项公文由环境保护部、国家发改委、科技部、工业和信息化部、财政部、住房和城乡建设部、交通运输部、商务部、能源局9个部门联合推出，国务院办公厅转发，显示了中央政府深入开展环境保护工作的决心。

2013年9月13日，国务院发布了《关于印发大气污染防治行动计划的通知》（国发〔2013〕17号文），简称"大气十条"，提出的具体目标为到2017年，全国地级及以上城市可吸入颗粒物浓度比2012年下降10%以上，优良天数逐年提高；京津冀、长三角、珠三角等区域细颗粒物浓度分别下降25%、20%、15%左右，其中北京市细颗粒物年均浓度控制在60微克／立方米左右。"大气十条"是过去几年中国影响力最大的环境政策之一，是我国大气污染防治历史进程中里程碑式的文件，不仅总结了过去大气污染防治工作中的进展和问题，也研究提出了解决新时期大气污染防治工作的措施。2018年5月17日，生态环境部发布了"关于《大气污染防治行动计划》实施情况终期考核结果的通报"（环办大气函〔2018〕367号文），对全国31个省（区、市）贯彻实施"大气十条"的情况进行终期考核。该通报显示："'大气十条'确定的45项重点工作任务全部按期完成。2017年，全国地级及以上城市可吸入颗粒物（PM10）平均浓度比2013年下降22.7%；京津冀、长三角、珠三角等重点区域细颗粒物（PM2.5）平均浓度分别比2013年下降39.6%、34.3%、27.7%；北京市PM2.5年均浓度降至58微克／立方米；"大气十条"确定的空气质量改善目标全面完成"。并且该通报表示："中央经济工作会议要求进一步明显降低PM2.5浓度，明显减少重污染天数，明显改善大气环境质量，明显增强人民的蓝天幸福感。"显然，在下一轮的环保工作中，大气污染的治理依然是重中之重。

2015年4月16日，国务院发布了《关于印发水污染防治行动计划的通知》（国发〔2015〕17号文），切实加大水污染防治力度，保障国家水安全。该行动计划也被称为"水十条"，要求狠抓工业污染防治，调整产业结构，严格环境准入；这势必影响到造纸、制革、印染等重污染的行业生态。

2016年5月31日，国务院发布《国务院关于印发土壤污染防治行动计划的通知》（国发〔2016〕31号文）。这个又被称为"土十条"的政策提出"牢固树立创新、协调、绿色、开放、共享的新发展理念"，"为建设'蓝天常在、青山常在、绿水常在'的美丽中国而奋斗"。事实上，无论是大气中的污染颗粒还是水体中的污染物，它们中的绝大部分都将最终不可避免地进入土壤这一最终受体。因此，这一政策与之前出台的"大气十条"和"水十条"相辅相成。大气、水、土污染防治行动计划的先后出台，说明政府环境治理深度和力度的加大。

2016年6月14日，原国家环保部发布了新版《国家危险废物名录》（环境保护部令39号），并于2016年8月1日开始施行，而2008版《国家危险废物名录》同时废止。相比前一版，新的《国家危险废物名录》中印刷行业的危险废物从原来的7类10种 删减为2类3种，并且新增了"危险废物豁免管理清单"，废物若满足豁免条件，可按豁免内容实行豁免管理。这一变化表明了在环境治理问题上越来越精细化、精确化的趋势。《名录》作为环保主管部门对企业进行环保监察的执法依据之一，应引起印刷行业的足够重视。然而印刷废弃物的处理成本很高，让原本就薄利多销的印刷企业压力很大。不妨改变思路，与其产生废物后再处理，不如转型到更为环保的印刷工艺，减少污染物的产生，自然也就减少了处理废物的费用。比如采用水性油墨或UV油墨的柔印工艺不仅可以明显减少VOCs排放，而且可以减少溶剂容器的废物处理费；而且柔印设备投资少，生产周期短，能源消耗低，生产效率高，不失为一种好的选择。

2016年7月20日，财政部和原环境保护部联合发布《关于印发大气污染防治专项资金管理办法的通知》（财建〔2016〕600号文），对"大气污染防治专项资金"的管理有了更明确的下拨、使用和监督核查规定，对达标的重点地区重点行业有政策性倾斜的奖励，做到有奖有罚。

2016年11月21日，国务院发布了《国务院办公厅关于印发控制污染物排放许可制实施方案的通知》（国办发〔2016〕81号文），对完善控制污染物排放许可制度，实施企事业单位排污许可证管理作出部署，总体思路是实施"一证式"管理。我国全面实施排污许可证制度，企事业单位须持证排污，一企一证，不得无证排污。在新的环保制度中，环保管理核心制度已经从环评过渡到排污许可证。2017年7月28日，原环境保护部发布了《固定污染源排污许可分类管理名录（2017年版）》（环境保护部令45号文），印刷业需要重点管理的是"使用溶剂型油墨或者使用涂料年用量80吨及以上，或者使用溶剂型稀释剂10吨及以上的包装装潢印刷"，实施时限是2020年。企业应按照该名录的规定，在实施时限内申请排污许可证。2018年4月27日，生态环境部发布了《关于征求〈排污许可证申请与核发技术规范 印刷工业（征求意见稿）〉国家环境保护标准意见的函》（环办标征函〔2018〕9号）。该标准尽管还未正式发布，尚属征求意见稿，但其内容对于完善排污许可技术支撑体系，指导和规范印刷工业排污单位排污许可证申请与核发工作仍具有重要意义。结合《固定污染源排污许可分类管理名录(2017年版)》中的名录和实施时限，使用溶剂型油墨或者使用涂料年用量80吨及以上，或者使用溶剂型稀释剂10吨及以上的包装装潢印刷企业应在2020年前（含2020年）依照标准文件要求完成排污许可证的申报和获取，否则将出局。排污许可证方案把排放量确定到纸面上逐项核对，必然会倒逼相关印刷企业进行转型升级，改进生产工艺；将原本采用溶剂型油墨生产的产品转型为采用水性油墨的柔印工艺生产，亦不失为上策。

2017年5月18日，原环境保护部发布了一项"环境保护部关于《环境保护部关于修改〈环境保护主管部门实施按日连续处罚办法〉的决定（征求意见稿）》公开征求意见的通知"，对正在实施的《环境保护主管部门实施按日连续处罚办法》进行修改。虽然自2015年1月1日实施的处罚办法被业界誉为"史上最严苛的环保政策"，但在颁布三年后，这一处罚办法才有了在印刷企业上实施按日计罚的实例。2018年，北京市环保局开出的京环保监察罚字〔2018〕126号行政处罚决定书显示，北京美通印刷有限公司因非甲烷总烃排放浓度超标，且整改后仍未达标被处以按日连续处罚，罚款额高达200万元。这一事件开启了印刷业的按日计罚，体现了有关部门对环境污染的执法力度和决心。

2017年9月14日，原环境保护部、国家发展和改革委员会、财政部、交通运输部、质检总局、能源局联合发布《关于印发〈"十三五"挥发性有机物污染防治工作方案〉的通知》（环大气〔2017〕121号文）。该文件指出"推广使用低（无）VOCs含量的绿色原辅材料和先进生产工艺、设备，加强无组织废气收集，优化烘干技术，配套建设末端治理措施，实现包装印刷行业VOCs全过程控制"，"对塑料软包装、纸制品包装等，推广使用柔印等低（无）VOCs排放的印刷工艺"。

2018年6月7日，生态环境部发布《关于印发〈2018-2019年蓝天保卫战重点区域强化督查方案〉的通知》（环环监〔2018〕48号文），组织成立督查组，在2018年6月11日～2019年4月28日，分三个阶段对京津冀及周边地区、汾渭平原、长三角地区开展蓝天保卫战重点区域强化督查。2018年7月3日，国务院也发布了《关于印发打赢蓝天保卫战三年行动计划的通知》（国发〔2018〕22号文）。该行动计划被认为是"大气十条"的延续，提出"经过3年努力，大幅减少主要大气污染物排放总量，协同减少温室气体排放，进一步明显降低细颗粒物（PM2.5）浓度，明显减少重污染天数，明显改善环境空气质量，明显增强人民的蓝天幸福感"。轰轰烈烈的蓝天保卫战愈演愈烈，环保督察风暴迅速席卷南北，数十万家"散乱污"企业退出历史舞台，生态环境得到大幅改善，在这其中亦有不少印刷企业中枪。即使是仍存活的印刷企业，也有不少面临着空气重污染期间"停限产"的困境。2018年5月28日，鉴于之前督察整改不力的情况屡有发生，生态环境部发布了新闻"生态环境部强调'回头看'将紧盯督察整改不力问题"，文中表示"即将实施的中央环保督察"回头看"，目的就是要紧盯督察整改不力问题，紧盯生态环境治理形式主义问题，发现一起，查处一起，绝不姑息"。在如此大的环保督察力度下，在如此持久的严格管控下，唯有能积极响应政策，推进绿色印刷的企业，才有可能最终存活，在市场中占据一席之地。

2018年12月29日，生态环境部发布了《关于发布〈环境空气挥发性有机物气相色谱连续监测系统技术要求及检测方法〉等四项国家环境保护标准的公告》（生态环境部公告〔2018〕75号文）。其中一项为《固定污染源废气非甲烷总烃连续监测系统技术要求及检测方法》，该标准自2019年7月1日起实施，正式吹响了印刷业在线监测系统安装的号角。

2018年12月29日，国家发展和改革委员会、生态环境部、工业和信息化部联合发布了《关于发布钢铁行业等14个行业清洁生产评价指标体系的公告》（生态环境部公告〔2018〕75号文）。其中与印刷业密切相关的是《印刷业清洁生产评价指标体系》，该指标体系将印刷业清洁生产指标分为六类，它适用于印刷企业的清洁生产审核、清洁生产潜力与机会的判断以及清洁生产绩效评定和清洁生产绩效公告制度，也适用于环境影响评价、排污许可证、环保领跑者等环境管理制度。

三、总结与展望

综合上述可以看到，一方面，政府先后出台了众多政策法规推行绿色印刷，大力加强防治环境污染的力度，引导印刷产业转型和技术革新；另一方面，印刷企业在环保政策法规的高压下寻找出路，印刷企业能否实现绿色印刷成为企业能否存活的关键因素之一。绿色印刷对于许多印刷企业来说是一个新课题，光靠企业自身努力显然不够，还需要环保部门、行业协会、专业机构和技术人员的指导和帮助。柔印被誉为最环保的印刷技术，是符合绿色印刷要求的最佳选择，也是实现绿色印刷的最佳途径。在上述解读的政策中，我们也看到已有推荐采用柔印等低（无）VOCs排放的印刷工艺的文件。目前，也有不少企业已经采购柔印设备，学习柔印工艺，将原本采用凸印、胶印和凹印等工艺印制的印刷品转为使用柔印工艺印制。未来，在政府引领下，随着企业环保意识的进一步提升，对柔印的进一步认识了解，柔印的应用范围必然进一步扩大，甚至有望最终在包装印刷领域占据市场份额的大头。绿色印刷实现有望，中国柔印前景可期！

柔性版印刷的标准化工作现状分析

孔玲君
（上海出版印刷高等专科学校）

标准作为表达产品质量的技术语言和产品生产、销售的技术依据，在控制生产过程、保障产品质量、提高市场信任度、维护公平竞争等方面发挥着重要作用，已成为企业核心竞争力的基本要素，也是规范经济和社会发展的重要技术保障。随着经济的全球化发展，世界各国越来越重视标准化工作，纷纷将标准化工作提高到国家发展战略的高度。2015年3月，国务院印发了《深化标准化工作改革方案》，针对现行标准体系和标准化管理体制已不能适应社会主义市场经济发展需要的现状提出了改革的总体目标，即建立政府主导制定的标准与市场自主制定的标准协同发展、协调配套的新型标准体系。标准化工作迎来了新的发展机遇，标准与标准化也已日益成为印刷行业众多企业关注的话题，成为企业提高市场竞争力的关键因素。

一、相关标准化组织

1. 标准化组织种类

柔性版印刷领域的标准化工作在各个专业的标准化组织和中国印刷技术协会柔性版印刷分会等单位的积极组织和推动下开展。中国印刷行业的标准化组织主要有两个：一个是针对印刷工艺及过程领域的标准化工作，称为全国印刷标准化技术委员会，编号为SAC/TC170，是在原国家新闻出版署、国家标准化管理委员会领导下从事全国性印刷技术标准化的工作组织，负责全国印刷技术领域的标准化归口管理工作；另一个是负责印刷机械领域的标准化建设工作，称为全国印刷机械标准化技术委员会，编号为SAC/TC192，受国家工业和信息化部及国家标准化管理委员会委托，由机械工业联合会负责领导和管理，负责印刷机械领域的标准化技术归口工作。此外，由中国轻工业联合会领导和管理的全国油墨标准化技术委员会（编号为SAC/TC127）在全国范围内负责油墨等领域的标准化工作，组织和管理柔性版印刷相关的油墨标准制修订工作。其他相关的标准化组织还有全国感光材料标准化技术委员会（SAC/TC102），负责全国感光材料等专业领域标准化工作，由中国石油和化学工业联合会筹建及进行业务指导。

2. 标准化组织的工作原则与思路

长期以来，我国标准化工作组织坚持在实践的基础上践行"面向企业、面向行业、面向市场、为企业服务、为行业服务、为市场服务"的工作方针，并提出了"市场化、专业化、国际化""系统性、广泛性、先进性""依靠行业、依靠企业、依靠专家"的工作宗旨，以制定和推进具有国际先进水平的标准为落脚点，努力推动我国印刷行业标准化的创新发展。

印刷标准立项主要依据急用先行，成熟先行，满足行业、市场和企业发展需求的原则，由行业中的企事业单位根据需要向印刷标准化组织提出立项申请，由标准化组织预研，并结合标准项目技术先进性、项目实用性、实施可行性、行业覆盖面和资金等方面的情况组织专家进行评审。对标龄为五年的标准每年需进行复审，以决定对其保留、修改、废止等。

二、标准制定相关情况

1. 已发布的标准

印刷标准化作为现代印刷企业持续发展的原动力，不仅在成本控制、生产效率、产品质量以及安全生产等方面发挥着举足轻重的作用，更可以促使企业不断提高和强化市场竞争力，实现企业的发展战略目标，推进企业的持续发展。

柔性版印刷领域的标准涵盖印刷生产全过程，涉及工艺、材料和设备各个方面。从标准的适用性上划分，包括柔性版印刷专用类和印刷通用类。从标准体系上划分，包括国家标准、行业标准、地方标准、团体标准和企业标准。从适用范围上划分，包括术语类、印前技术类、印刷材料及其质量检测类、柔性版印刷相关机械类、印刷过程控制类、印刷品质量及其检测方法类、印后加工控制与检测方法类、环保要求及检测方法相关类。在所有适用于柔性版印刷的标准中，术语类标准有8项，印前技术类标准有9项，印刷材料及其质量检测类标准有21项，柔性版印刷相关机械类标准有19项，印刷过程控制类标准有4项，印刷品质量要求与检测方法类标准有 13 项，印后加工控制与检测方法类标准有 5 项，环保要求及检测方法相关类标准有 7 项。

柔性版印刷专用类标准共有 15 项。从标准归口管理上划分，包括国家标准 7 项，行业标准 8 项。在行业标准中，具体又包括化工行业标准 2 项，环保行业标准 1 项，轻工业行业标准 2 项，机械行业标准 3 项。从标准的主要适用范围上来划分，涉及印刷生产加工过程控制的标准有 1 项，设备相关标准有 6 项，印刷品质量要求与检测标准有 3 项，印刷材料相关标准有 5 项。

图 1 给出了各类标准的占比情况。从图 1a 可知，柔性版印刷的行业标准和国家标准占比基本相当，其中行业标准涉及多个不同的行业，这反映出了柔性版印刷的跨学科跨行业属性。从图 1b 可以看出，现有标准中涉及柔性版印刷材料和设备的相关标准分别占比 1/3 以上，涉及柔性版印刷生产工艺、过程控制、质量要求与检测方面的标准相对较少。

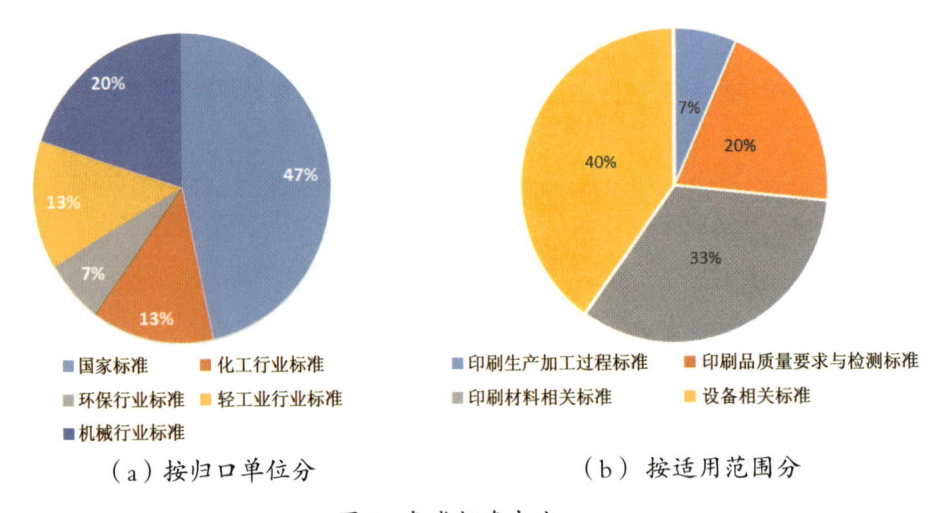

（a）按归口单位分　　　　　　（b）按适用范围分

图 1　各类标准占比

2. 标准制定工作现状

从中国印刷技术协会柔性版印刷分会和全国印刷标准化技术委员会了解到，目前，已有多项柔性版印刷领域的专用标准即将陆续发布或正在制定中，涵盖了印刷基础标准、工艺标准、产品标准、检测标准、环保标准。其中，书刊柔性版印刷过程控制要求及检验方法行业标准于 2016 年立项，现在正在报批中；国家标准，2013年立项的《印刷技术　四色印刷油墨颜色和透明度　第5部分：柔性版印刷》国家标准几经易稿，目前已在报批中。同时，还有多项行业标准已立项，正在制定过程中，如《通用技术要求与评价方法　第3部分瓦楞纸板柔性版印刷》于2016年立项，《通用技术要求与评价方法　第4部分塑料柔性版印刷》于2018年立项，《柔性版印刷紫外光油墨固化控制与检测》于2018年立项，《柔性版制版过程控制与检测方法》于2018年立项。此外，由生态环境部推出的行业标准《排污许可证申请与核发技术规范　印刷工业》已完成征求意见稿，对于指导和规范柔性版印刷工业排污许可证申请与核发工作具有重要意义。

现有的GB17934.6—2014《印刷技术　网目调分色片、样张和印刷成品的加工过程控制　柔性版印刷》是在参考ISO 12647-6 《Graphic technology — Process control for the production of halftone colour separations, proofs and production prints — Part 6：Flexographic printing》2006版本的基础上制定的，该标准对四色柔性版印刷工艺的各个工序所使用的工艺参数及其参数值等过程控制点作了具体规定，这种方法已经不适用于柔性版印刷加工过程控制的现实需要。柔性版印刷与其他印刷方式的不同之处在于其使用了多种多样的印刷机结构、油墨色序、油墨种类、网纹辊、承印物种类等，其中的每一项涉及不同的印刷条件和过程控制目标，因此不宜用单一数据作为控制目标标准。ISO 12647-6国际标准已于2012年发布了技术性修订后的新标准，提出了在色彩管理技术和颜色特征化数据交换的基础上详细说明规定期望产品的印刷特性所需信息的交换方式。在这一版本的标准中，没有规定特定的印刷条件目标，取而代之的是要求指定一个特定的参考印刷条件，即特征化数据集；要求印刷产品的颜色与特征化数据集或者提供商和接收方商定的印刷条件相匹配，并且指定生产所需达到的最低要求和允差，将适用于各类柔性版印刷品的生产加工过程控制。因此，目前全国印刷标准化技术委员会也正在对GB17934.6—2014提出修订立项。

三、企业对印刷标准的应用与需求情况

为推动我国柔性版印刷行业的标准化工作，了解我国柔性版印刷特别是涉及柔性版印刷生产加工过程和印品质量要求的相关标准的应用情况和企业对标准的需求情况，我们以四项柔性版印刷标准为基础开展标准应用与标准化需求调研。这四项标准分别是GB17934.6-2014《印刷技术　网目调分色片、样张和印

刷成品的加工过程控制：柔性版印刷》、GB/T17497.1-2012《柔性版装潢印刷品：纸张类》、GB/T17497.3-2012《柔性版装潢印刷品：瓦楞纸板类》、GB/T17497.2-2012《柔性版装潢印刷品：塑料与金属箔类》。

参与调研企业均从事柔性版印刷相关的业务，包括柔性版印刷企业、制版企业、版材与油墨等材料供应商、设备供应商等，涵盖民营企业、国有企业、上市公司、中外合资企业、港澳台资企业和外资企业；其中印刷企业的主营业务涉及纸包装（含纸箱预印、无菌包）、软包装印刷（含自封袋、自立袋、透气膜印刷）、商标标签印刷、厚纸包装（折叠纸盒、纸杯）、瓦楞包装印刷及书刊印刷等其他业务。从地域分布上，以华东、华南、华北为主，华中、东北、西北、西南地区也有少数企业参与调研。

1. 企业对标准的了解情况

在被调研的四个标准中，按认知度高低排序依次为GB17934.6—2014《印刷技术 网目调分色片、样张和印刷成品的加工过程控制：柔性版印刷》、GB/T17497.1—2012《柔性版装潢印刷品：纸张类》、GB/T17497.3—2012《柔性版装潢印刷品：瓦楞纸板类》、GB/T17497.2—2012《柔性版装潢印刷品：塑料与金属箔类》。如图2所示，GB17934.6—2014《印刷技术 网目调分色片、样张和印刷成品的加工过程控制：柔性版印刷》的认知度最高，有近60%的企业对该标准有所了解。三个柔性版装潢印刷品标准的认知度在18%～35%之间，其中纸张类的认知度最高，约为35%，GB/T17497.2—2012《柔性版装潢印刷品：塑料与金属箔类》则只有近18%的企业有所了解。同时，调研数据表明有22.06%的企业对以上标准并不知情。上述数据反映了我国柔性版印刷相关企业对印刷相关标准的了解相对偏少。

标准	认知度
GB17934.6-2014	59.56%
GB/T 17497.1-2012	34.56%
GB/T 17497.2-2012	17.65%
GB/T 17497.3-2012	25%
都不知道	22.06%

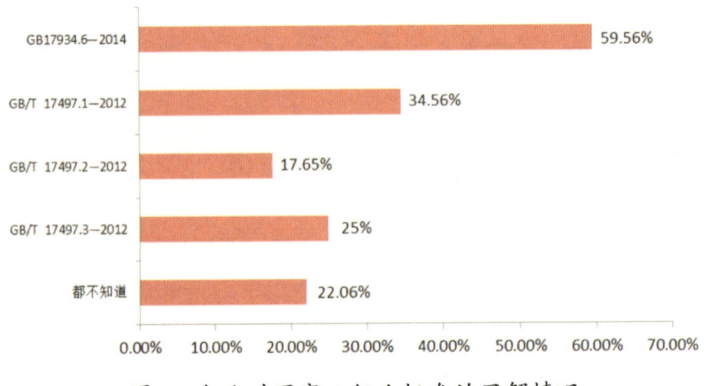

图2 企业对国家/行业标准的了解情况

2. 企业使用标准的情况

在参与调研的企业中，表示曾经使用过印刷相关的各类国家和行业标准的企业占比为82.35%，而没有使用过印刷国家和行业标准的企业占比为17.65%。在未使用国家和行业标准的企业中，最主要的原因是使用了企业内部的企业标准，而约有15%的企业表示不知道如何使用各项标准，且有12%左右的企业表示从未关注过印刷标准，约有21%的企业表示印刷相关标准过时、标准过低或偏高，不能及时跟上企业内部需求或无法满足客户需求，还有个别企业表示曾尝试使用过标准，但失败后不再使用，如图3所示。

这些调研结果表明一方面需要对有关标准进行适当的修订以满足当前印刷生产的实际需要，另一方面还需要加强开展印刷标准的培训与应用推广活动，让更多的企业学习和了解标准，并能使用标准。

图3 企业未使用国家或行业标准的原因

从在企业内部所使用的相关标准的调研结果中可以发现，63.24%的企业采用了标准化的色彩管理与控制技术，60%以上的企业在印刷工艺控制和印刷质量检测与评价方面参考了相关标准，同时，50%左右的企业在材料应用上具有一定的规范性。在制版方面，约48%的企业内部有一套规范化的生产工艺控制技术，如图4所示。

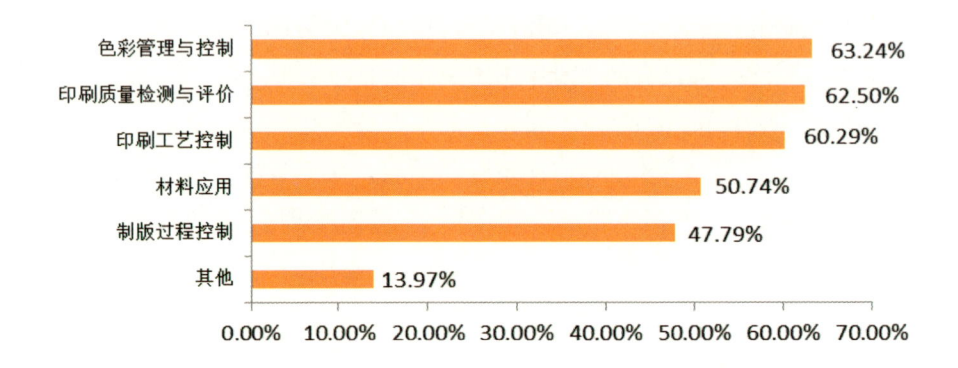

[图表：企业内部的规范化生产情况]
- 色彩管理与控制 63.24%
- 印刷质量检测与评价 62.50%
- 印刷工艺控制 60.29%
- 材料应用 50.74%
- 制版过程控制 47.79%
- 其他 13.97%

图 4　企业内部的规范化生产情况

3. 企业对标准制定的需求情况

参与调研的企业普遍认为在印刷生产过程中使用各类印刷相关标准能提高客户满意度，对提高生产效率具有积极的影响，且能在节约资源的情况下，直接或间接创造经济效益。对使用印刷标准的优势的认同情况如图 5 所示。

[图表：使用印刷标准的优势及其企业认同程度]
- 提高顾客满意度 83.09%
- 生产效率提高 57.35%
- 创造直接或间接经济效益 50.00%
- 节约资源 41.18%

图 5　使用印刷标准的优势及其企业认同程度

从调研结果看，行业内普遍认为印刷过程控制、制版过程控制与质量评价、印刷油墨、印前设计、印刷品质量评价等方面迫切需要制定相应的国家或行业标准。其中，近 70% 的企业认为有必要开展柔性版印刷过程控制、制版过程控制与质量评价相关标准制定工作，认为有必要制定印刷品质量评价、印前设计方面的相关标准的企业占比分别为 63.2% 和 62.29%，而印后加工等方面标准相对没有那么迫切，如图 6 所示。由此可见，开展柔性版印刷过程控制标准制修订以及制版过程控制与质量检测相关标准的制定符合印刷行业和企业的现实需求。同时，非常有必要开展柔性版印刷品质量评价和印前设计相关标准的制修订工作。

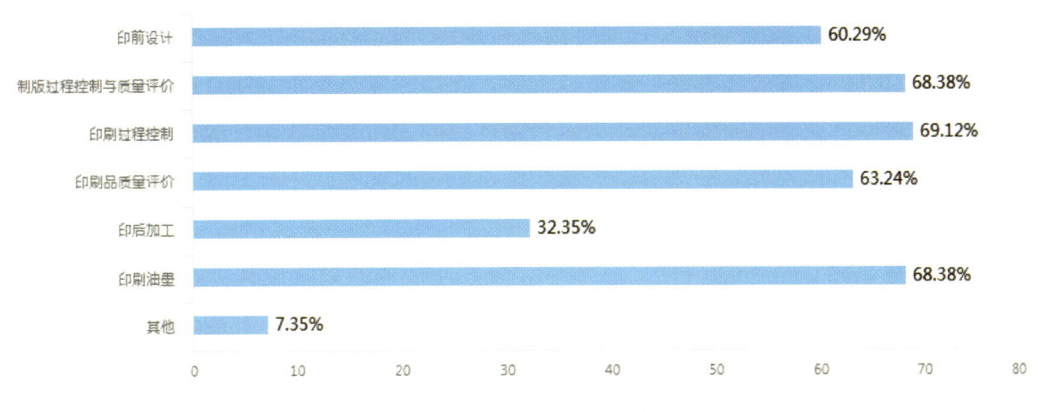

项目	百分比
印前设计	60.29%
制版过程控制与质量评价	68.38%
印刷过程控制	69.12%
印刷品质量评价	63.24%
印后加工	32.35%
印刷油墨	68.38%
其他	7.35%

图 6　需要制定国家或行业标准的方面

四、柔性版印刷标准化工作发展建议

1. 遵循标准编制原则，制定高质量标准

我国印刷行业正在向绿色化、标准化、数字化、网络化、智能化的方向发展，柔性版印刷行业具有显著的绿色环保优势，要想顺势发展，前提便是做好基础工作，关键在于"标准"。在制定标准过程中，应坚持高起点、严要求与适宜性、可操作性相结合的原则。高起点即标准编制所涉及的过程控制、技术要求和质量要求等，应不低于目前国内相关行业标准规定的限量指标；严要求即标准的编制应严格遵循 GB/T1.1—2009《标准化工作导则　第 1 部分：标准的结构和编写》及相关国家现行法律法规的要求进行；适宜性既要充分考虑到柔性版印刷行业的发展现状与特点、印刷企业在实际生产过程中的设备现状和质量控制要点及对测试项目的设置及技术的控制，对质量控制参数的设置与限量值，又要有一个适宜的范围与程度，从而提高标准贯彻实施的权威性和可操作性。

2. 加强标准制修订工作，完善柔性版印刷系列标准

从对柔性版印刷相关标准的分析和企业调研结果来看，我国针对柔性版印刷领域的专用标准相对较少，现有标准无论是在数量还是内容上都不能很好地满

足柔性版印刷企业实际生产的需要，且已有标准存在着老化、跟不上当前技术和行业发展的现象。柔性版印刷行业非常有必要开展新标准的制定工作和已有标准的制修订工作，尤其有必要开展柔性版印刷过程控制、制版过程控制与质量评价、印前制作控制与管理、印刷油墨、印刷品质量检测等方面的国家标准或行业标准的制修订工作。

同时，除了国家标准和行业标准外，中国印刷技术协会柔性版印刷分会等单位可以组织开展团体标准的制修订工作，发挥团体标准跨行业、跨领域以及制定周期短等特点，从而能够快速响应当前社会的创新要求和柔性版印刷行业对标准的需求，填补现有标准空白，引领产业和企业的发展。

3. 充分依靠企业的力量，使标准行之有效

标准制定是一个综合性、系统性、专业性极强的系统工程，印刷标准化是一个需要不断完善的长期过程。从标准预研、申请立项、成立标准起草组，到历次的专家现场工作会议和线上讨论、测试验证、形成标准征求意见稿，以及后续的意见答复和修改、专家评审投票、报批等整个过程，标准制修订工作所需的时间周期长、涉及面广、资金费用大。因此，任何一个标准的制定都需要企业和行业专家们的鼎力支持和参与。只有充分调动企业参与标准制定的积极性，发挥行业专家的集体智慧和聪明才智，才能基于行业和企业的实际生产经验和要求，总结行业内的普遍共性，提出一套实际可行的满足企业生产需求和行业发展要求的高质量标准，发挥标准在提升生产效益、产品质量和推动企业创新方面的作用。同时在标准制修订过程，依靠企业获得一定的经费支持保障，使得标准制修订工作能够顺利开展，推进柔性版印刷标准化的发展。

4. 强化印刷标准的宣贯工作，推动标准实施执行

从调研结果来看，柔性版印刷企业对印刷国家标准或行业标准的应用还较有限，尽管已有企业在企业内部开展了一定的标准化工作，但企业对相关国家标准或行业标准的了解不多，对印刷标准化的认知度不足，对标准的重视度不高。因此，需要加强相关印刷国家和行业标准在柔性版印刷行业的宣贯与推广工作，在标准化相关组织和中国印刷技术协会柔性版印刷分会等单位的协调下，以标准起草组成员为主，成立标准宣贯小组，撰写标准宣贯材料，组织标准宣贯培训，提高行业企业的标准化意识，让更多的企业了解标准、学习标准，在产品生产过程中采用工艺标准、产品标准、检测标准等各类标准，从而使标准在颁布后尽快地在全行业加以推广与实施应用。

五、结束语

柔性版印刷标准是规范我国柔性版印刷行业和企业的印刷生产工艺与技术的基础保证，在全国印刷标准化技术委员会、全国印刷机械标准化技术委员会、全国油墨标准化技术委员会以及中国印刷技术协会柔性版印刷分会等相关单位的组织下，在行业企业的大力支持下，柔性版印刷标准化工作在最近几年得到较快发展。

我们相信，在中国印刷技术协会柔性版印刷分会和全国印刷标准化技术委员会及全国印刷机械标准化技术委员会等单位的共同努力下，在柔性版印刷企业的积极参与下，柔性版印刷领域的相关标准将不断丰富完善。通过充分融合柔性版印刷行业专家和技术人才所积累的技术和经验，使其以标准的方式加以保存，并成为行业和企业的一种科学的印刷生产管理手段，从而提高我国柔性版印刷的生产水平和印刷质量。同时，通过对各类标准的宣贯，推广标准在各类柔性版印刷企业的实施应用，让标准成为柔性版印刷行业和企业的重要技术支撑，为提升柔性版印刷行业企业的经济效益和市场竞争力服务。

柔性版印刷专用标准解读

孔玲君
（上海出版印刷高等专科学校）

当前已发布的柔性版印刷专用类标准共有 15 项，其中 HJ371—2018 标准同时适用于凹版印刷。从标准归口管理上划分，包括国家标准 7 项，行业标准 8 项。在行业标准中，具体为化工行业标准 2 项，环保行业标准 1 项，轻工业行业标准 2 项，机械行业标准 3 项。从标准的主要适用范围上来划分，涉及印刷生产加工过程控制的标准有 1 项，设备相关标准有 6 项，印刷品质量要求与检测标准有 3 项，印刷材料相关标准有 5 项。以下从标准名称、适用范围和主要控制点三方面对各个标准进行简要介绍。对于非首次发布的标准，也列出了其与被代替的原标准之间的不同之处。

一、GB/T 36487—2018

1. 标准全称

GB/T 36487—2018 印刷机械　柔性版数字直接制版机。

2. 标准的适用范围

GB/T 36487—2018 标准规定了柔性版数字直接制版机的术语和定义、型式及基本参数、要求、试验方法、检验规则及标志、包装、运输和贮存。该标准适用于外鼓式激光成像的柔性版数字直接制版机即外鼓式制版机。

3. 直接制版机的主要控制点

（1）功能部件技术要求；

（2）印版成像质量；

（3）文件格式；

（4）噪声；

（5）安全性；

(6) 电气质量；

(7) 外观质量；

(8) 使用说明书和产品合格证。

二、GB/T 17934.6—2014

1. 标准全称

GB/T 17934.6—2014 印刷技术 网目调分色片、样张和印刷成品的加工过程控制 第6部分：柔性版印刷。

2. 标准的适用范围

GB/T 17934.6—2014标准修改自ISO12647-6：2006国际标准，旨在详细说明包装印刷和出版印刷中采用柔性版四色印刷工艺时所应用的工艺参数以及参数值。选择这些参数以及参数值时考虑到了整个印刷工艺，涵盖分色、分色片输出、印版制作、打样、印刷以及表面整饰等各个工序。该标准适用于在白色的承印物或表面已经涂布有白色涂层的塑料薄膜上的印刷，可应用于采用柔性版印刷的标签、纸盒、瓦楞纸箱和软包装等产品，采用柔性版印刷的出版物如书刊、产品样本和商业印刷品，以及模拟柔性版印刷品颜色效果的网目调和连续调打样工艺。

3. 柔印过程控制主要控制点

(1) 承印材料的表面适印性分类；

(2) 加网线数；

(3) 网线角度；

(4) 网点形状；

(5) （胶片与印版）图像的尺寸允差；

(6) 四色版阶调值的总值；

(7) 灰平衡的参考数据；

(8) 承印材料的颜色范围；

(9) 标准四色油墨颜色的光学测量值；

(10) 四色版阶调值的范围；

(11) 印刷图像的位置公差；

(12) 阶调的增大值（网点增大值）；

(13) 标准四色墨实地块的反射密度。

三、GB/T 17497.1—2012

1. 标准全称

GB/T 17497.1—2012 柔性版装潢印刷品 第1部分：纸张类。

2. 标准的适用范围

GB/T 17497.1—2012 是 GB/T17497 标准的第1部分，规定了纸张类柔性版装潢印刷品的要求、检验方法、检验规则、标志、包装、运输、贮存等，适用于柔性版装潢印刷的涂料纸、非涂料纸印刷品。

3. 主要控制点

该标准把产品分为精细产品和一般产品，并分别从以下几方面加以规范控制：

（1）印面外观；

（2）套印误差；

（3）同批同色色差；

（4）实地印刷墨层耐磨性；

（5）烫印与压凹凸印刷图文的套准误差；

（6）模切尺寸误差。

4. 与代替的原标准的不同之处

与被代替的 GB/T17497—1998 标准相比，GB/T 17497.1—2012 的主要技术要求变化如下：

（1）删除了属于过程控制的"实地密度"；

（2）删除了属于过程控制的"网点增大值"；

（3）对"印面外观"作了适当的修改；

（4）对"套印误差"作了适当的修改；

（5）对"同批同色色差"作了适当的修改；

（6）对"墨层耐磨性"作了适当的修改；

（7）增加了"印面脏污点限量"要求；

（8）增加了"烫印与压凹凸印刷图文的套准误差"要求；

（9）增加了"模切尺寸误差"要求。

四、GB/T 17497.2—2012

1．标准全称

GB/T 17497.2—2012 柔性版装潢印刷品 第 2 部分：塑料与金属箔类。

2．标准的适用范围

GB/T 17497.2—2012 是 GB/T17497 标准的第 2 部分，规定了塑料与金属箔类柔性版装潢印刷品的要求、检验方法、检验规则、标志、包装、运输、贮存等，适用于柔性版装潢印刷的塑料与金属箔类印刷品。

3．主要控制点

该标准把产品分为精细产品和一般产品，并分别从以下几方面加以规范控制：

(1) 印面外观；

(2) 套印误差；

(3) 实地印刷同批同色色差；

(4) 墨层结合牢度；

(5) 上光；

(6) 覆膜；

(7) 烫印与压凹凸印刷图文的套准误差；

(8) 模切尺寸误差。

4．与被代替的原标准的不同之处

该标准部分代替 GB/T17497—1998，与 GB/T17497—1998 相比，主要技术变化如下：

(1) 删除了属于过程控制的"实地密度"；

(2) 删除了属于过程控制的"网点增大值"；

(3) 对"印面外观"作了适当的修改；

(4) 对"套印误差"作了适当的修改；

(5) 对"同批同色色差"作了适当的修改；

(6) 增加了"印面脏污点限量"要求；

(7) 增加了"烫印与印刷图文的套准误差"要求；

(8) 增加了"模切尺寸误差"要求。

五、GB/T 17497.3—2012

1. 标准全称

GB/T 17497.3—2012 柔性版装潢印刷品 第3部分：瓦楞纸板类。

2. 标准的适用范围

GB/T 17497.3—2012 是 GB/T17497 标准的第3部分，规定了瓦楞纸板类柔性版装潢印刷品的要求、检验方法、检验规则、标志、包装、运输、贮存等，适用于柔性版装潢印刷的瓦楞纸板类直接印刷的印刷品。

3. 主要控制点

该标准把产品分为精细产品和一般产品，并分别从以下几方面加以规范控制：

(1) 印面外观；

(2) 套印误差；

(3) 实地印刷同批同色色差；

(4) 实地印刷墨层耐磨性；

(5) 压痕；

(6) 开槽；

(7) 模切尺寸误差；

(8) 成品图文位置偏差；

(9) 手提扣、透气孔等功能性开口位置偏差；

(10) 墨层耐水性。

4. 与被代替的原标准的不同之处

该标准部分代替 GB/T17497—1998，与 GB/T1749—1998 相比，主要技术变化如下：

(1) 删除了属于过程控制的"实地密度"；

(2) 删除了属于过程控制的"网点增大值"；

(3) 对"印面外观"作了适当的修改；

(4) 对"套印误差"作了适当的修改；

(5) 对"同批同色色差"作了适当的修改；

(6) 对"墨层耐磨性"作了适当的修改；

(7) 增加了"印面脏污点限量"要求；

(8) 增加了"模切尺寸误差"要求。

六、GB/T 26554—2011

1. 标准全称

GB/T 26554—2011 印刷机械 卷筒纸柔版印线分切机。

2. 标准的适用范围

GB/T 26554—2011 标准规定了卷筒纸柔版印线分切机的术语和定义、型式与基本参数、要求、试验方法、检验规则及标志、包装、运输与贮存。该标准适用于层叠式的卷筒纸柔版印线分切机。

3. 主要控制点

（1）基本参数，如最大可承印幅面宽度、印版圆周长、可印颜色、最高印刷速度等；

（2）主要零部件装配质量；

（3）张力控制；

（4）分切质量；

（5）印刷部分质量；

（6）输纸机配页质量；

（7）噪声；

（8）电气质量；

（9）外观质量；

（10）安全防护；

（11）使用说明书和产品合格证。

七、GB/T 25679—2010

1. 标准全称

GB/T 25679—2010 印刷机械 卷筒料机组式柔性版印刷机。

2. 标准的适用范围

GB/T 25679—2010 标准规定了卷筒料机组式柔性版印刷机的术语和定义、型式及基本参数、要求、试验方法、检验规则及标志、包装、运输、贮存。该标准适用于各类卷筒料包括纸张、塑料薄膜及其复合材料等机组式柔性版印刷机，其他型式的柔性版印刷机可参照执行。

3. 主要控制点

(1) 基本参数，如最大卷料宽度、最大印刷宽度、最高印刷速度、印刷重复长度、圆模切重复长度等；

(2) 主要零部件装配质量；

(3) 张力控制；

(4) 印刷；

(5) 上光；

(6) 模切、压痕；

(7) 裁单张；

(8) 复卷；

(9) 噪声；

(10) 安全；

(11) 电气质量；

(12) 外观质量。

八、HG/T 4009—2008

1. 标准全称

HG/T 4009—2008 瓦楞纸板印刷用柔性树脂版。

2. 标准的适用范围

HG/T 4009—2008 标准规定了瓦楞纸板印刷用柔性树脂版的要求、试验方法、检验规则、包装、标志、标签、运输和贮存。该标准适用于以PET为支持体、以感光树脂为主体的瓦楞纸板印刷用 3.94mm 柔性感光树脂版；适用于 B 型、C 型、BC 型及低于 150g/m² 的 A 型瓦楞纸板的印刷，同时适用于曝光、显影、烘干、后处理的加工工艺。

3. 主要控制点

(1) 尺寸规格；

(2) 硬度；

(3) 回弹性；

(4) 雾度；

(5) 成像性能；

(6) 曝光宽容度；

(7) 油墨吸收率；

(8) 水基或醇基油墨着墨性能；

(9) 表观质量；

(10) 保证期。

九、HG/T 5311—2018

1．标准全称

HG/T 5311—2018 印刷用柔性树脂版。

2．标准的适用范围

HG/T 5311—2018 标准规定了包装装潢印刷、瓦楞纸箱印刷、软包装印刷、标签印刷等领域所用柔性树脂版的各项性能指标、试验方法、检验规则、包装、标志和标签、贮存和运输。该标准适用于以聚对苯二甲酸乙二醇酯（简称PET）为支持体、以感光树脂为主体的包装装潢印刷、瓦楞纸箱印刷、软包装印刷、标签印刷用1.70mm柔性感光树脂版；适用于包装装潢印刷、瓦楞纸箱印刷、软包装印刷、标签印刷以及其他可以适用本产品的印刷新技术。适用于柔性感光树脂版的曝光、显影、烘干、后处理等使用流程。

3．主要控制点

(1) 硬度；

(2) 回弹性；

(3) 雾度；

(4) 成像性能（网点网线还原、最小独立线还原、最小独立点直径还原）；

(5) 曝光宽容度；

(6) 水基油墨吸收率；

(7) 油墨着墨性能；

(8) 表观质量；

(9) 尺寸规格。

十、HJ 371—2018

1. 标准全称

HJ 371—2018 环境标志产品技术要求 凹印油墨和柔印油墨。

2. 标准的适用范围

HJ 371—2018 标准对凹印油墨和柔性油墨原材料、生产过程及产品中有毒有害物质提出了环境保护要求。该标准规定了凹印油墨和柔印油墨环境标志产品的术语和定义、基本要求、技术内容和检验方法,适用于凹印油墨和柔印油墨产品的环境特性评价。

3. 主要控制点

(1) 产品生产企业基本要求;

(2) 凹印油墨和柔印油墨中甲醇、甲醛、卤代烃、丙酮、丁酮、环己酮、甲基异丁基甲酮、异佛尔酮、对苯二酚、对甲氧基苯酚、苯类溶剂、烷基酚聚氧乙烯醚、乙二醇醚类物质、酮类光引发剂、有害物质、重金属等可溶性元素、酯类增塑剂、偶氮染料、致癌染料、致敏性分散染料等的控制要求;

(3) 产品的塑料包装容器中的多溴联苯、多溴二苯醚、氯化石蜡、塑料添加剂等的控制要求;

(4) 产品说明要求。

该标准对于有效利用和节约资源,减少油墨在生产、使用和处置过程中对环境和人体健康的影响,改善环境质量,促进低毒、低挥发性产品的生产和使用具有积极显著的作用。

4. 对原有标准的替代与修改情况

该标准是对 HJ/T 371—2007 的修改与替代。主要变化如下:

(1) 调整了适用范围、术语和定义;

(2) 增加了重金属及有害元素的限制种类并调整了限量要求;

(3) 调整了邻苯二甲酸酯和酮类物质的限制种类;

(4) 增加了对苯二酚、对甲基苯酚、烷基酚聚氧乙烯醚(APEOs)限制要求;

(5) 增加了染料的限制要求;

(6) 增加了能量固化油墨中光引发剂的限制要求;

(7) 调整了卤代烃的限制要求;

(8) 调整了产品中挥发性有机化合物、苯、甲苯、乙苯、甲醇和氨的限量要求;

（9）增加了产品中苯乙烯和游离甲醛的限量要求；

（10）增加了产品包装和说明的要求。

十一、QB/T 2825—2017

1．标准全称

QB/T 2825—2017 柔性版水性油墨。

2．标准的适用范围

QB/T 2825—2017 标准规定了柔印水性油墨的要求、试验方法、检验规则、标志、包装、运输、贮存。该标准适用于以柔印方式印刷的柔印水性油墨，涵盖两类油墨：适用于承印物为牛皮纸、瓦楞纸、卡纸、铜版纸等多种纸张的油墨；适用于承印物为经过表面处理的多种塑料薄膜油墨。

3．主要控制点

（1）颜色；

（2）黏度；

（3）细度；

（4）pH；

（5）光泽偏差；

（6）初干性；

（7）着色力；

（8）附着牢度；

（9）有害可溶性元素的最大限量；

（10）有害元素总含量限量。

4．对原有标准的替代与修改情况

该标准是对 QB/T 2825—2006 的修改与替代。主要变化如下：

（1）修改了黏度指标及试验方法；

（2）增加了细度指标及试验方法；

（3）修改了 pH 指标；

（4）增加了光泽偏差指标及试验方法；

（5）增加了初干性指标及试验方法；

（6）删除了表干性指标及试验方法；

(7) 删除了流动性指标及试验方法；

(8) 增加了附着牢度指标及试验方法；

(9) 增加了抗粘连指标及试验方法；

(10) 增加了溶剂残留总量、苯及苯系物残留量指标及试验方法；

(11) 增加了 VOC 含量；

(12) 删除了单件包装商品的净含量误差指标及试验方法；

(13) 修改了检验规则；

(14) 修改了贮存要求。

十二、QB/T 4538—2013

1. 标准全称

QB/T 4538—2013 水性柔性版耐高温预印油墨。

2. 标准的适用范围

QB/T 4538—2013 标准规定了水性柔性版耐高温预印油墨的要求、试验方法和标志、标签、包装、运输、贮存。该标准适用于柔版轮转印刷机上使用的水性柔性版耐高温预印油墨。

3. 主要控制点

(1) 颜色；

(2) 着色力；

(3) 黏度；

(4) pH；

(5) 表干性；

(6) 流动性；

(7) 挥发性有机化合物（VOC）含量；

(8) 耐热性；

(9) 耐摩擦性；

(10) 有害可溶性元素的最大限量；

(11) 有害元素总含量限量。

十三、JB/T 11467—2013

1. 标准全称

JB/T 11467—2013 卫星式柔版印刷机。

2. 标准的适用范围

JB/T 11467—2013 标准规定了卫星式柔版印刷机的组成、基本参数、要求、试验方法、检验规则、标志、使用说明、包装、运输和贮存。该标准适用于卷筒料卫星式柔版印刷机。

3. 主要控制点

（1）基本参数：包括最大适印承印物宽度、最高印刷速度、印版周长、适印承印物定量、最大放卷和收卷直径等；

（2）使用性能；

（3）装配精度；

（4）综合要求；

（5）电气要求；

（6）外观质量；

（7）安全要求；

（8）使用说明书和产品合格证等。

十四、JB/T 12374—2015

1. 标准全称

JB/T 12374—2015 层叠式柔性版印刷机。

2. 标准的适用范围

JB/T 12374—2015 标准规定了层叠式柔性版印刷机的术语和定义、型式与基本参数、型号和名称、要求、试验方法、检验规则、标志、包装、运输和贮存。该标准适用于对卷筒纸张、塑料薄膜及其复合材料等进行印刷的层叠式柔性版印刷机。

3. 主要控制点

（1）基本参数：包括最大承印承印物宽度、最高印刷速度、印刷色数、承印材料厚度和定量、最大开卷和复卷直径等；

（2）重要部件装配精度；

（3）综合要求；

（4）走料稳定性；

（5）印刷精度；

（6）烫印质量；

（7）模切、压痕质量；

（8）上光质量；

（9）干燥质量；

（10）覆膜质量；

（11）裁单张；

（12）成品合格率；

（13）安全防护；

（14）电气要求；

（15）外观质量；

（16）使用说明书和产品合格证等。

十五、JB/T 11458—2013

1．标准全称

JB/T 11458—2013 印刷机械　卷筒纸柔印铁丝订制本联动机。

2．标准的适用范围

JB/T 11458—2013 标准规定了卷筒纸柔印铁丝订制本联动机的术语和定义、型式与基本参数、要求、试验方法、检验规则及标志、包装、运输与贮存。该标准适用于层叠式柔版印线并用铁丝装订簿本的联动机。

3．主要控制点

（1）基本参数：包括可承印幅面宽度、适用纸张定量、卷筒纸最大直径、印刷周长、最大印刷速度、可印颜色等；

（2）重要部件装配精度；

（3）主要零部件装配质量；

（4）张力控制；

（5）裁单张纸单元；

(6) 印刷单元；

(7) 输纸机配页单元；

(8) 簿本质量；

(9) 噪声；

(10) 电气要求；

(11) 外观质量；

(12) 安全防护；

(13) 使用说明书和产品合格证等。

第三部分
行业技术发展论述

本部分聚焦目前柔性版印刷行业、企业技术发展的关注热点，汇编收录了近三年来行业杂志中关于柔性印版的制版、印刷生产标准化、环保、企业印刷方式的转型和专利挖掘等方面的技术文章，供读者学习交流。

由于高清柔印能兼顾解决柔印过程中层次并级、渐变绝网、高光网点易丢失、实地针孔漏白等问题，因此在柔性印版制版方面的文章选取时主要围绕高清柔印的技术发展，尤其是平顶网点技术的发展和橡胶直雕柔版的应用，并关注柔性版数字直接制版的各类设备性能的比较。

在柔性版印刷生产过程中，印前的标准化流程能极大提高印前生产环节的效率和准确性，因此在印刷生产标准化方面的文章选取时主要关注标准化流程和油墨科学管理两个方面的发展。

在国家对环保要求逐年提升的背景下，柔性版印刷行业越来越多地使用水性油墨，然而生产完毕产生废墨、废水、废料的处置却给企业带来困扰，因此本部分还选取了水墨污泥处理等内容。

随着柔性版印刷质量逐渐提高，柔性版印刷越来越广泛应用在复合软包装的印刷和瓦楞纸箱的预印中，同时企业对专利申请和挖掘的需求日益迫切。因此编者在内容的收录和编写中，也重点关注了这一方面内容。

受限于编者水平和本书篇幅要求，"行业技术发展论述"部分仅汇编收录了9篇技术文章，仅代表作者的一些观点和体会，并未能将柔性版印刷行业的最新发展一一涵盖，还请读者见谅。

柔性版数字直接制版机性能分析

陈勇波

本文中讨论的柔性版数字直接制版机是指：应用于带有热蚀型防紫外线涂层的固态感光柔性版（防紫外线涂层通常使用的是黑色涂料）。柔性版数字直接制版机在下文中简称为：柔版 CTP（Computer to Plate）。

一、柔版 CTP 发展过程简介

在 Drupa1995 展会上，由杜邦公司和 Baasel-Scheel 联合推出了世界上第一套数字柔性版成像系统 CDI（Cyrel Digital Imager），这被认为是第一台柔版 CTP。Baasel-Scheel 1996 年被巴可公司（Barco）收购，2002 年巴可公司与宝禄德福公司（Purup-Eskofot）合并成立 Esko-Graphics，2006 年改为艾司科（Esko），2007 年收购 Artwork Systems 改名为 Esko-Artwork，2012 年又改回为艾司科（Esko）。到目前为止，全球超过 90% 的数字柔版是在艾司科 CDI 柔版制版机上制作完成的。

柯达（Eastman Kodak）自 2005 年完成对克里奥 Creo（其前身为 CreoScitex 克里奥赛天使）的并购后，开始销售名为 Thermal Flex 的 Creo 技术黑膜雕刻机。之后，在 Drupa2008 展会上首次展出其独特的柔版 CTP 系统 FLEXCEL NX。

在 Drupa2012 展会上，赛康公司（Xeikon）正式推出 ThermoFlexX 成像系统。此设备的面世基于其 2011 年收购了 FlexoLaser 公司，还宣布获得柯达公司 ThermoFlexX 注册商标的使用权。2015 年底赛康公司被富林特（Flint）收购。

之后，日本网屏公司、瑞士洛森公司，也推出了基于半导体激光器的柔版 CTP。其中瑞士洛桑柔版 CTP 的内鼓式技术非常独特，与目前其他机型都不同，精度和雕刻质量非常高。

在中国地区，也早有企业尝试推出柔版 CTP 系统，但均未能取得成功，直到 2013 年爱司凯与东莞长盈制版（现东莞瑞盈成像技术有限公司）进行联合开发基于半导体激光的柔版 CTP，最终于 2014 年取得成功，并开始销售产品。

在随后的几年中，中国的豹驰公司、东信光电、科雷机电、北佳印艺等胶印 CTP 制造企业，也先后推出了基于半导体激光技术的柔版 CTP 设备。到了 2018 年末，爱司凯科技推出了面向柔性版 CTP 的 256 路高功率方形激光分光切割调制技术。

二、各品牌柔版 CTP 的市场状况及各自特点

目前市场上在售的柔版 CTP 相关技术参数及产品类型见表 1 所示。

从表 1 可以看出，每种激光机构的有效焦深（激光能精准成像的深度范围）

表 1 柔版 CTP 相关技术参数

品牌	激光类型	激光波段/nm	激光功率/W	激光有效焦深/mm
Esko 艾司科	Fiber 固态光纤激光	1070	40～120	±0.200
Xeikon 赛康	Fiber 固态光纤激光	1070	40～120	±0.200
Amsky 爱司凯	IR 热红外半导体分立激光	830	2	±0.012
	IR spatial light modulator 热红外空间光调制器	830	80	±0.040
Kodak 柯达 NX	IR 热红外光阀激光	830	18	±0.012
Screen 网屏	IR 热红外半导体分立激光	830	1～2	±0.012
Basch 豹驰	IR 热红外半导体分立激光	830	1	±0.012
Eastcom 东信光电	IR 热红外半导体分立激光	830	2	±0.012
Cron 科雷机电	IR 热红外半导体分立激光	830	1～2	±0.012
BJ-ART 北佳印艺	IR 热红外半导体分立激光	830	1～2	±0.012

差异甚大。有效焦深的概念如图 1 所示。

在 Esko 及 Xeikon 的新设备中均已采用 Fiber 固态光纤激光。这种激光器是通过一个固态激光发生器，引出 1 束高功率激光，激光通过光纤进入分光镜后，

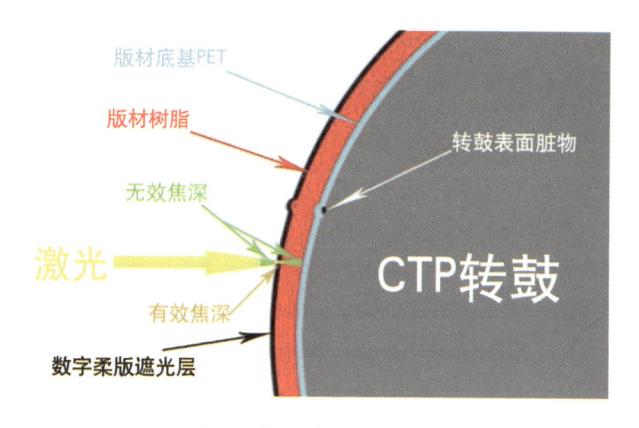

图 1 有效焦深示意图

分出来 4～64 束，甚至 128 束圆形光斑的激光。这种激光器的价格昂贵，使用寿命只有 6000～9000 小时，激光通过分光镜控制每一路光束按 0/1 数据决定是否打到版材表面。光纤激光调制的光学系统受到光纤内芯形状以及光纤内部光强分布的限制，打印出来的光点为圆形并且光强呈高斯状分布，如图 2、图 3 所示（图 3 中红色的部分光强高，绿色、蓝色部分光强递减），这使得光点边缘锐利程度大为降低。

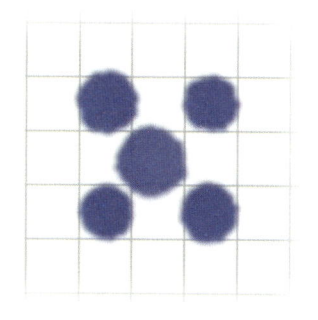

图 2 圆形光点示意图有效焦深示意图　　图 3 激光光强示意图

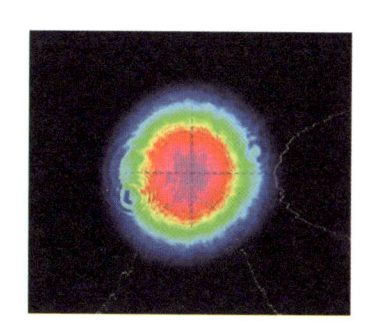

而其他从胶印 CTP 进入柔版 CTP 的厂商，因其原有设备主要采用 IR 热红外半导体分立激光，所以也直接使用此技术制造柔版 CTP。分立激光使用每束激光功率为 1～2W 的激光器做光源，通过相应数量的密排光纤耦合到成像镜头

里去，如图4所示，这种方式使用激光器数量多，价格昂贵，并且激光器路数受到光纤密排工艺技术限制，通常只能做到64路。

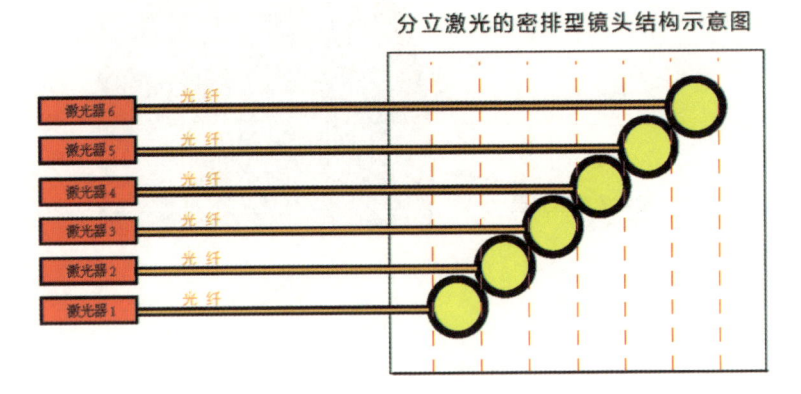

图 4 半导体分立激光的镜头结构示意图

柯达的系统是直接引入其胶印 CTP 激光调制技术，把激光器光源进行切割调制成方形激光，但由于焦深较浅及功率较低，目前仅适用于其胶印 CTP 版材及自身闭环系统里生产的干式 NX 胶片。

爱司凯最新的 IR spatial light modulator（热红外空间光调制器）激光调制分割技术，是通过一只激光器发出激光，通过透镜系统将光束整形成一个线状光束，线状光束经过 256 通道光阀装置被分割成 256 束细小激光，这些激光束由软件程序独立控制，经过镜头分割后，变成长方形光点，再通过长方形光点扫描，在印版黑膜上打出方形光点进行雕刻，如图 5 所示。

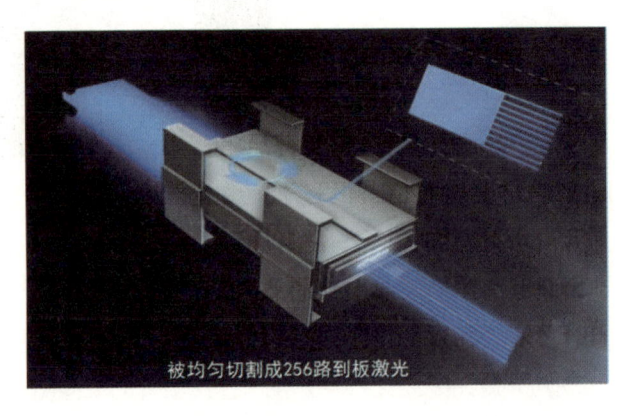

图 5 IR spatial light modulator 工作机理

这种256路的调制技术不需要使用光纤，被分割出来的方形光斑实现了与1 bit Tiff文件的高度一致。在光束数量增加后，设备可以用更低的转速运作，让机器寿命更长，震动的减少进一步提升成像质量。例如在降低转速后依然能保持比分立激光设备快 2～4 倍的成像速度。

但是否具备了方形激光就能实现类似柯达 NX 系统的 1：1 复制呢？柔版制作是一个综合性的工艺，只从单方面改良成像是远远不够的。因为普通热蚀型的数字柔性版，它在黑膜被清除后裸露在空气中，固化时会产生氧阻聚现象，形成圆头网点或小网点无法成型。版材为了实现低成本 1：1 复制，就必须使用高能量 LED 曝光机实现平顶网（版材表面在瞬间受高能量 UVA 照射后，实现表面层完全固化，氧气无法干扰聚合），或使用自带平顶的数码版材，方可实现 1：1 复制。但对于类似 175LPI 的 1% 小网点，成像后可能变成尖头网点（受黑膜厚度影响，越小的点受光量越少，其吸收 UVA 时边沿存在轻量氧阻聚反应）。

当然高分子抗氧阻聚的材料也在不断进步，这方面的制版技术概论留在以后有时间再详述，本文暂不讨论。

三、柔版 CTP 市场需求增长原因猜想

使用 1.14mm 及 1.70mm 的柔版印刷机的安装数量不断增长，印刷机的速度也越来越快，而且快速消费品市场越来越呈现多品种、个性化的特征，这都在很大程度上提高了柔版 CTP 的需求。1.14mm/1.70mm 是针对印刷品精美度要求高、成像线数高的印刷市场，传统的抽真空晒胶片工艺已经无法满足。

从实际调查中发现，近两年来购买宽幅面柔版 CTP 的多数为制版公司，其观点主要是原来从事的 3.94mm 瓦楞印刷版价格太低，甚至于无法获利，于是决定进入薄版领域，因为这个市场看来价格很不错。

而早已使用柔版 CTP 的制版公司，很多是因为产能饱和而需要增加设备，个别情况是因为旧设备老化，毕竟柔版 CTP 的使用寿命还是相当长的。

四、中国制造柔版 CTP 所面临的问题

1. 柔版 CTP 的研发经验

目前中国有能力制造胶印 CTP 的公司，从大企业到微型企业超过 30 家，

很多小公司以维修 CTP 为主业，空闲时再每年组装两三台机器出来销售。这 30 多家企业中有能力把 IR 热红外半导体分立激光做成柔版 CTP 的不会低于 10 家。但从目前市场上的产品来看，绝大部分公司均缺少柔版 CTP 的经验，这使得研发与生产脱离了实际，机器售出后问题百出。

2. 售后服务效率

中国的印刷企业非常多，制版公司也非常多，这种分散式生产的局面造成了缺少大型制版企业；制版公司基本为微型企业，没有过多的利润购买多台柔版 CTP 设备。因此在设备发生故障时，对设备厂家的维修效率的需求非常高，所以柔版 CTP 制造企业必须配备更多、布局分散的售后人员。

3. 应用培训

笔者所在的公司，在国内售出了两百多台小幅面多功能柔版 CTP。从综合经验来看，用户在购买了设备后遇到的问题，只有 10% 以内是与机器有关，其余均为应用性问题。所以，应用培训团队在机器售出后将扮演非常重要的角色。

五、中国制造的柔版 CTP 及数字版材发展方向

1. 柔版 CTP 的改进方向

从目前市场上的产品分析，中国制造柔版 CTP 面临的主要问题是激光焦深问题。传统的 IR 热红外半导体分立激光在窄幅 CTP 上应用是能满足要求的，因为机器小不会引起大的不稳定震动，同时小幅面的版材平整度比大幅面要好。但到了大幅面柔版 CTP，激光焦深问题必须重视。

版材造成不平整的原因很多，例如版材生产线上的挤出波动／传输波动、运输过程造成的波浪、版材边料之间的堆叠，都会造成无规则的平整度异常。如图 6 所示，版材表面本身有 ±30μm 的平整度误差，若是在雕刻滚筒表面旋转时，则会有 ±75μm 的平整度误差；另有经常发生的现象是转鼓上有脏物使版材凸起（如图 1 所示）。这种变化很轻易就接近或超过目前 IR 热红外半导体分立激光的有效焦深。

通过版材雕刻前做厚度测量采样（利用反射光测量轴向版面的多点高度，利用对焦电机适度改变焦点位置），这种技术对于不规则变形不具有解决性，因为这种调焦电机的变焦与动态对焦（镜头移动的前方装有反射测厚激光，雕版激光和测厚激光均装在音圈变焦板上，在雕刻的同时扫描整个版厚，并返回信号给

图 6　版材及其在雕刻滚筒表面误差

镜头做超高速调整焦点）是两个概念，缓慢调焦的反应速度解决不了这个问题。超焦深才是解决这个问题的根本思路，从 Esko、Xeikon 激光的焦深也可以验证这一点，希望更多的中国企业能制造出超焦深、多光束的设备。

2. 数字版材的发展方向

上文所述的焦深问题，本质上是对数字版材平整度要求的提高，并且批次间的厚度一致性都应该进一步优化提升。

同时，值得注意的是版材遮光层的厚度及其燃烧性、粉尘产量。随着柔版 CTP 的雕刻速度越来越快，光束越来越多，在同一时间激光刻蚀的面积增加，粉尘和烟雾量也会同步上升。过多的粉尘如果没有被及时吸走，必然影响版材的表面成像，版材生产公司应向低温燃烧涂层发展以降低遮光层在激光雕刻中产生的粉尘含量及烟雾，同时降低雕版激光的功率要求，并尽可能在不影响遮光能力的前提下把遮光层做得更薄，例如从现在的 $3 \sim 4\mu m$ 降到 $2 \sim 3\mu m$。

（发表于《CI FLEXO TECH》2018 年 12 月刊〔总第 9 期〕）

橡胶直雕柔性版的特点和应用

张永辉

柔性版印刷在国内已有近二十年的发展史，由于其绿色环保、效率高、印品色彩一致性好等优势，已在众多应用领域中占据相当重要的地位，其涵盖领域包括标签、软包装、无菌包、纸箱、预印、书刊报纸的印刷等。

伴随着柔性版印刷的快速崛起，其制版技术的发展也有了日新月异的变化，从最早的胶片传统版，到激光雕刻版，再到目前比较高端的实地加网印版、平顶网点印版和表面带纹理的天然平顶印版，每一次技术的革新都带给人们无限的惊喜和不菲的经济效益。

这些技术革新都是在树脂版的基础上进行更新和完善，以更好地适应快速发展的柔印市场的需求。后文统称为树脂版。

一、什么是橡胶直雕激光制版

橡胶直雕激光制版，顾名思义，就是使用激光在橡胶版材上直接雕刻出浮雕的制版技术。

这种制版技术所使用的版材是特殊的三元乙丙橡胶，其结构如图 1 所示。

目前该版材主要依赖进口，当然国内也在积极研发，笔者已经使用过一款

图 1　三元乙丙橡胶结构图

国产的同类版材做过测试，效果与进口版材无明显差异。国产版材后续主要的关注点是版材的稳定性。

橡胶直雕版的厚度规格主要为：0.95mm、1.14mm、1.7mm、2.28mm，常见硬度为 65 肖氏硬度。

橡胶直雕制版时多用 500W 光纤激光进行雕刻，雕刻速度是 $0.3m^2/h$。

橡胶直雕制版的流程如图 2。从流程中可知与激光雕刻制版和传统胶片制版过程相比，橡胶直雕制版工序简便，无须曝光、洗版、烘干、去粘、后曝光等工序。

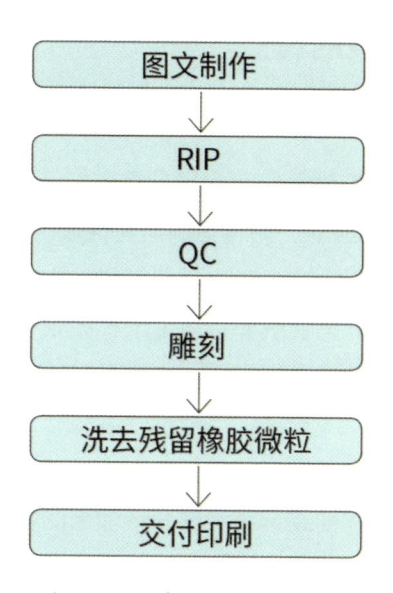

图文制作
↓
RIP
↓
QC
↓
雕刻
↓
洗去残留橡胶微粒
↓
交付印刷

图 2　橡胶直雕制版的流程图

众所周知，其实影响柔性版制版效率和产品质量的主要因素是这些后道工序。这些工序的消失，很大幅度提高了柔性版制版的产品质量。

而在流程里有两个细节需要留意。第一是在雕刻过程中非图文部分被激光灼烧汽化，经设备排风系统排出设备，在降温后会形成细微橡胶粉尘颗粒。这部分粉尘不能直接排出到空气中，否则会有很大的气味，环保方面可能也难以通过。需要在排风系统后面加装过滤装置，将粉尘过滤掉，并排出清洁后的空气。经过详细测算，每雕刻 $1000m^2$ 的版材，所产生的粉尘体积不超过 $0.5m^3$。（因浮雕面积不定，这里是按浮雕面积为 10% 计算，实际制版中，浮雕面积远不止版面的 10%。）

第二是在橡胶直雕柔性版的清洗环节。橡胶版的清洗不同于树脂版的洗版。在第一点讲过，雕刻过程中会产生一些粉尘颗粒，未能经排风系统排出的粉尘颗粒会附着在橡胶版上，需要在雕刻后清洗干净才能交付印刷。这里的清洗就是为了洗掉附着在橡胶版网点间的橡胶粉尘颗粒。目前能够彻底清洗橡胶版的方法只有水洗。很多用户谈到过的压缩空气清洗，在实际应用中无法达到预期效果。而水洗又可分为两种方式，一种是使用专业的洗版设备清洗，一种是使用高压水枪配合毛刷手工清洗，由于清洗的目的和过程比较简单，这里不做详细阐述。

二、橡胶直雕柔性版的特点

1. 高耐印力

三元乙丙橡胶因其本身特性（可百度获得资料，不再赘述），具有优异的耐磨、耐臭氧、耐热、耐酸碱、耐候等耐老化性能。

这些性能决定了其超高的耐印力，超长的保存时间，并且对保护环境要求十分简单。这使得橡胶直雕柔性版非常适用于一些长单或超长单以及对柔性版磨损比较严重的柔版印刷，如无菌包印刷，透气膜印刷，纸箱预印等。

2. 耐溶剂性

三元乙丙橡胶对各种极性化学品，如醇、酸、碱、氧化剂、制冷剂、洗涤剂、酮和酯等均有较好的耐性，而在苯类溶剂和汽油中的稳定性相对较差。这是大家对这种材料耐化学性特征的共识。

虽然目前环保压力巨大，苯类溶剂已不被作为油墨稀释剂。但为确保版材的耐溶剂性达到要求，我们曾做过测试，把雕刻好的版材放进二甲苯溶剂中浸泡15天，然后上机测试，发现网点、细线条并未发生变化。笔者估计，可能是版材供应商在橡胶配方中做了相应调整，但具体数据无法取得，所以无法进行深入探讨。

就目前已知的情况看，橡胶版对醇类溶剂油墨具有非常好的抗腐蚀性，这对于目前普遍使用溶剂型油墨的包装印刷企业，可以更好地提高印版的耐印力。

3. 最高雕刻200LPI，最小网点0.5%以下

由于是直接雕刻成型，不受曝光和洗版因素影响，所以最小网点可以雕刻得非常小，而不会出现小网点丢失的现象。

橡胶版能雕刻出的最小网点为5μm，最细线条为0.01mm（其实并不是更

细的线条雕刻不出，而是更细的线条并没有太多实际的应用价值）。

4. 三维雕刻，可任意设计网点造型

图 3 是常用的三种网点造型。

图 3 橡胶直雕版网点造型图

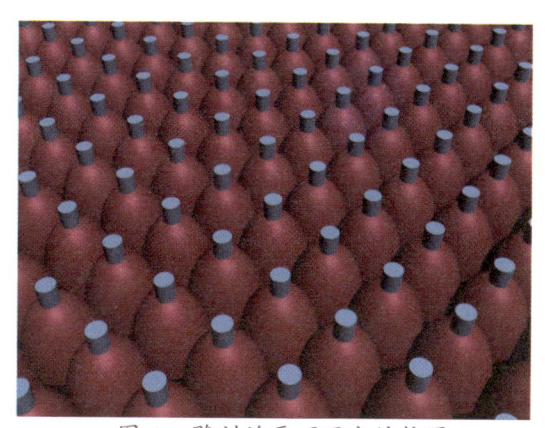

图 4 雕刻的平顶网点结构图

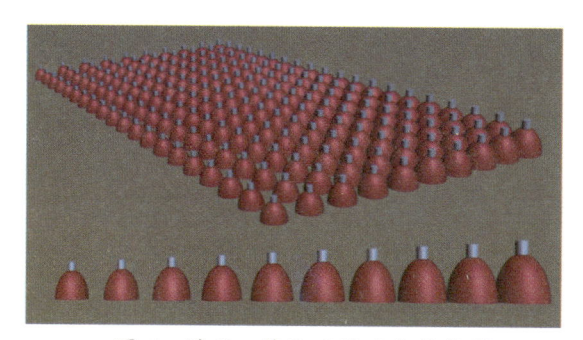

图 5 削顶工艺处理的网点结构图

自由的网点造型，有以下几点优势：

（1）雕刻出符合要求的平顶网点，缓解网点扩张。激光直雕因为不受其他因素影响，可以精准还原 3D 设计模型。

如图 4 中，网点表面天然平顶，网点的底部（红色部分）呈椭圆形，起到加固作用，使网点在印刷中不易倒伏、掉点。而顶部（蓝色部分）呈圆柱状，可有效缓解网点扩张，并提高版材耐印力。

（2）根据不同的网点百分比设计不同的网点造型，扩大柔印的阶调。

例如，在 1% 和以下的网点中使用图 3 中左起第一个造型，可以有效防止网点掉点、倒伏。而在 60% 以上的网点中使用图 3 中左起第三个网点造型，可以有效防止并级和因高线数网点间跳距过小而产生的脏版、堵墨。

（3）可以任意设计网点的高低（削顶）。

图 5 是网点削顶的一种，根据网点大小进行削顶，大网点浮雕高度高，小网点浮雕高度低。

这样的设计，使得在印刷中，小网点的载墨量相对于大网点和实地都是较少的，印刷中承受的压力相对于大网点和实地也是更小一些。载墨量小，意味着可以有效地防止堵墨、脏版。

越小的网点越"矮"，在上墨过程中受到的网纹辊的压力就越小，不但可以很好地控制扩张，甚至做到零扩张；而且上墨量越少，印刷出的颜色越浅，这相当于在最小点 5μm 的基础上进一步扩宽了高光阶调。

足够小的最小网点，配合合适的削顶参数，可以轻松呈现出高光部位的断网效果，而不会出现明显的印刷断口。

三、高端无接缝柔性版的制作更简便

长期以来，国内的高端无接缝柔性版大多依靠进口，进口无接缝柔性版又分为两种，一种是和本文介绍产品类似的橡胶无接缝柔性版，另一种是树脂无接缝柔性版。

不管是哪一种进口无接缝柔性版，由于需要很长的运输时间，所以交货周期普遍在两个月以上。一些用量大、产品类别多的客户不得不花更高的成本进行备货甚至引进国外的制版设备。

随着橡胶直雕激光制版技术在国内的发展，相信在不久的将来可以使橡胶无接缝柔性版完全国产化，从制辊、套筒、包胶到雕刻形成一条完整的产业链，这可以大大缩短交货周期，并降低成本。

1. 橡胶无接缝柔性版的分类

（1）带轴无接缝柔性版

这种无接缝柔性版是根据版辊图纸，先进行制辊（金属基体），然后包胶、图文处理、雕刻，最后完成符合要求的无接缝柔版。

优点：依据图纸个性化定制，使用简单，无须增加其他配件即可在原有设备上直接使用。

缺陷：比较笨重，拆装不便，运输不便，需要专用辊架保存，否则橡胶受挤压易变形。

（2）套筒无接缝柔性版

定制套筒，然后包胶、图文处理、雕刻，完成符合要求的无接缝柔版。

优点：质量较轻，方便拆装，方便运输，易保存，采用气胀轴可达到更高的精度。

缺陷：比较适合本身配置贴版套筒的设备。如果是配置了贴版滚筒的设备，需要把滚筒更换为气胀轴。

实际上这两种无接缝柔性版在成本上相差不多，套筒无接缝柔性版只有在长期使用中才能体现其成本优势。所以笔者认为在选择时，还是要根据自身的实际情况来选择适合自己的方式。

2. 高精度，最高 200LPI

理论上平张版上所具备的橡胶直雕版特点，无接缝柔性版都可以做出来。但在实际应用中，由于受历史原因影响，无接缝柔性版的要求远低于平张版。所以笔者的介绍，还是根据实际应用中的数据来完成。

目前制作完成的订单中网点线数以 80LPI 左右为主，最高做到 133LPI。印刷效果和平张树脂版无明显差异。

从效率上看，目前定制一支无接缝橡胶直雕柔性版的时间大约为两周，其中大多数时间是用在制辊（或制作套筒）和包胶上。雕刻的速度与平张橡胶直雕柔性版的雕刻速度一致，约为 $0.3m^2/h$。实际上如果预先备辊，无接缝橡胶直雕柔性版可以实现 48h 内发货，这和树脂版的交货周期基本一致。

四、结束语

橡胶直雕激光制版技术作为一种新兴的技术，有着广阔的市场前景。在制版过程中简化了制版流程，使一直以来影响制版成品率、印版质量的曝光和洗版工序不复存在，提高了产品的成品率和印版质量。

超高的耐印力和耐化学性能，可以降低重制版的费用、延长印版的保存时间，尤其适合长单印刷。3D 雕刻使个性化设计网点造型成为可能，依靠个性化设计网点造型来缓解扩张效果十分明显。3D 造型和激光雕刻出的更小网点相配合可以很方便地解决断网的问题。

更细的线条和阵列点在防伪印刷领域有决定性的优势。

橡胶无接缝柔性版更是解决了以往无接缝树脂版价格高、周期长的问题，相信在不久的将来这项技术会随着柔印的崛起呈现出更猛烈的发展势头。

而在目前的技术条件下，直雕橡胶版存在短板，比如制版效率较低，经实际测算，激光直雕的速度约在 0.3 m^2/h，这与目前树脂版的雕刻速度不可同日而语。

另外，这种技术并没有得到广泛的应用，实际推广起来仍然有一定的阻力，也许是包装印刷企业对这种新兴的技术仍然持观望态度，这就需要时间来慢慢检验了。

（发表于《CI FLEXO TECH》2018 年 2 月刊〔总第 4 期〕）

平顶网点技术在软包装高清柔印应用的探索

赵嵩

长期以来，凹版印刷在我国软包装领域获得了比柔性版印刷更为广泛的青睐，一个极为重要的原因是柔印产品的品质远远落后于凹印。从加网线数上看，柔性版印刷长期使用133LPI及以下的加网线数，和普遍使用175LPI的凹印相比，在高光和实地的表现上有很大差距。国内柔印用户的普遍情况是：在薄膜上，可以印刷出来的最小网点往往在10%以上，同时在渐变到零的区域往往会出现比较明显的硬口，柔印产品的实地密度也普遍比凹印低，多色叠印时经常出现实地针孔及漏白的问题。

2009年，总部位于比利时的艾司科（Esko）公司在布鲁塞尔的标签展上发布了高清柔印（HD Flexo）技术，而推出这个产品的初衷是为满足日本标签用户对精细文字的印刷要求，以及改善柔性版印刷高光网点和细微元素的再现能力。

使用这一技术需要客户将激光雕刻机从2540dpi升级到4000dpi，而软件上用户也需要安装特别的网点，生成不同于传统调频网点的混合网点。对于高光网点，这种混合加网采用小网点包围支撑大网点的方式，让大网点更持久稳定，同时获得更精细的高光阶调，在印刷条件较好的情况下，使用HD技术可以在印刷品上得到175LPI下的1%的高光网点，这样制作到零的渐变网点就变得不再困难了。这个加网方式在标签领域获得了成功，但在薄膜印刷上遇到了挑战，尤其是支撑网点的稳定性会在大批量印刷时出现问题，因此后续的加网算法上，支撑网点被要求不再印刷出来，而是靠改进的抖动算法提升高光稳定性。

2010年艾司科又推出了针对实地加网的微穴加网技术（Microcell）。实地加网并不是一个新概念，长久以来，就有柔印用户注意到渐变阶调的最大密度往往不是出现在实地部分，而是比实地稍微低一点的阶调区域，即常见的在印版上95%~98%的网点区域。如果观察柔性版材，95%以上的区域网点之间尚存微穴小孔，这些小孔参与印刷，并帮助了传墨，因此如果从成像技术上入手，在实地表面和网点内部雕刻更多的细小网穴，就可以帮助全阶调的密度提升。

从技术原理上看，微穴技术的实质是增加印版和油墨接触的表面积。在印刷和制版条件不变的情况下，采用微穴技术可以有效地改善实地部分油墨铺张的均匀性并提升实地密度。微穴技术的出现为提升柔印品质提供了一个有力的工具，在国内外的薄膜印刷测试上，都达到了当时的最好水平，但对于实地密度，当时的微穴技术往往只能将色密度提升不到0.2，相比一般凹印，柔印的实地密度还是有差距的。这个困扰直到平顶网点技术出现后，才得到了解决。随后的研究发现，在传统曝光方式下，由于氧气的影响，无法制作极其精准的细小网穴，而实地加网印版其实地表面积的提升也仅在10%左右，这也就解释了为什么早期的微穴加网对实地密度的提升作用十分有限。同时，由于氧气的影响，高光的圆顶网点在多年的使用后也逐渐暴露出各种问题。因此，将高清柔印和平顶网点技术结合成为了必然。

2012年以后，基于设备和额外耗材的各类平顶网点技术应运而生，除了向曝光机内充入氮气的曝光技术以外，采用覆膜和高能量LED的技术也推向市场。这些技术的应用确实帮助用户改善了实地加网技术，然而此时原有的加网和激光雕刻技术已经不能满足客户的需求。为此艾司科在CDI上升级了光学系统，更换了像差更小的非球面镜，同时在RIP过程中，采用了新的加网算法，生成尺寸更小的单像素微穴，见图1和图2。但这些雕刻技术必须和平顶网点技术结合才能发挥作用。

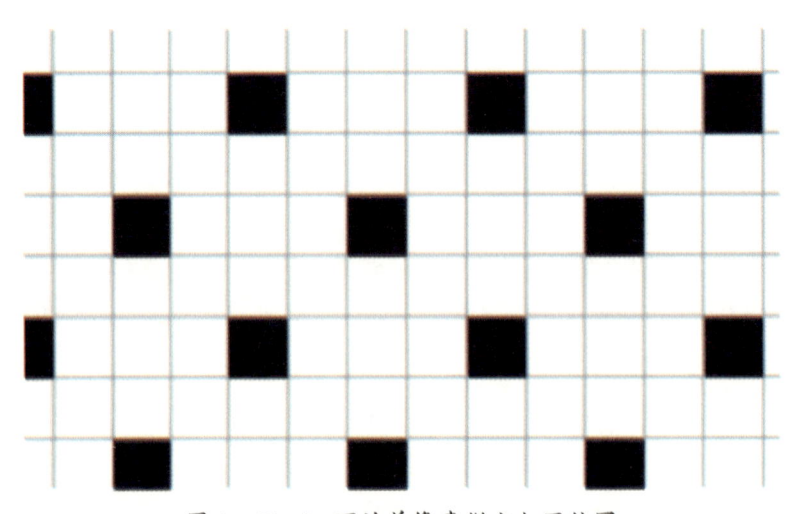

图1　Pixel+下的单像素微穴加网位图

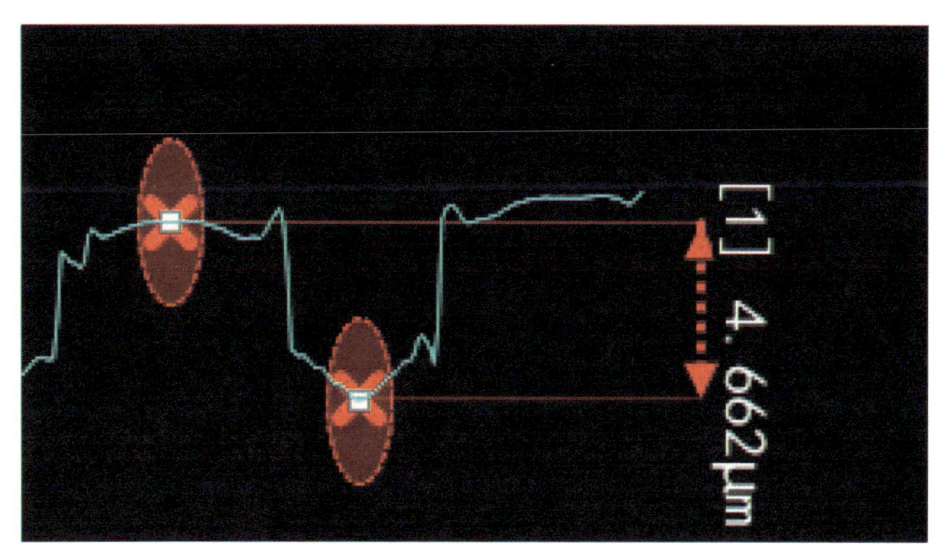

图 2　采用 Pixel+ 加网的实地表面的微穴立体

平顶网点技术带来的不仅是实地密度和均匀性的提升，见图 3，在高光和中间阶调上，平顶网点技术对印刷品质也有很大帮助。最新的 Pixel+ 微穴技术可以获得远远超过传统微穴加网的高密度值，尤其是 WSI 和 MG45 这两种网点类型在很多印刷测试中都有比较好的表现。

然而，基于设备或额外耗材的平顶网点技术并不完美，特别是针对实地加网的激光雕刻技术，以 CDI 为例，由于雕刻的激光点仅有 6.35μm，在 4000dpi 的雕刻精度下，以生产效率 4m^2/h 的 CDI4260 为例，滚筒的转速在 600rpm/min，雕

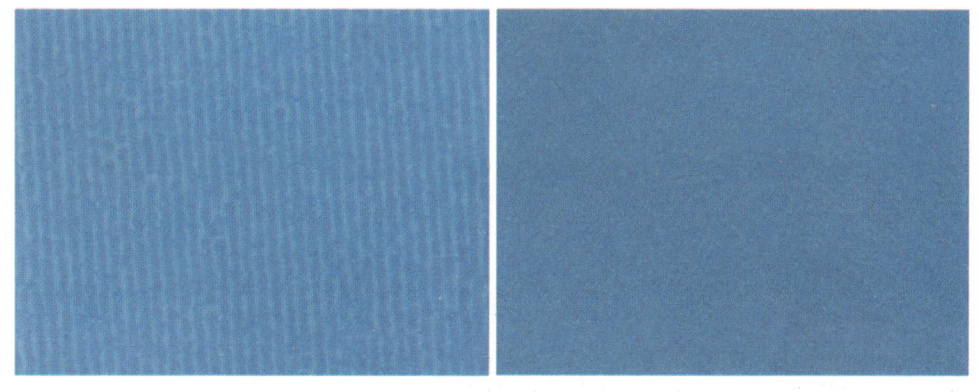

SID 1.16　　　　　　　　　　　　SID 1.53

图 3　平顶网点印版下普通实地和 Pixel+ 实地的密度对比

刻每一个微穴的时间为0.635微秒，在这个时间里，控制激光的输出变得不再容易。使用前需要一个比较复杂的测试过程寻找合适的激光能量（Boost Value），这个测试不单单需要制版，而且需要上机印刷测试。使用过程中除了印刷条件的波动，制版条件也会对印刷效果产生影响，比如激光的聚焦、黑膜的残留密度、曝光以及洗版过程，都是需要重视的控制要点。在推广该技术进入高线数柔印过程中，制版厂以及印刷客户都经历了一系列的技术挑战。

最大的问题出现在150LPI及以上的印刷过程中，故障现象常见于CI宽幅柔印机，在印刷初期，一切表现正常，但是随着印量增加，在40%～60%阶调处，网点的四角会逐渐出现油墨的堆积，直至网点粘连到一起。在尝试过调整印刷压力、更换软性胶带和加入油墨慢干剂等常规方法之后，问题仍然会持续出现。

在图4中可以发现，网点中间部分有轻微漏印现象出现，这个现象在传统圆顶网点时代就有发生，所以有用户怀疑是不是网点下凹（见图5）造成了严重糊版。在采用设备方案的制版条件下，通过改变制版参数，可以获得完全没有任何下凹的网点（见图6），再次在同样条件下印刷测试，得到了和故障现象完全一致的测试结果，所以判断网点下凹并不是造成糊版的主要因素。

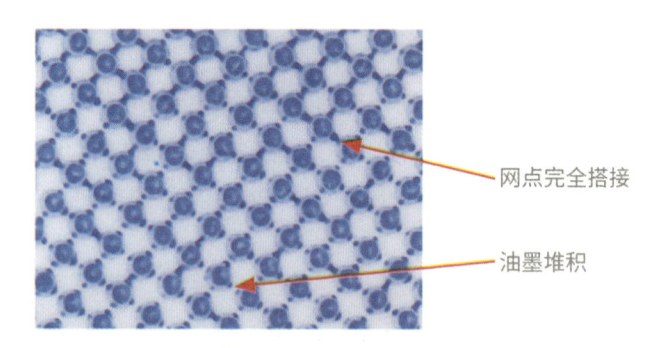

图4 平顶网点中间阶调糊版现象

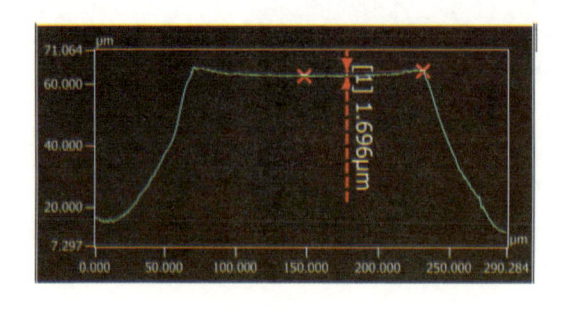

图5 有下凹的网点立体扫描　　图6 没有下凹的网点结构

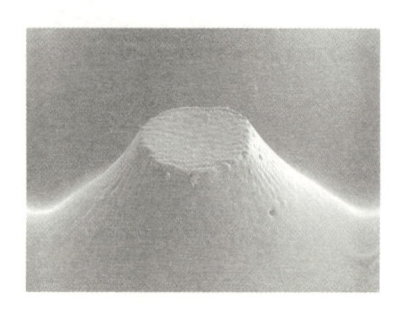

紧接着，研究人员又把注意力转移到加网算法上。Pixel+ 在中间阶调网点周围会雕刻一圈宽度为 2 个像素或者 4 个像素的保护环，见图 7、图 8。最初的怀疑是这些保护环在网点表面形成了一个封闭区域，导致油墨过多堆积在网点顶部。当移除这圈保护环后，糊版的状况是否会有改善呢？为此，采用手动方式，我们制作了没有保护环的中间阶调网点，见图 9。

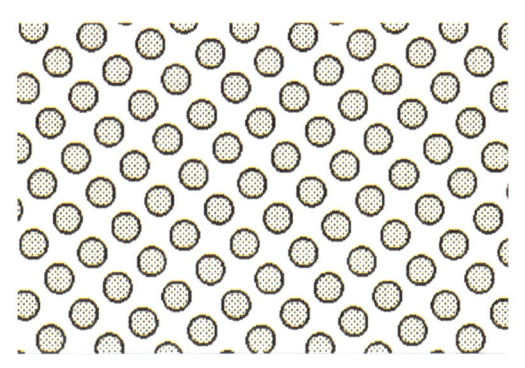

图 7　带有保护环的中间阶调网点位图

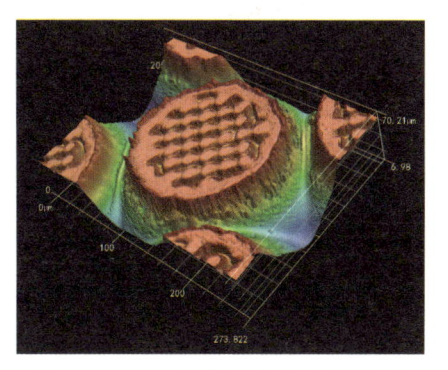

图 8　Pixel+ 带有 2 个像素保护环的 50% 网点立体成像

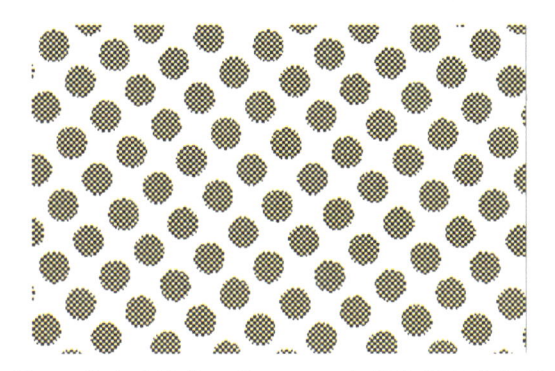

图 9　移除了保护环的 Pixel+ 中间阶调网点位图

测试的结果振奋人心，糊版的问题基本得到了解决，见图 10。虽然目前改进后的网点还没有正式发售，但已经有消息称，针对这一问题，艾司科公司会在近期推出全新的水晶网点，同时在最新的 Crystal 雕刻机上采用升级后的激光技术，配合 XPS 双面 LED 曝光技术，这样将会有更好的印刷表现。

糊版的根源似乎找到了，但当笔者和欧美柔印用户交流时，发现很多用户并没有这类问题，为此笔者收集了大量的印样和印刷条件进行了分析。

图 11 的产品来自于一家著名的软包装用户，该客户也曾经遇到过比较严重

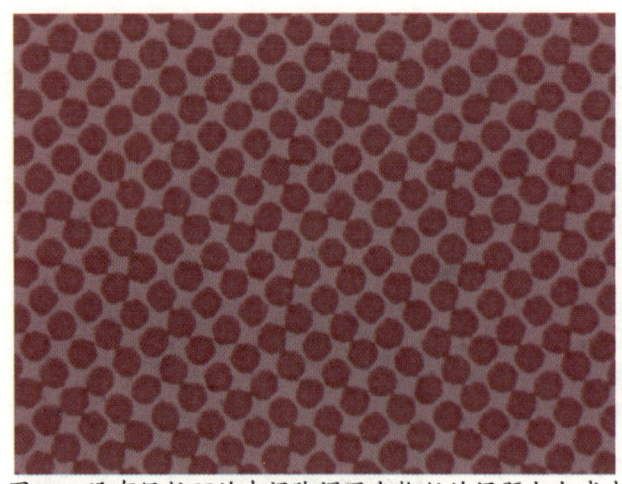

图 10 没有保护环的中间阶调网点糊版的问题大大减少　　图 11 平顶网点印刷样品

的糊版问题，但通过提高网纹辊线数，改变油墨干燥速度，控制车间的温湿度就基本解决了高线数的糊版问题。尤其是当环境湿度比较高的情况下，糊版的概率很高。客户给出的一种推测是当环境湿度较高时，网纹辊和环境温度有较大的温度差，在网纹辊表面容易形成冷凝水，导致局部区域油墨的含水率升高而产生糊版问题。当然业界对此也有很多不同的观点，此处就不一一列举了。这家用户的印刷条件见表1。

表 1 　图 11 印刷样品的印刷条件

印刷机	F&K
印刷线数	150 LPI
网纹辊	1100LPI
胶带	软性
油墨	Ink Color
温湿度控制	有
材料	PE
印版	DSP
加网技术	Full HD

图 12 采用了 7 色印刷方案，在选用网纹辊上很值得大家学习，特别是除了打底的白色采用了 400LPI 的网纹辊外，其余颜色全部使用了 1000LPI 及以上的网纹辊，其印刷条件见表 2。而在我国，使用 1000LPI 网纹辊的软包装企业是屈指可数的。

图 12　七色印刷样品

表 2　图 12 印刷样品的印刷条件

印刷机	n/a
印刷线数	150 LPI
网纹辊	CMOV 1200LPI, KG 1000LPI, Y 1320LPI, W 400LPI
胶带	软性
油墨	Chespa CelioLam
温湿度控制	n/a
材料	BOPP
印版	ESE
加网技术	Pixel+

来自另一家著名印刷企业的印样，见图 13，其印刷条件见表 3，也成功解决了糊版问题。

图 13 印刷样品

表 3 图 13 印刷样品的印刷条件

印刷机	Comexi F2 MC
印刷线数	152LPI
网纹辊	Apex 1200 LPI
胶带	3M
油墨	Sun Chemical
温湿度控制	n/a
材料	PET 12micron
印版	ESX
加网技术	Pixel+

以上三个样品的一个普遍共性就是采用对应的高网线网纹辊，而当对比国内常见的印刷条件（见表 4），会发现这是国内和国外的一些极为显著的区别。因此综合以上对比条件，导致网点糊版的主要原因包括油墨、印版、胶带、网纹辊和印刷机以及印刷车间环境。而这其中，环境因素是国内用户过去最容易忽略的。

表4 国内常见的高网线印刷条件

印刷机	CI flexo
印刷线数	150LPI
网纹辊	<1000LPI
胶带	中性
油墨	溶剂
温湿度控制	无
材料	PE
印版	平顶网点印版
加网技术	带有保护环的 Pixel+ WSI

此外，在使用平顶网点的设备方案过程中，还出现了大量和印刷品质相关的重复性问题，很多用户反映重复制版后无法达到相同的印刷效果或是同一套印版反复使用时印刷效果波动较大。最初怀疑三方面问题，一是实地加网的印版表面因为受到承印材料的磨损逐渐变光滑而降低了油墨转移量；二是微穴被固化的残留油墨堵塞，印版的油墨转移量下降；三是由于制作过程中的设备波动和工艺参数设置，导致了实地加网的印刷效果的较大变化。

对于第一点和第三点推测，已经有大量事实依据可以确认，对于磨损的问题除了重新制版外没有更好的应对措施，而对于工艺环境的波动，需要严格控制制版过程，而对制成印版的测量可以有效避免上机故障带来的额外损失。最新的微穴尺寸很小，无法用普通的检测设备测量，因此采用共聚焦激光扫描显微镜对印版进行测量，通过检测印版表面积的变化可以很好地控制制版品质，但是整套设备昂贵，并不适用于所有的制版单位。考虑到设备方案的复杂性，很多用户希望能有使用更为简单容易的平顶网点技术。自带平顶网点的印版就是针对这一诉求而开发出来的，它不再依赖额外设备和耗材，用户只要使用现有的传统制版设备即可，在生产效率和成品版材品质上也有了很大的提升。特别是在随后出现的磨砂表面印版上，即便不使用微穴加网技术，也可以获得比较好的实地密度。这里所说的磨砂表面印版，是基于自带平顶网点技术，在印版表面再增加一层特别的树脂层用来提升油墨转移量的印版，所以磨砂表面印版也被称为多层版。多层版技术在传统版时代曾广泛使用。也曾经得到了客户的广泛好评，结合平顶网点技术的多层版继承了所有传统版的优点，又结合了激光版的优势，是版材技术上的一个进步。

图 14　自带平顶网点的磨砂表面印版可以实现平滑的渐变

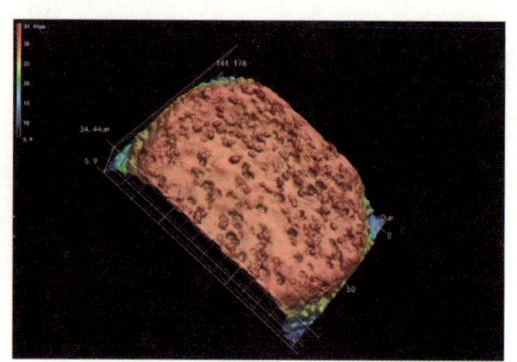

图 15　具有磨砂表面的网点

配合自带平顶网点的磨砂表面印版在使用中表现出了优异的综合性能，包括稳定的制版和印刷生产过程，良好的可重复性以及平衡的印刷品质，印刷品质包含对粗糙承印物表面的适应性、细小元素的再现性能、网点扩张状况、油墨转移能力、耐印力和油墨的兼容性。值得一提的是，使用磨砂表面印版时，中间阶调的糊版问题通常会有大幅度的减少，已经有用户经过生产验证了这个结论。一个可能的原因是，磨砂表面增大了印版的表面积，更有助于油墨在版材表面的铺张，减少了在网点顶部的堆积，糊版减少也许和这个现象有关。

回顾高清柔印在软包装领域的技术发展和应用历程，从基于额外设备的平顶网点技术一路到今天的自带平顶网点的磨砂印版技术，充满挑战、波折和收获，希望采用最新技术，结合我国的环保政策，高清柔印产品可以获得更多的认可，开启柔印尤其是高清柔印在软包装领域的一片新天地。

（发表于《CI FLEXO TECH》2017年10月刊［总第2期］）

柔印工艺标准化方案示例

彭晓辉

同一终端客户的同一印刷品电子文件交由不同的柔印企业加工生产时，因为使用不同的印刷机、不同的油墨，各柔印企业在追求同一印刷效果时，往往需要 制版公司、油墨供应商予以配合，耗费很多的人力、物力、财力，需经过多次打样才能实现； 而在印刷某一产品的过程中因为达不到某一印刷效果，柔印企业、制版公司、油墨供应商相互推诿；在胶印、凹印转柔印时，颜色效果无法达到原有状态，需要制版公司不停地改版打样……如此种种问题，无疑大大降低柔印的生产效率，增加柔印成本。

对于通过应用法国彩源（Color Source）标准化验证软件的公司而言，与油墨供应商相配合，能为柔印企业建立印刷标准化流程，为上述问题提供完整的解决方案。本文结合为某一标签印刷厂所做的标准化印刷数据，简单地介绍一下标准化印刷及其实现步骤。

1. 标准化首先要有标准，要以目标为导向，目标可根据客户或产品本身的要求，选定或自定义标准。

一般的印刷工业标准，是可以从互联网上简单下载的，所有 ICC 色彩特性化文件已经制作好并已发布。当然，标准也可以自定义，特别是一些规模型印刷集团可根据本身的主要产品、纸张、油墨等条件自定义集团内各印刷厂的共同标准。自定义的标准不仅能用于印刷集团内部规范，而且能解决同一品牌产品向多家印刷厂外发时，各印刷厂因使用不同印刷机、不同油墨等产生的问题。

2. 以现有的印刷条件印刷，如图 1 所示的标准化印刷测试条，应用爱色丽 EyeOne 分光密度仪度量图表，以获得现有油墨 Lab 参数和印刷网点扩张等情况。

图 1　标准化印刷测试条

3. 将度量的数据导入到法国彩源 ColorSource CMYK 实地软件，可获得当前印刷数据与所选定标准数据的对比情况（如图2所示），以引导调整规范油墨。

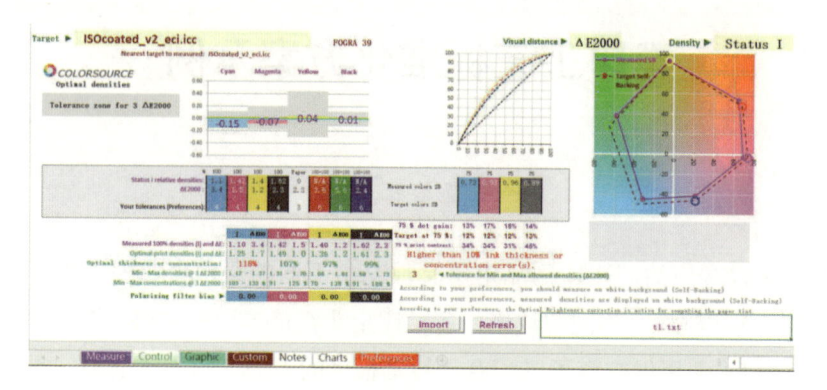

图2　数据对比图

（1）当前印刷条件下，测量的印刷色域（Measured SB）与目标色域（Target Self-Backing）的对比情况（如图3所示）。

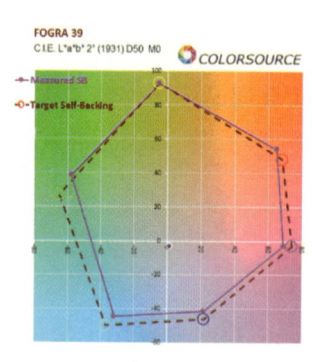

图3　色域对比图

（2）当前测量的四原色的油墨浓度、Lab 值，与目标值数据的比较情况（如图4所示）。当前四原色中的蓝色需要调整油墨浓度，从当前的油墨浓度1.1提升到1.25以减少色差，达到标准范围。

图4　油墨数据对比图

（3）RGB 及各单色不同灰度时的数据对比情况如图 5 所示，由于受蓝色影响，印刷蓝黄叠印的绿色时，会达不到标准要求，如图 5 中画线提示。

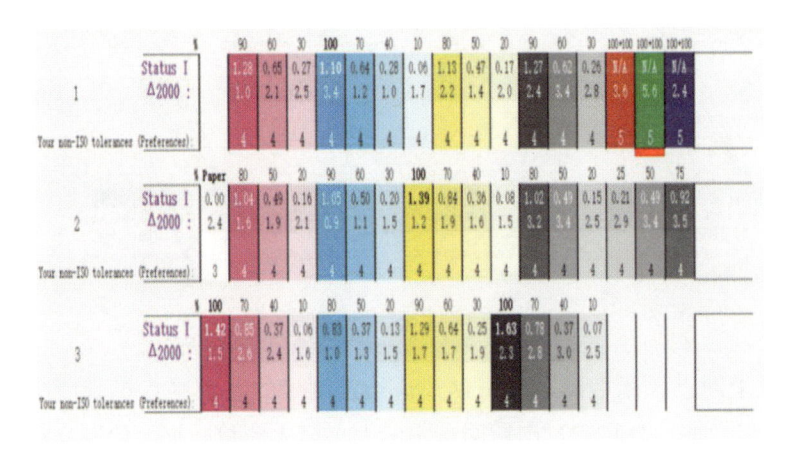

图 5　各单色不同灰度的数据对比图

4. 根据以上的数据对比，可引导完成对油墨的规范。由于纸白（承印物）的差异，CMYK Lab 值可能各种各样。根据前面对比数据情况，软件可以指导操作员通过对油墨浓度及印刷条件（压力、网纹辊配置）的调整，达到最佳 Lab 值（ΔE 值越小越好，柔印墨和胶印墨目标值的色差 Y、M、C 在 0.5～2，K 在 2～3.5），使得油墨的色相尽量接近标准油墨的色相范围。

5. 调整规范好油墨实地 Lab 值后，再印刷一次标准化印刷测试条，并将测量的数据，导入到法国彩源曲线创建软件，获得当前印刷扩张数据（如图 6 所示）和对比曲线（如图 7 所示，最上方的实线为当前测量的印刷扩张曲线，虚线为扩张目标曲线）。

File %	Gravure curve of measured ink (Cyan)	Measured Cyan	Target Curve A: +13% at 40%	Gravure curve of measured ink (Magenta)	Measured Magenta	Target Curve A: +13% at 40%	Gravure curve of measured ink (Yellow)	Measured Yellow	Target Curve A: +13% at 40%	Gravure curve of measured ink (Black)	Measured Black	Target Curve B: +16% at 40%
0	0	0	0	0	0	0	0	0	0	0	0	0
10.0	10.0	13.4	14.0	10.0	14.2	14.0	10.0	16.9	14.0	10.0	14.3	15.6
20.0	20.0	27.6	27.6	20.0	32.6	27.6	20.0	33.7	27.6	20.0	30.7	30.2
30.0	30.0	39.4	40.7	30.0	47.8	40.7	30.0	46.1	40.7	30.0	45.9	43.7
40.0	40.0	51.7	53.0	40.0	59.5	53.0	40.0	58.5	53.0	40.0	58.4	56.0
50.0	50.0	62.6	64.3	50.0	70.3	64.3	50.0	68.9	64.3	50.0	69.5	67.0
60.0	60.0	74.3	74.5	60.0	80.7	74.5	60.0	80.2	74.5	60.0	78.1	76.6
70.0	70.0	83.7	83.4	70.0	89.3	83.4	70.0	89.3	83.4	70.0	85.6	84.9
80.0	80.0	92.6	90.7	80.0	94.8	90.7	80.0	96.4	90.7	80.0	92.7	91.5
90.0	90.0	98.9	96.3	90.0	98.5	96.3	90.0	98.9	96.3	90.0	96.9	96.6
100	100	100	100	100	100	100	100	100	100	100	100	100

图 6　印刷扩张数据

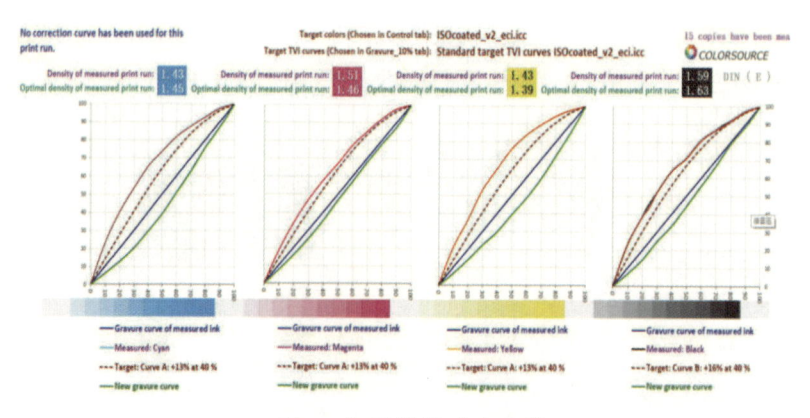

图 7　印刷扩张对比曲线

根据以上网点扩张数据表，可以知道当前测量的各色网点扩张情况和所需要达到的目标数据，就可通过印版网点实际大小导入测量数据，检测当前印刷情况（如图 8 所示），软件根据所选标准对当前测量的数据进行对比分析，主要是纸白、油墨、网点扩张等，判断此次印刷是否符合所选标准，并综合给出各种主要参数（纸白、油墨、网点扩张等）数据。

图 8　检测当前印刷情况

做好印刷标准化后，在平时的正常印刷中，可以加入如图 9 所示的简单图表（图表中的色块可打散放置空位排废处），使用爱色丽 EyeOne 分光密度仪扫描图表，导入数据到法国彩源印刷及数字打样质量验证软件中，以查看印刷时的压力是否过大或过小，监测 CMYK 密度、实地 Lab 值是否达到标准，叠印质量和网点状况等，从而检测印刷品是否符合印刷目标，达到标准化目标，达到印刷扩张数据接近目标扩张数据的目的。

图 9　简单图表

6.规范好油墨和印刷网点扩张后，印刷一条相应标准的控制条（此处用 ISO 12647/FOGRA39 胶印标准），使用爱色丽 EyeOne 分光密度仪，扫描标准控制条，将数据导入到法国彩源印刷及数字打样质量验证软件，以检验此次印刷是否符合标准。

综上所述，柔印工艺标准化流程分为四步骤。

（1）规范印版的线性（制版前的常规动作，根据不同的版材和制版模式，制作印版的线性补偿曲线，以确保高光不掉点和暗调网点不糊版）；

（2）规范油墨的色相（YMCK 实地 Lab 值）；

（3）规范印刷的网点扩张；

（4）标准化验证。

标准化后的柔印工艺实现了对油墨、印版网点扩张等的规范。如图 10 所示为某一标签印刷标准化的印刷效果（标准化目标为胶印 ISO 12647/FOGRA39）对比，柔印不仅轻松实现追胶印效果，而且可实现数字预打样。

图 10　标准化的柔印工艺

柔印工艺标准化不仅能提高印刷各环节生产效率，控制印刷质量，降低印刷成本，而且使得印刷过程可数据度量、可数据监测，实现数据化生产管理。总之，当今包装印刷行业，随着科学技术的不断进步，数字印刷的推广，势必须要柔印行业不断创新与发展。实行可度量化的标准化印刷，提高生产效率，节约印刷成本，提升柔印环保印刷竞争力，是必然的趋势。

（发表于《印刷杂志》2017年第6期）

卫星式柔印在纸箱胶转柔中的应用

彭新斌

瓦楞彩箱在我国实现胶转柔已经有 15 年以上的历史了,但目前大部分胶转柔产品仍然局限在 110LPI 以下的加网线数,这就使得柔印产品的最终品质无法得到对图像清晰度有更高要求的品牌客户的认可,限制了胶转柔的高端彩箱在更多细分市场的应用。本文从卫星式柔印的印刷原理着手,结合具体案例,详细论述了卫星式柔印在瓦楞彩箱领域如何实现高清柔印的应用。

一、瓦楞纸箱为什么要胶转柔

1. 国内瓦楞包装胶转柔现状

受国家环保政策的推动,纸杯、纸盒、纸袋、瓦楞纸箱预印等领域对绿色环保、安全卫生的需求与日俱增,从而推动中宽幅机组式柔性版印刷机在国内装机量的持续攀升(见图 1),瓦楞彩箱行业自 2000 年开始实现胶转柔以来,100LPI 的柔印已经成为常态。

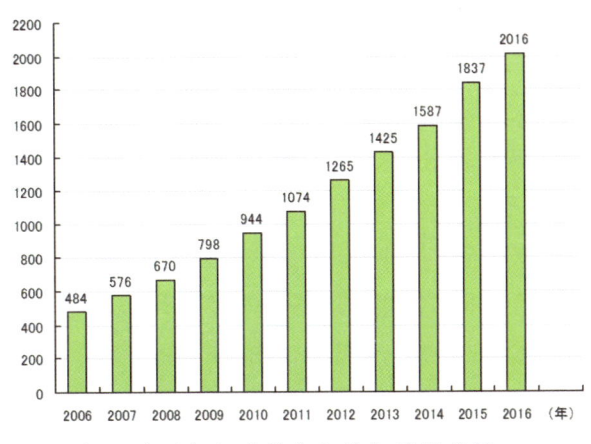

图 1 我国机组式柔印机装机量增长图

网纹辊、伺服驱动、自动套印等柔印相关技术的进步,将帮助柔印印刷企业提高产品质量、降低浪费、增强竞争力,推动了瓦楞纸箱胶转柔的进展。

2. 卫星式柔印在我国的应用现状

高端的卫星式柔印机在国内装机量相对较少,据《CI FLEXO TECH》杂志统计,截至2017年2月底,国内卫星式柔印机的装机总量达到218台(见图2),应用于瓦楞纸箱预印领域的卫星式柔印机为39台。

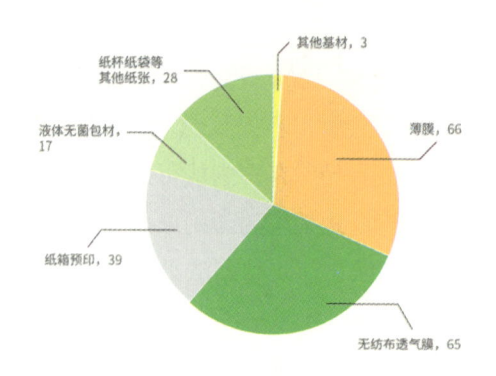

图2 2017年初我国卫星式柔印机装机分布

但是,目前使用卫星式柔印机进行瓦楞纸箱预印采用的印版普遍在120LPI以下,120LPI以上的高清柔印在瓦楞纸箱预印中占比偏少,这就造成瓦楞纸箱预印柔印品质不如胶印的质疑。

近年,以VOCs为监管重点的环保督查风暴,印刷企业面临"关停潮",胶转柔的第二阶段——150LPI高清柔印已开始在瓦楞纸箱预印领域应用;而卫星式柔印机的技术发展以及在柔印领域的优秀表现,可以让我们看到我国高端彩箱胶转柔的新方向。

3. 国内外柔印市场的占比差异

从国内油墨市场的数据来侧面分析柔印市场,2015年我国胶印油墨占油墨总量的41%,凹印油墨占39%,柔印油墨占11%,UV油墨占2%,其他占7%。从上述数据可见,柔印目前在各种印刷方式中的占比还是比较低的。

国外柔印发展已经非常成熟,其在2000年柔印市场的占比数据已可见一斑,尤其是在瓦楞包装领域的应用,见表1,由于欧美包装市场比较成熟,每年市场的增减量一般不会超过1%~2%,所以2000年的数据对于我们现在了解欧美市场有非常大的实际意义。

表1 2000年国外柔印市场占比

国别	软包装	标签印刷	瓦楞包装	纸盒
美国	70%	85%	98%	25%
欧洲	60%	35%	85%	2%

国内外柔印市场的差异,以及国内以胶印为主导的瓦楞彩箱市场,无论是市场发展的目标,还是行业努力的方向,胶转柔成为了瓦楞包装的一个专有名词。

二、胶印与柔印在纸箱预印中到底有什么区别

从表2的比较可以看出,胶印是一个优缺点两级分化比较严重的印刷工艺,胶印最大的问题是色彩的不一致性,在市场的产品上随处可见这种色差的存在(见图3)。

表2 胶印与柔印两种印刷工艺的比较

	文字印刷	实地印刷	高光印刷	暗调印刷	分辨率
柔印	3	3	3	5	3
胶印	2	5	1	1	1
	生产效率	色彩均一	印版成本	制版速度	修版便捷
柔印	1	2	3	2	4
胶印	3	5	1	1	2
	印版寿命	纸张成本	纸张强度	低克重	油墨成本
柔印	2	1	1	1	1
胶印	3	5	5	5	4
	墨层厚度	印前准备	操作要求	长版订单	短版订单
柔印	4	4	2	2	3
胶印	5	2	3	3	2

注:表中数字"1"是最适合的印刷工艺,"5"则代表最不适合。柔印平均2.5,胶印平均2.95。数据来源于美国Nelson R. Elded博士。

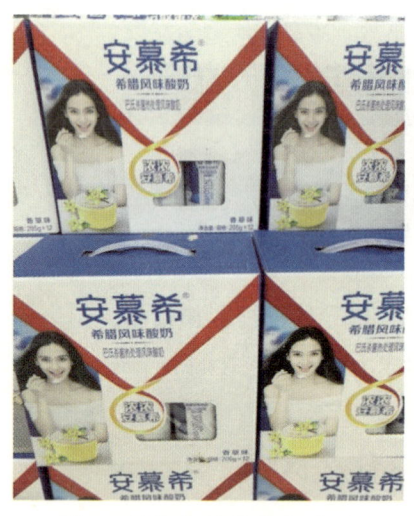

图 3 存在色差的胶印产品　　　　　图 4 胶印印刷的原理

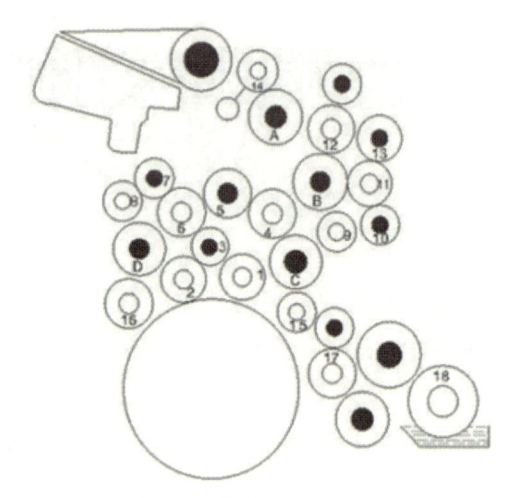

胶印色差来源于其复杂的印刷原理（图 4），再加上胶印在效率、环保、成本上的劣势，使得胶印并不是品牌客户理想的包装印刷工艺。

胶印同时具有一个最大的优点就是图像的分辨率高，印刷层次清晰，因此对图像精美度要求高的客户仍对胶印欲罢不能。

胶转柔实际是一个发挥柔印色彩稳定、高效环保的优点，同时不断提高柔印清晰度的工艺转换过程。

三、在纸箱预印领域印刷精美度与加网线数的关系

印刷是通过网点成像的原理及印刷时着墨多少的变化来实现不同层次的图像。图像的精美效果实际上是由网点的大小和墨层的厚度共同决定的；其柔和清晰度体现在图像色密度变化的连续性上，以及墨点与周边的视觉反差上（见图 5）。产品精美度的主要影响因素：视距（观察距离）、纸张质量、加网线数、对产品的艺术要求。

对于单色网点（见图 6），加网线数越高，同样色密度的图像网点直径就越小，墨点与白点的反差面积被平均化，视觉感受就越柔和。因此提高印刷加网线数，是改善图像质量的最直接的方法。对于图 7 这种单色呈色的图像，加网在 120LPI 以上，肉眼才会没有点的感觉。

图 5　加网线数对精美度的影响

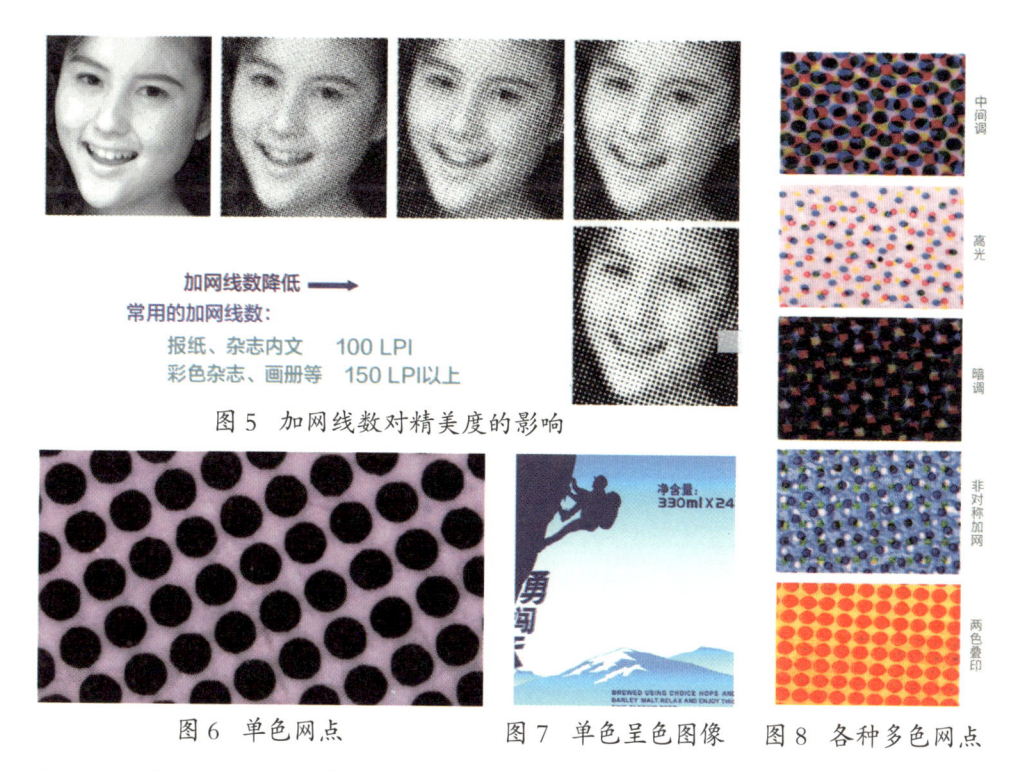

加网线数降低 →
常用的加网线数：
报纸、杂志内文　100 LPI
彩色杂志、画册等　150 LPI以上

中间调
高光
暗调
非对称加网
两色叠印

图 6　单色网点　　图 7　单色呈色图像　　图 8　各种多色网点

四、卫星式柔印在纸箱预印领域实现高清柔印

1. 印刷压力与最小网点的表现

印刷最小网点（图9）的大小，对于图像的高光部分有着很大的影响，尽管这种影响不进行比较很难有所觉察。

胶印印刷最小网点直径可以为 20μm，柔印印刷最小网点直径在不同设备上则有很大差别。

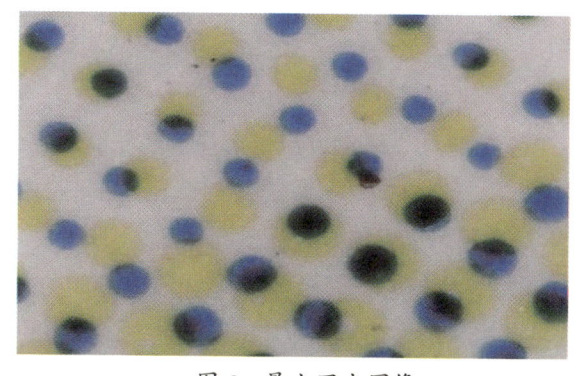

图 9　最小网点图像

柔印属于轻压力印刷，最小网点的控制，与印刷机的压力调节能力有关，卫星式柔印机的压力调整步进精度可以达到 1μm，因此卫星式柔印可以将最小网点直径稳定控制在 40μm，而普通机组式柔印通常在 60μm 以上。

2. 张力和套准的精度

胶印与柔印的多色套印原理完全不同，胶印机是超级递纸的单张纸套印方式，确保胶印可以使用多色套印的分色方法，能够快速稳定地实现多色套准，四色套印成为常态，胶印采用 CMYK 的标准分色方法就不足为奇了。

柔印机则是通过张力控制的连续印刷套印方式，尽管高端的卫星式柔印机也可以实现接近于胶印的套准精度，但因张力的动态变化、油墨带给纸张的水分变化等因素，会产生套准损耗问题，在同一套印图像部分，使得柔印忌讳三色以上的套印，特别是在文字上的套印，从而在分色上更多地采取专色分色的办法。但因为色组的限制，精准套印在高端产品上的应用是不可避免的。因此，卫星式柔印机应具有更稳定的张力系统，在精准套印上有更优秀的表现，是高清柔印胶转柔的关键。

图 10 中这种 0.2mm 的线条，如果设计上不能避免，则只能用专色替代了。

图 10　0.2mm 的线条

3. 色域与分色

因水性油墨印刷墨层厚，透明度不如油性的胶印油墨，所以柔印的色域往往比胶印要小，使用低端的水墨更是如此，因此用专色分色来拓展印刷色域，是柔印常用的手法，七原色在柔印领域的应用也是基于这种思路。对于品牌商来说，其产品图像往往是最重要的，要求层次细腻而丰富，但如果照相分色比较纯正，标准样无偏色现象，柔印则可以采取专色替代的方案。

如图 11、图 12，HP 打印机的印刷，柔印采用专色分色，代替胶印 CMYK 的分色方式，就可以达到胶印的印刷效果，并且可以避免胶印的色差问题。两张印刷品，是很难分出哪一个是柔印印刷的。

图 11　胶印印样　　　　　　　图 12　卫星式柔印印样

4. 层次与"并级"现象的处理

并级与密度的关系。"并级"现象指的是印版上的某一范围的暗调层次，在印刷后其密度值基本保持不变的现象。如果图像层次碰到并级的阶调，就会出现糊在一起的现象（见图13头发部分）。

通过测量图13、图14 两张印刷品的黑色梯尺，其不同层次的密度数据见表3，不同层次和密度的关系如图15 所示。

从以上分析可以看出印刷密度曲线与印刷效果间的关系，柔印可以通过先进的印前加网技术，解决网点上油墨的"供需平衡"，可有效解决并级问题，从而实现不同层次的清晰呈现。

图 13　印刷品加网方案 1　　　　　图 14　印刷品加网方案 2

表3 不同加网方案密度数据

层次	2	4	6	8	10	15	20	25	30	40	50
加网1密度	0.14	0.17	0.18	0.2	0.22	0.27	0.32	0.38	0.44	0.54	0.68
加网2密度	0.14	0.16	0.17	0.2	0.22	0.26	0.31	0.37	0.42	0.51	0.63

层次	60	70	75	80	85	90	92	94	96	98	100
加网1密度	0.75	0.88	0.93	0.96	0.97	0.94	1.01	1.05	1.12	1.22	1.26
加网2密度	0.6	0.82	0.92	1.03	1.07	1.17	1.22	1.24	1.27	1.31	1.36

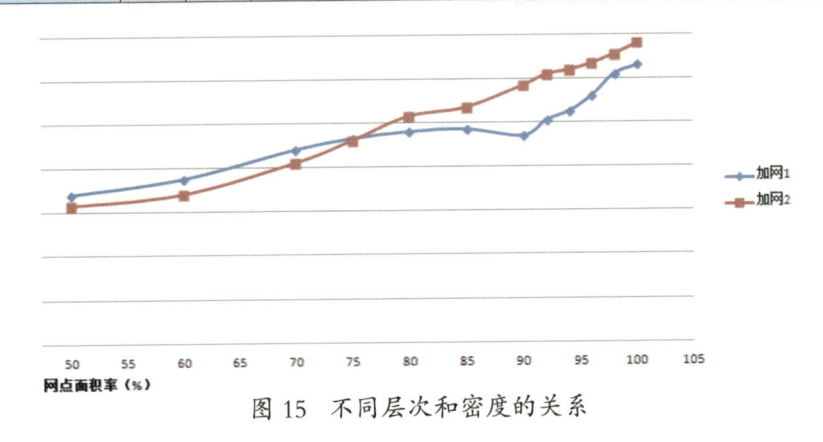

图15 不同层次和密度的关系

在解决实地饱和厚实、暗调过渡清晰与高光清晰干净的矛盾方面，胶印工艺具有比较好的平衡能力，但随着柔印印前技术的发展，通过先进的加网方式，结合高精度的卫星式柔印，为解决这一问题提供了很好的技术方案。

图16为卫星式柔印与胶印印刷同一颜色，其密度曲线的对比，两者已经非常接近。

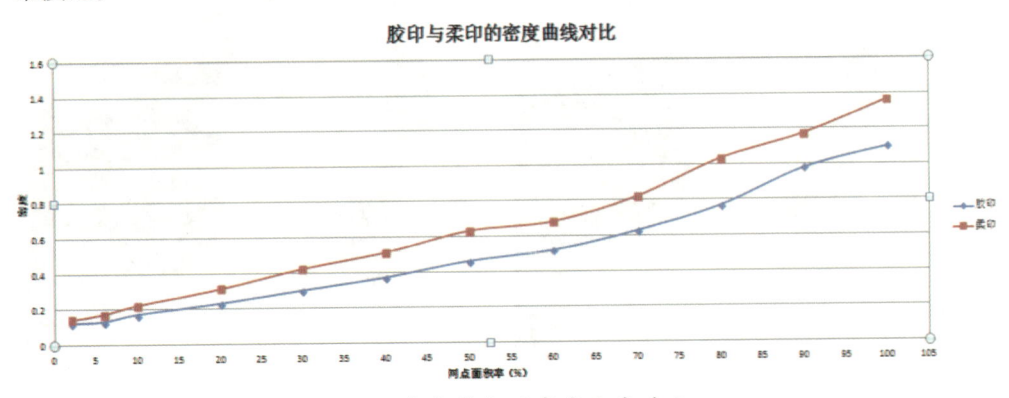

图16 胶印与柔印的密度曲线对比

五、展望

影响胶转柔推进的主要因素，包括设计、设备、柔印工艺及柔印成本等环节，虽然环保问题将会进一步加快胶转柔的步伐，但柔印专业知识的普及，特别是客户端对柔印品质的正确认识以及多印刷工艺共存的合理解决方案，在卫星式高清柔印技术的发展推动下，会更快地推进瓦楞彩箱的胶转柔，大大拓宽柔印的应用领域。

我们有理由相信，在政府大力推进环保治理的今天，柔性版印刷被越来越多包装印刷企业和终端用户所接受。随着柔性版印刷新技术的不断发展和推广，胶转柔、凹转柔将在更多领域成为一种趋势。

（发表于《CI FLEXO TECH》2017年10月刊〔总第2期〕）

柔印复合软包装技术的研究与应用

胡鸿波

20世纪50年代以来,随着高分子材料种类的增多,聚合物改性技术的提升,塑料加工技术得到了突飞猛进的发展。用单一材料生产的包装由于受其固有特性的限制,已不能满足商品对包装越来越多的要求。为此,除了采用共混改性来改变材料性能外,还可以用几种不同特性的材料经过合理组合,通过复合技术制成兼有几种不同材料优良性能的复合材料,也就是复合软包装,其在性能、外观、价格等方面能很好满足市场对商品的包装要求。

复合软包装的加工工艺主要有涂覆层压法(干式复合法)、挤出层压法(挤出复合法)、无溶剂复合法等。就目前来说,国际软包装最重要的发展趋势EHS(环保、健康、安全),已经在国内得到广泛认同。国家对食品安全的监管力度明显加大,对黏合剂和油墨中的溶剂使用不断出台新的标准;环保要求也日益提升,要求在达标的前提下,减少VOCs的排放量,这些都要求复合包装行业必须通过不断的技术创新,迎合EHS的各项要求,才能跟上时代的步伐。

采用卫星式柔印及无溶剂复合组合工艺生产的复合软包装材料应运而生,其具备低碳、减排、经济、绿色这样的特性。本文主要探讨宽幅卫星式柔印和无溶剂复合相关的关键技术研究,以及如何获得具有安全、环保、减薄化、轻量化、可循环利用等特点的绿色软包装材料,并且使所得产品在其整个生命周期中对人体及环境造成的危害最小化,实现软包装材料真正意义上的绿色化。

一、高线数宽幅薄膜卫星式柔印技术

在环境污染、资源短缺的背景下,各国包装印刷业都加大了对绿色材料和无公害印刷方式的研发与应用的力度。因为适印性广、工艺灵活度高等特点,既环保又绿色高效的柔印生产方式成为各国包装印刷业关注的重点。

近年，伴随着柔性版制版工艺创新、无轴伺服传动技术的发展、激光雕刻陶瓷网纹辊技术越来越成熟等，柔印的优势将发挥得更加明显。在市场和社会双重需求下，柔印技术必将成为软包装印刷行业的重点发展方向。

在欧美国家柔版技术推广运用的同时，我国柔印市场份额也出现一定发展，特别是在纸张、不干胶、标签印刷等方面成绩显著。但是柔印中的重要分支卫星式柔印，相对欧美地区在软包装领域的应用，目前国内的市场份额和市场范围还是有很大的差距。

国内卫星式柔印产品主要集中在薄膜表印上，所应用产品品种单一、印刷精美程度低。所以为了拓展卫星式柔印在软包装上的应用，和满足国内市场对印刷品的精美程度需求，破解高线数宽幅薄膜卫星式柔印技术难题的重点在低上墨量高色浓度油墨验证、版材选型配套技术研究、高光小网点印刷技术研究、柔印油墨对复合强度的影响研究。最近几年来，这些研究均取得较大进展，已经有多家知名品牌开始使用柔印复合软包装材料。

（一）高色浓度里印醇溶性油墨

相比凹印油墨及普通柔印油墨，高线数柔印由于采用高线数、低上墨量的网纹辊，墨层厚度仅为凹印的1/4到1/3，为使印刷品达到与凹印一致的色浓度，柔印油墨必须做到高色浓度，另外还要保证高速印刷适印性佳及更好的耐印性；同时因为采用里印复合的制造工艺，又要求具有优秀的复合强度。针对这些技术难题，笔者逐一验证了不同色浓度、不同油墨体系、白墨钛白粉粒径、不同控制、溶剂分级挥发速度控制等对产品质量的影响。

高色浓度，一般要求颜料含量在20%左右或更高。要达到这么高的颜料含量，必须要使这么多的颜料可以在油墨树脂中良好分散；良好分散的一个直观表现是颜料颗粒的细度表现会更优异。

为了获得分散性良好的油墨颜料细度，在固定油墨配方的条件下，通过改变研磨时间、研磨珠的大小，以及将不同大小的研磨珠以一定比例混合对油墨进行研磨，获得油墨颜料粒径大小分布的差异。经过研究，将油墨的最大细度从原来的20μm控制到10μm左右，通常此时颜料的平均粒径会小于1μm，当然也有部分强调遮盖性的颜色粒径需要加大，这些研究成果可以获得使用效果更佳的目标油墨。

另一方面，笔者所在公司开发并使用了超分散技术。超分散是利用带有侧链的分散剂（下文统一描述为超分散剂）对颜料进行分散处理，同时利用颜料衍生物对颜料进行包裹处理，保证在高颜料含量体系中仍然能保持优良的分散稳定性和流动性，最终实现油墨高色浓度、高流动性、高稳定性、低黏度等性能。使用超分散技术前后配方对比如表1和表2所示，从数据对比可见，使用超分散技术后该油墨中最大颜料含量获得大幅度提升。不仅如此，超分散技术还改善了油墨的再溶解性，这是因为超分散剂通常具有更好的溶解性，且不易发生因颜料析出带来的网穴干结。因为柔印油墨在网纹辊和印版上的转移都不是100%，网纹辊网穴里面的剩余油墨会在封闭墨腔发生再溶解，印版上转移剩余的油墨再次接触网纹辊的时候也会发生再溶解，因此需要油墨拥有良好的再溶解性。实践证明超分散技术的使用，可以获得再溶解性更优秀的柔印油墨。

使用高浓度柔印油墨的印刷效果对比如图1所示，检测印样的色密度值，同样使用1000LPI网纹辊印刷，色密度大幅度提升，图案饱和度达到了与凹印相似的效果。

表1 使用超分散技术前的油墨配方

颜料	混合树脂液	一般分散剂	润湿剂	PE低分子蜡	消泡剂	乙醇	丙二醇乙醚	醋酸正丙酯
原红15%	71%	2%	1.3%	1.5%	0.1%	7%	1.8%	0.3%

表2 使用超分散技术后的油墨配方

颜料	混合树脂液	超分散剂	润湿剂	PE低分子蜡	消泡剂	乙醇	丙二醇乙醚	醋酸正丙酯
原红22%	62%	2%	1.3%	1.5%	0.1%	8%	2%	1.1%

图1 高浓度柔印油墨效果对比图

（二）溶剂梯度分级挥发控制技术

由于柔印各个阶段对溶剂的挥发速度要求不同，基本可以分为三个阶段，针对该情况我们进行了溶剂梯度分级挥发控制技术的研发。

第一阶段，柔印的传墨过程：封闭墨腔→网纹辊→柔性版→承印物。此过程中必须要控制溶剂挥发，才能保持油墨的低黏度，帮助完成柔印的长墨路传递；而且油墨在转移到承印物时，又需要有很好的流平性、适宜的黏度，才能保持网点不发生架桥。

第二阶段，色间干燥表干阶段。需要油墨在色间干燥过程中完成80%～90%的溶剂挥发，实现墨层表干，确保下一色叠印时不溶解、不回粘，稳定地完成下一色油墨转移。

第三阶段，主烘箱彻底干燥阶段。为控制溶剂在该阶段挥发过快，油墨中添加了0.5%左右更慢干的成膜溶剂，使油墨彻底干燥后形成的墨膜更致密。

由此三个阶段的溶剂梯度分级挥发控制，可使油墨在印刷过程及印刷品质上表现优异，特别是在印刷高线数产品中的网点图案时。

（三）柔印油墨的复合技术

为提升油墨的复合强度，笔者通过大量的研究发现影响复合强度的主要为树脂体系和助剂小分子两大因素，因此生产时着重对这两大因素进行控制。

1. 油墨树脂配方调整

由于柔印油墨相对凹印油墨要求高色浓度、低黏度性能，所以柔印油墨树脂的相对分子量小于凹印。为了提高复合强度，我们对油墨树脂的配方进行优化，添加可交联官能团数目较多的树脂，能够与复合胶水的活性基团反应，形成网状交联的化学键；同时在满足印刷性能的基础上，进一步提高树脂的相对分子量并控制其分子量分布，提升复合强度。

2. 对小分子进行控制

根据分子扩散理论，小分子活动性很强，很容易破坏复合结构的稳定性，造成复合强度下降。其主要为润湿剂和分散剂，更换润湿剂型号及控制分散剂的用量可以有效提高复合强度。

二、柔性版制版控制技术

由于柔性版版材的柔软特性，印刷时网点受压后会产生网点增大的现象，特别是高线数的细小网点变形率更大。近年对多家版材、多种制版技术进行了反复验证。相关的 Pixel+ 技术、微穴加网技术、磨砂面版材、水晶网点技术、FULL HD 技术等应用，对公司的印刷技术进步促进非常巨大，在此也感谢柔印产业链的技术创新，进而促进了行业的进步和发展。

以下简单概括高线数柔性版 制版技术主要对三点进行控制。

（1）高分辨率输出，采用高分辨率的输出设备配合数字式柔性版制版，直接制版机的输出分辨率高达 4000dpi，突破了以往输出设备的限制。

（2）使用调频和调幅混合加网技术，制版技术的不断发展，又有 FULLHD、水晶网点推出，印刷效果和稳定性得到大幅提升，保障了里印复合软包装产品的生产。

（3）精准控制制版过程，控制好高光部位大网点和周围支撑小网点的大小，对高光区域网点的生成采用以"大网点为主， 较小网点环绕周围的办法"，小网点比大网点的高度略低一些，为大网点提供支撑，大网点则可以更多地承载来自网纹辊和承印物的冲击，从而保护小网点不受重压。

三、网纹辊造型

在柔印中，网纹辊是精确计量传墨辊，特别是高线数柔印对网纹辊的选用与控制更加严格。针对高线数薄膜印刷的网纹辊，其采用的陶瓷致密度、激光雕刻角度、雕刻能量、网墙宽度、网穴形状、网穴深浅、抛光光洁度等参数会对印刷品质量造成很大影响。

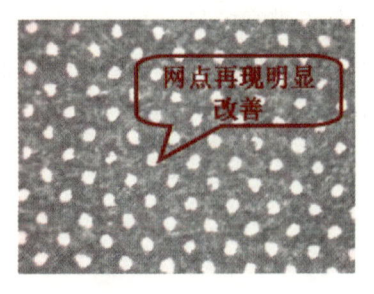

图 2 对比不同网纹辊表面的放大照片

不同供应商网纹辊使用一段时间后的对比如图2所示，A网纹辊易磨损、网穴堵塞，其表现的印刷缺陷是糊版严重，而作为对比的B网纹辊就完全没有类似现象。可见，网纹辊制作工艺和质量，对高线数柔印稳定性影响很大。

在相同印刷条件下，具体测试参数如表3所示，将网纹辊线数由800LPI升级为1000LPI，细小网点的传墨更加精确，网点增大得到很大改善，如表4所示。

表3　测试条件

项目	内容
印版线数	133LPI
油墨	蓝色表印油墨
贴版胶带	中偏软
溶剂配比	正丙醇+少量醋酸正丙酯
速度	300 m/min
版材	ESE45

表4　不同网纹辊对应的网点增大

	800LPI 网纹辊	1000LPI 网纹辊
实地密度	1.28	1.42
网点比例	印品实测网点比例	印品实测网点比例
1%	14%	7%
2%	15%	9%
3%	16%	11%
4%	20%	17%
5%	23%	20%
10%	32%	26%
20%	48%	45%
30%	53%	50%
40%	63%	55%
50%	73%	61%

四、无溶剂复合技术

无溶剂复合，就是 100% 固体含量的无溶剂胶黏剂，在无溶剂复合机上对底材和面材进行黏合的过程。无溶剂复合（Solvent Free Lamination）对比干式复合（Dry Lamination），具有能耗低、无毒、无排放、卫生、安全等优点，使得其快速在复合软包装材料上被广泛使用。

针对无溶剂复合与卫星式柔印的前后道工艺配合，我们通过对胶黏剂的选型和无溶剂复合工艺两个方面进行研究，达到同等凹印软包装的复合强度、外观、摩擦系数等关键指标要求，做到成本优化、效率更高。

使用同一品牌的醇溶油墨采用柔印方式印刷，其复合强度要比凹印稳定。通过研究发现，主要是薄膜残留溶剂中的 −OH 基团，会在复合时参与胶黏剂组分间的化学反应，影响了胶黏剂的组分配比而造成的；柔印溶剂使用量较少，溶剂残留量也会很低，所以其复合强度要比凹印稳定。

无溶剂复合工艺的研究，通过对无溶剂复合过程中复合基材厚薄均匀度控制技术、张力控制技术、胶黏剂涂布均匀度控制技术、收卷后处理方面关键技术的研究，从而达到生产绿色环保软包装材料的目的，并将无溶剂复合技术推广到更广泛的应用领域。

（一）胶黏剂选型的研究

在了解无溶剂胶黏剂设计理论、无溶剂胶黏剂黏合理论等基础上，进行了大量实验，重点解决无溶剂复合过程经常出现的涂布效果差、气泡、复合强度稳定性差、白斑、刀线、胶黏剂干燥不良等问题。无溶剂胶黏剂起源于德国，广泛推广使用在 20 世纪 90 年代，因其 100% 不使用溶剂、低能耗、低排放而在欧美国家迅速发展起来，截至目前已经历了三代的发展。

第一代无溶剂胶黏剂，单组分热涂胶黏剂，可分为聚醚和聚异氰酸酯两种，它是依靠空气中的水分和被涂覆薄膜附着的水与之反应而固化，水分的供给对固化非常关键，同时因固化时产生 CO_2 而容易出现气泡。单组分胶黏剂一般为 −NCO 封端的预聚体，依靠水分完成固化过程如图 3 所示。固化后的胶黏剂有弹性、耐老化、具有较好的复合强度。但由于其分子量低、耐热性较差（< 100°C），这类胶黏剂主要应用于纸塑材料的复合。

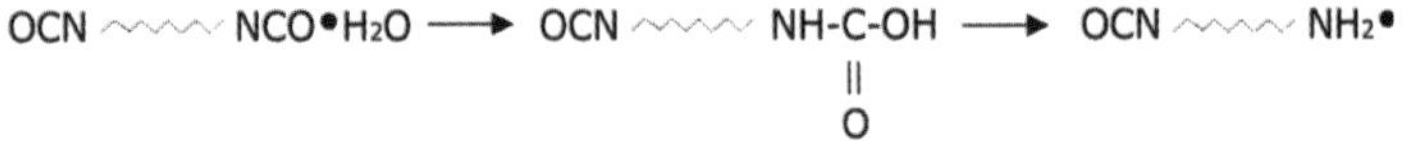

$$\text{OCN} \sim\sim\sim \text{NCO} \bullet \text{H}_2\text{O} \longrightarrow \text{OCN} \sim\sim\sim \text{NH-}\underset{\underset{\text{O}}{\|}}{\text{C}}\text{-OH} \longrightarrow \text{OCN} \sim\sim\sim \text{NH}_2 \bullet$$

图 3　第一代无溶剂胶黏剂固化过程图

第二代无溶剂胶黏剂，双组分聚氨酯胶黏剂，主剂和固化剂按比例均匀混合，通过加热控制黏度在合适范围，然后通过多辊涂布到承印物上后相互反应，形成大分子而达到交联固化。具体反应机理如图 4 所示。

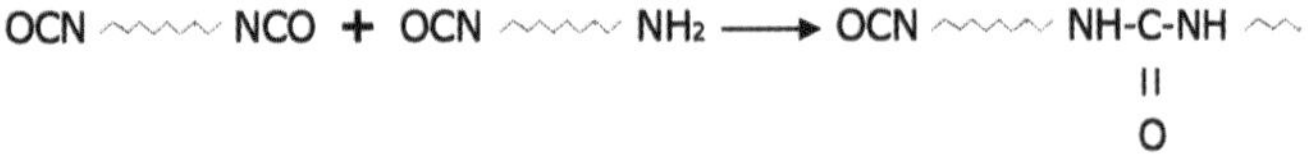

$$\text{OCN} \sim\sim\sim \text{NCO} + \text{OCN} \sim\sim\sim \text{NH}_2 \longrightarrow \text{OCN} \sim\sim\sim \text{NH-}\underset{\underset{\text{O}}{\|}}{\text{C}}\text{-NH} \sim\sim\sim$$

图 4　第二代无溶剂胶黏剂反应机理图

第三代无溶剂胶黏剂，双组分多元醇聚氨酯胶黏剂，采用了芳香族多元醇提高了耐高温性能，同时提高了胶黏剂的反应速度，具有初粘力高、操作温度低的特点，能够解决第二代胶黏剂对 BOPA、EVA 复合强度不良问题，同时阻隔性强的薄膜容易起褶皱或容易剥离的问题也得以解决。

（二）胶黏剂涂布基材技术研究

在软包装复合材料领域，用到的复合材料有 BOPP、BOPET、BOPA、M-BOPET、M-CPP、CPP、LDPE、铝箔、纸张等。通常我们在干式复合中是将拉伸过的薄膜作为载胶膜，柔性的薄膜在经过干式复合设备的烘箱时会发生变形。

但是，我们在无溶剂复合材料生产研究中进行了大胆的尝试，通过放卷张力锥度曲线的摸索、张力参数的设定、基材收卷纸管芯平整度等方面的控制，解决了纸张、流延聚丙烯等不能上胶的技术难题，在复合镀铝结构产品时有效地避免了因胶黏剂初黏力低而引起的起皱、隧道、铝层转移等普遍存在的问题。

（三）无溶剂复合工艺张力控制技术

在无溶剂复合工艺中，张力控制极为重要，必须非常精确。张力控制包括主放卷张力、涂胶后薄膜张力、副放卷张力、收卷张力、收卷锥度几个方面。一般来说，薄膜涂胶后的张力要略大于主放卷张力，收卷张力略大于放卷张力，收卷锥度控制在 25% 以内为好。针对不同材质的薄膜，复合过程中各部分张力大小也有所不同，甚至不同厂家生产的同一材质的薄膜，其张力也要略有不同。如 BOPA/PE 结构的复合薄膜，PE 膜的张力大致在 1.5N ~ 2.5N 之间，BOPA 膜的张力可以根据实际情况控制在 7N ~ 15N 之间。

（四）涂胶量控制关键技术

涂胶量是影响复合产品质量的关键因素，而涂胶间隙的控制在控制涂胶量中起着重要作用。

涂胶装置示意图见图 5，图中 1、2、4 为钢辊，可加热；2、3 辊速比可调整，以控制上胶量。开机前，等计量辊完全预热以后，调节固定辊和计量辊之间的距离，左右两边的距离应保持一致，以确保涂胶均匀。涂胶辊必须保持良好的光洁度，不能有异物存在。

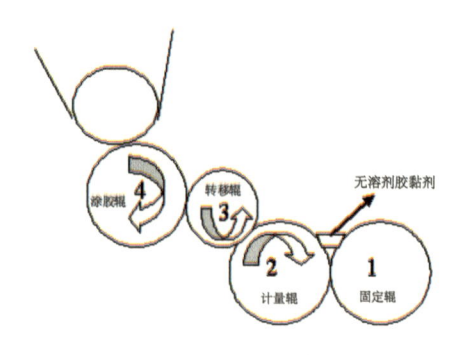

图 5　涂胶装置示意图

涂胶量的大小可根据产品要求而定，并用 0.6mm、0.8mm、1mm 厚的钢尺进行调整。一般情况下，复合无印刷图案的薄膜时，涂胶量可以控制在 0.8 ~ 1.6g/m^2；有印刷图案的薄膜，可以根据印刷面积的大小将涂胶量控制在 1.5 ~ 3.0g/m^2。需要注意的是，由于不同种类的油墨所用的树脂和颜料不同，所以需要的涂胶量也不同。

五、低碳清洁生产技术的研究

为解决 VOCs 所造成的环境污染，近些年业内不断论证，寻找可行性方案，许多公司就回收、处理等投入巨额资金。柔印由于溶剂使用量低，干燥排风量明显小于凹印，采用 RTO 等废气处理装置，完全可以达标排放。

在未来，卫星式柔印完全可以使用水性油墨印刷薄膜。我们经过多轮测试，成功进行了批量订单的复合软包装生产，各项指标均达到要求，并且产品交付客户使用，在异味测试、物理指标、印刷色差饱和度、高速印刷 300m/min、高光转移等方面都达到较好的效果，但是因进口水性油墨价格高企和交货周期原因，没有广泛应用于大批量生产。

本文重点讨论如何实现柔印复合软包装进行的各项努力，对溶剂回收技术、RTO 处理技术和废水回收处理技术不再赘述。相信各位读者见过太多的介绍，但是回收率和回收后使用方式、运营成本、成本优化程度等将在后续文章中进行深入探讨。

六、结束语

综上所述，研发卫星式柔印和无溶剂复合生产软包装材料，近些年取得一些成绩；但是还有诸多问题未得到验证和解决，技术道路任重而道远，需要大家共同关注和努力；同样，本技术路线因其卫生、环保、高效、低成本等特点，将会被客户和社会更广泛地接受。

（发表于《CI FLEXO TECH》2018 年 6 月刊〔总第 6 期〕）

油墨管理提升竞争力

唐海生

一、前言

由于一直从事油墨的销售和技术服务工作，大部分时间都是在与客户讨论产品和成本，近些年来，随着人工成本及印刷机速度的提高，单位时间的产出就变得越来越重要，客户能够接受的停机时间越来越短。

通过对停机原因的分析，笔者发现与油墨有关的停机占了很大一部分，这些因素包括：油墨不能及时到位、打样时油墨上机调整时间太长、重复订单油墨颜色不一致等。

另外，随着报废油墨（危险废弃物）处理的管理越来越严格，减少报废油墨的数量也成了印刷厂急需解决的课题。

笔者在与客户分析和解决这些问题的过程中，发现建立配色中心的同时，结合进行油墨管理可以有效地帮助印刷厂解决这些问题。所以笔者想借此整理一下公司在配色中心建立、运作及油墨管理方面的一些经验，并与大家分享，希望能对印刷厂有所帮助。

二、配色中心的建立与运作

配色中心的作用是使用基色油墨数据建立所需颜色的油墨配方，并按时按量地生产出所需专色油墨给机台使用。

配色中心由操作人员、软硬件设备及摆放这些设备的场地构成，如图1所示。

（一）操作人员职责

配色中心需要一位操作配色软硬件设备并进行配色的操作人员，其主要工

图 1　配色中心构成

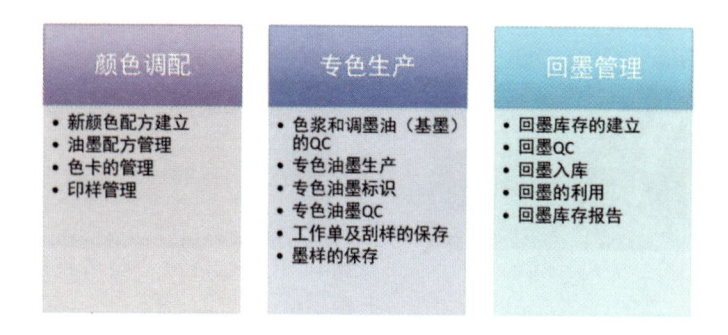

图 2　配色中心操作人员工作职责

作职责如图 2 所示。由于油墨配色不是常见工种，可以由油墨公司驻厂或油墨公司协助培训来解决。当然，根据印刷厂的排班及配色工作量的多少，配色中心需要的操作人员数量也要相应地进行调整。通常，每个印刷班次需要配备一名配色中心操作人员。

（二）硬件设备

尽管很多印刷厂有专门的配色人员进行手工配色，但由于配色设备配置不完善，导致很多专色需要进行上机验证，造成开机时间的大量浪费，同时也造成了印刷材料的浪费。

所以，一个高效的配色中心还需要一定硬件设备的投入。这些硬件设备包括：打稿设备也称打稿器、油墨混合设备、油墨检测设备（黏度杯、pH 计、色差仪等）。

1. 打稿设备

打稿设备是调配专色油墨时，用于验证颜色是否准确。打稿设备与印刷设备的匹配度越高，专色油墨上机印刷的准确性也越高。

打稿设备多种多样，根据不同的要求，投资金额也相差很大。比如常见的手持式打稿器仅1500元／个，如图3所示。好处是方便携带、易于清洗、投资小；但其仅配备最高300LPI的金属网纹辊并且不带刮刀，很难模拟高要求的印刷效果。英国的RKFLX100小型柔版模拟打样机，如图4所示，最高可配备1000LPI的网纹辊，配合恰当的印版及适合的印刷速度，基本可以模拟柔印机的实际印刷效果，但投资要10万元以上。

图3　手持式打稿器　　　　图4　RKFLX100小型柔版模拟打样机

2．油墨混合设备

油墨混合设备是根据专色配方用来生产油墨的设备，通常指的就是自动配墨机，如图5所示。自动配墨机与基色油墨桶（一般使用200L钢桶，区别于与普通油墨使用的20L小桶）通过管道连接；根据软件中设置的油墨配比，按所需专色油墨数量自动完成生产。配墨机的投资也根据供应商差异、配色速度的不同等投资金额从十几万元到几十万元不等。

图5　自动配墨机

3. 油墨检测设备

自动配墨机生产好的油墨能否满足上机印刷的要求，在上机前的质量检测格外重要，通常需要对色相、黏度、pH 值进行检测，避免上机后再调整，造成时间和材料的浪费。

（三）ERP 软件和配色软件

随着目前印刷企业数据化管理的深入，配色中心也引入了数据化操作软件，比如安装配色软件，使用油墨公司提供的颜色基础数据库，通过分光密度计读取标样颜色数据，自动生成专色配方，帮助提高配色效率，并管理专色油墨配色成本。

有些印刷企业直接把配色软件与企业 ERP 联系在一起，配色中心可以直接读取 ERP 技术单成熟配方、印刷条件（如网纹辊参数）进行配色，并根据 ERP 订单量自动计算油墨需求量；也可以把配色中心生成的新专色配方反馈给 ERP 技术单，便于订单成本管理；更方便采购人员实时了解油墨库存，防止断货的发生。

（四）场地要求

一个包含打稿设备、自动配墨机、油墨检测设备，并配置老油墨（又称回墨）放置区域的配墨间，大约需要 80 m^2 的场地。

配墨间需要通水（使用水性油墨时）、通电、通气。如果是溶剂型油墨配墨间，还须符合防爆要求。

按最新的法规要求，配墨间需要配备 VOCs 收集及处理装置，一般可纳入印刷车间 VOCs 收集系统一起处理。

建议在规划配色中心场地时，可以邀请自动配墨机供应商协助完成配墨间的设计。

（五）配色中心的工作流程

把进厂检测合格的基色油墨装载到自动配墨机对应接口上备用，在操作电脑中输入油墨批号、装载重量及保质期。

接到一个配色任务后，通常需要三个步骤。

1. 准备

配色前准备在确认颜色标准后，需要根据印刷工艺要求挑选合适的油墨体系（这种情况一般发生在多个体系共用一套配色中心时），这些工艺要求包括：承印物、里表印、油墨耐性要求（耐磨、耐晒、耐脱色等）、印刷品后加工要求（打印、复合、热封等），同时确认与其匹配的展色网纹辊。

配色前准备：输入需要生产的专色的编号、名称及配方。

2．配色

通常配色方法有两种，一种是依赖操作人员经验进行手工配色，另外一种是根据配色软件给出的推荐油墨配方完成配色（配色软件内需要预先安装所使用的油墨基础数据库），本文主要讨论如何数据化地管理油墨，所以下面介绍如何使用配色软件进行配色。

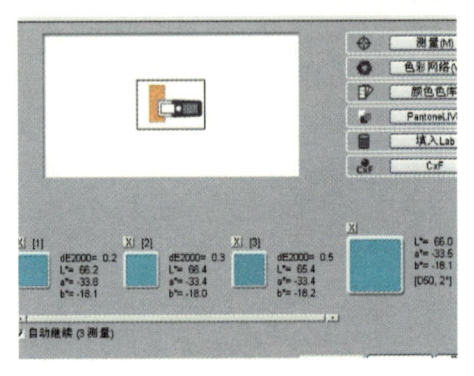

图 6　测试样标

（1）读取目标颜色数据。使用分光密度计读取标准颜色数据（通常是样品、色卡等），连续测试三次，系统会自动计算平均值作为目标颜色数据，如图 6 所示。

（2）读取承印物的颜色数据。使用分光密度计在承印物的不同位置连续测量三次，系统自动计算平均值作为承印物的颜色标准，如图 7 所示。

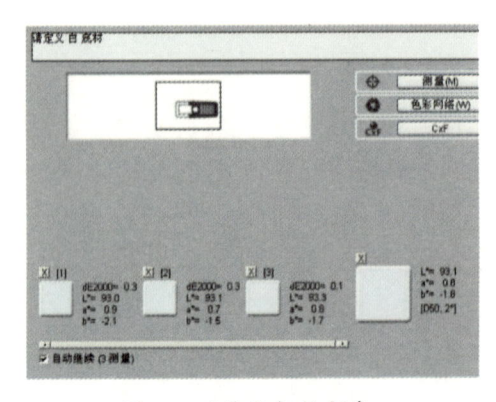

图 7　测量承印物颜色

（3）配方筛选。配色软件会根据测试数据及材料粗糙度、墨层厚度等其他输入条件，推荐几个配方供选择，这些配方可以按照与标准样的色差大小或者配方成本的高低排序，如图8所示。

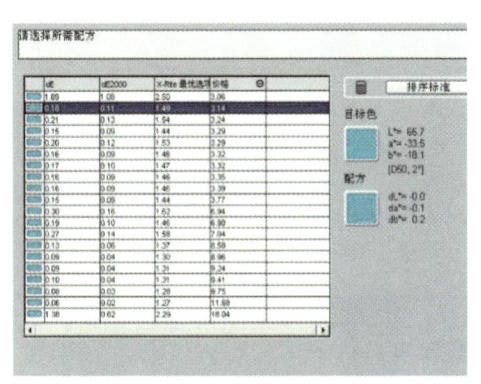

图 8　配方筛选

（4）配方调整。根据配方手工配置专色油墨小样，配色后选择与机台印刷相匹配的网纹辊，使用打稿器进行打稿，使用分光密度计测量展色稿，如图9所示。若是色差超出设定要求，配色软件会给出修正配方，并给出需要添加的基色及添加量。

按配色软件的建议调整油墨小样，再次打稿并测量，直至色差达到要求。保存该配方，新专色的配方建立就完成了。通常平均通过三次调整，配方即可满足要求。当配方中需要使用白墨或者承印物颜色与数据库基材数据差距较大时，配色软件提供的配方误差会比较大，需要人工进行干预。

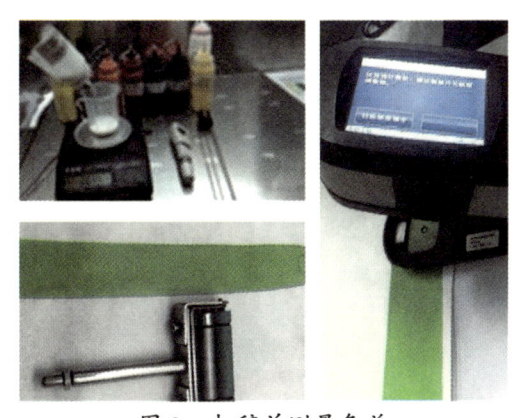

图 9　打稿并测量色差

（5）保存专色命名该专色，把专色信息传递并保存到自动配墨机电脑中。考虑到有些专色在多个印刷品上用，所以不建议专色名称使用印品的名称，建议使用油墨色相描述，以便辨识。

3．专色油墨生产

配方建立后，就进入到自动配墨机的配墨流程。

自动配墨机根据从配色软件输入的专色配方、生产重量要求，通过软件控制的与各基色油墨桶相连的循环泵，按量抽取相应颜色的油墨，并完成专色油墨的配置，如图10所示。

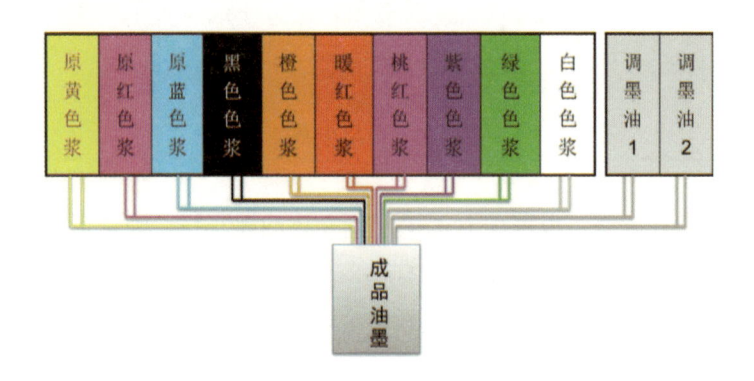

图10　自动配墨机工作原理

生产后的油墨通过搅拌、检验合格后，打印并贴上标签，标签示意如图11；存放到相应的区域或送到机台用于印刷。

图11　油墨标签

用于食品包装的油墨，通常最终客户有追溯性要求，所以在专色生产前需要在配墨机系统中建立一个印刷品信息与专色信息对应的文件，把专色编号、印刷品名称及批号、机台号对应起来，我们称之为订单设计。订单设计好后，在自动配墨机中输入印品编号或批号，系统会根据订单设计自动匹配所需专色，输入每个颜色所需重量，然后生产。

4. 回墨管理

印刷完成后剩余的油墨，又称之为回墨，检测合格、密封包装后运回配色中心，使用自动配墨机配备的条码扫描枪扫描标签上的条码，输入回墨重量，配墨机软件会保存相应的信息。

在以后生产油墨时，配墨机软件会自动推荐你使用库存中的回墨改色生产新的专色油墨。

（六）配色中心的优势

根据与众多客户的合作经验，配色中心给印刷企业带来如下好处：

直接采购基墨（或色浆）和调墨油代替专色，大大地减少油墨采购的品种和频率，避免因专色油墨采购不足造成的停机事故；

按需生产，即需即得，既保证了供应同时又减少了专色库存；

自己调配专色，更容易实现回墨循环利用；

模拟的打样设备，保证了配色中心配色的准确性，减少了打样次数及上机油墨调整次数；

系统的配方记录，保证了配方的高度一致性；

回墨配方、库存量、库存位置、批号、生产日期均有记录；

新颜色生产时，回墨使用提醒（回墨 + 新鲜墨 = 所需配方）。

（七）配色中心小结

通常一个配置完整的配色中心软硬件投资大约 40 万元左右，这样的投资能带来的回报有多少呢？结果还真是千差万别，有的公司投资后基本没有使用，有的公司使用后没发现回报很多，有的公司很快就收回了投资。分析下来，这与油墨管理有着密切的关系。

三、油墨管理

油墨管理的目的是通过加强油墨管理水平，从减少油墨及承印物的消耗、降低呆滞及报废油墨的数量、提高印刷工序生产效率三个方面来帮助印刷企业降低成本，从而提高其盈利能力，如图12所示。

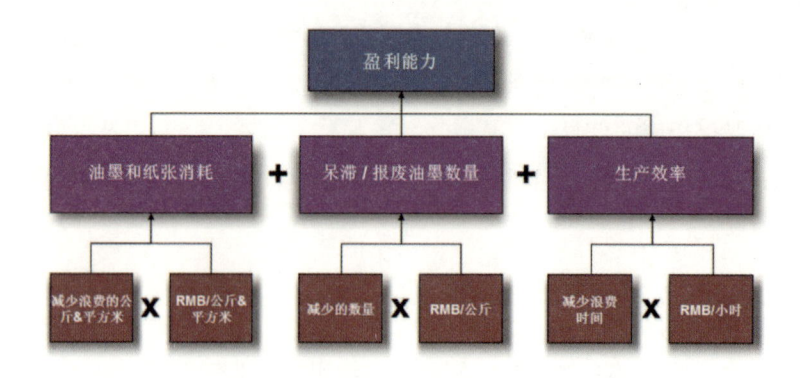

图 12　油墨管理

（一）降低油墨和纸张的消耗

在新产品打样时，甚至是重复订单生产时，很多印刷厂由于上机油墨颜色反复调整，造成印刷机开开停停，油墨、纸张的损耗令人头疼；特别是在生产旺季，不但因为效率低成本偏高，严重的时候按期交货都是问题，这让印刷企业失去竞争力。其实，如果具备完整的配色中心及油墨管理能力的印刷企业完全可以避免这样的情况发生。

在实际与客户的合作过程中，由于客户的条件各种各样，调色时间和次数要求也各不相同。在配色中心配备完善、印刷机台工艺固定的情况下，目前我们有些客户已经做到上机油墨一次调整好。

上机油墨颜色不准确，需要反复调整的原因，主要是配色中心的打稿条件没有与印刷机匹配。那么如何做到配色中心生产的油墨在第一次上机印刷就被确认呢？

1. 打稿器网纹辊匹配

对于新的颜色，首先要了解印刷条件，包括标准颜色样、承印材料、上墨量。柔印最大的特点是可通过调整网纹辊的线数、上墨量来控制印版上的油墨转移量，油墨转移量的变化直接影响了印刷品的颜色。所以配色中心打稿的上墨量与印刷机实际上墨量的匹配至关重要。

通常，配色中心打稿器配备的网纹辊规格远低于印刷现场的网纹辊规格，对于网纹辊线数不同的情况，可以使用与其线数接近的网纹辊，然后往配色墨样中添加不同比例的冲淡剂或稀释剂来进行模拟。

通过配色中心打稿和实际印刷效果对比，把印刷现场网纹辊的实际上墨量与配色中心打稿器选用的网纹辊上墨量做到一一对应，形成对应文件，如表1所示，指导配色人员按匹配方案进行配色。

表1 网纹辊上墨量匹配方案模板

配色中心网纹辊	印刷现场网纹辊	匹配方案
300	200	增加冲淡剂 10%
	250	增加冲淡剂 6%
	300	=
	350	减少冲淡剂 5%
500	400	增加冲淡剂 10%
	450	增加冲淡剂 6%
	500	=
	550	减少冲淡剂 5%
700	600	增加冲淡剂 10%
	650	增加冲淡剂 6%
	700	=
	750	减少冲淡剂 5%
900	800	增加冲淡剂 10%
	850	增加冲淡剂 6%
	900	=

匹配方案的建立，需要大量的匹配测试，这个过程需要得到印刷厂的大力支持。在匹配过程中需要注意打稿与印刷的油墨黏度保持一致。

另外，在实际生产中，网纹辊堵塞或磨损后会影响其上墨量，在对网纹辊进行深度清洗后，需要根据其变化后的墨量重新进行匹配，一般配色中心每6个月就需要重新进行一次这项匹配的工作。

2. 油墨上机前的质量检测

造成上机油墨颜色需要调整的另外一个原因是，专色油墨上机前没有经过质量检测。很多时候，配色人员认为配方没有变化，配出的专色油墨就应该没问题。实际上，由于基色油墨的色差（即使是基色油墨进厂检测合格，也会存在一定的色差）、配色环节的误差，使得每次生产相同配方的专色油墨也一定会存在色差。所以，对配色中心生产的每批专色油墨进行色相、黏度检测，可以避免色差过大的专色油墨送到机台。

保证了批次间油墨上机前颜色的准确性，还可以帮助我们及时发现其他原因造成的颜色不准确，比如网纹辊堵塞、双面胶使用不当等造成的色差。

（二）提高印刷工序生产效率

除了通过降低上机调色次数来减少停机时间、提高生产效率外，油墨的管理还可以从以下几个方面来提高生产效率。

印刷现场油墨的黏度、pH值及时调整，保证上机油墨有稳定的印刷适性；

根据生产计划，提前准备好油墨；

保证现场油墨数量，避免油墨不够造成的停机；

及时了解生产计划和生产工艺变动，提前调整油墨，避免上机油墨与计划和工艺不匹配。

（三）油墨管理案例分析

在实际工作中，通过上述管理措施帮助客户降低成本改善效率的案例很多，比如笔者在2017年就帮助一家客户通过改善调色次数，带来了几十万元的成本节约。

这家客户安装有一台印刷纸杯的卫星式柔印机，配色中心安装有自动配墨机和手动打稿器，配色中心有两名工作人员。

如表2所示，客户年订单数1320个，其中常用订单1180个，新订单140个，常用订单需要调配颜色的次数平均为3.5次，新订单平均调色次数为5次。按每个订单仅有一个颜色需要调整计算，全年调色次数为4830次。通过现场跟踪，测算出每次上机调色的平均时间为15min，调色走纸平均60m约14kg。

表2 客户案例

项目	2016年	改善目标	节省	备注
订单数量（个）	1320	1320	—	1320个（常用订单：1180个，印刷新订单：140个）
调色次数（次）	4830	2850	1980	常用订单调色次数3.5次降至0~2次，新订单调色次数5次降至3.5次
调色所用时间(小时)	1207.5	712.5	495	调色时间平均15min
调色纸张浪费（kg）	67620	39900	27720	调色所需纸张60m约14kg
成本（元）	2125200	1254000	871200	每小时生产成本1200元，纸张10元每千克

1. 改善分析

（1）客户在实际操作过程中，没有进行配色中心与印刷机台的网纹辊匹配，导致配色中心调配的颜色不能模拟实际印刷效果，造成新专色油墨上机颜色不准。

（2）印刷机台网纹辊磨损造成上墨量变化，自动配墨机系统内的专色配方没有及时修正，造成重复订单专色油墨上机不准。

（3）自动配墨机生产的油墨没有检测，直接上机使用，专色油墨批次色差在上机前没有及时发现，造成上机专色油墨上机颜色不准。

2. 改善方案

（1）更新配色中心打稿设备，购买配有陶瓷网纹辊和刮刀的手持打稿器，如图 13 所示。

图 13　配有陶瓷网纹辊和刮刀的手持打稿器

（2）通过测试，收集印刷机台网纹辊上墨量数据并与配色中心打稿器的网纹辊匹配。

（3）制定配色中心操作流程，重点要求油墨上机前进行检测，并保留墨样和刮样，便于检查和管理。

（4）帮助客户制定现场管理文件：上墨量匹配指导书、配色中心操作规范流程、油墨检测记录卡等。

3. 改善目标

通过以上改善方案，预期常用订单调色次数从 3.5 次下降到 0～2 次，新颜色调色次数从 5 次下降到 3.5 次。

4. 成本节省

按印刷厂每小时生产成本1200元，纸张1万元／吨计算，达到年度改善目标将会给客户带来八十多万元的成本节约。

（四）降低呆滞及报废油墨的数量

目前很多企业越来越重视回墨的管理，不仅是因为回墨占用了流动资金，更是因为随着环保政策的收紧，超期的回墨报废时需按照危险废弃物（简称危废）来进行处理，不但处理成本超高，而且往往拿不到当地环保部门的危废处理指标。降低呆滞及报废油墨数量主要可以从以下三个方面着手。

1. 控制配墨量

当调配油墨量大于生产所需时，就会造成回墨量增加。这就要求配色中心在配色前要了解印刷品生产数量，并能准确地预估印刷所需油墨的数量。一般可以根据下面的计算公式预估所需油墨数量。

新订单，有如下三种预估方法。

（1）根据印刷面积和网纹辊上墨量计算油墨用量，以软包装为例：订单面积（㎡）× 每色图案占百分比 × 网纹辊上墨量（g/㎡）或（BCM×1.55）/1000×50%（网穴转移比例，与网纹辊网穴形状及承印物有关）×60%（与稀释比相关的参数）。

（2）根据类似订单油墨消耗量计算油墨用量。

（3）印刷面积小或者打样订单，按最小上机量生产油墨。

重复订单，可以按照上次订单实际油墨用量来安排生产油墨。在实际生产过程中，配色中心人员要记录每个订单的油墨用量，作为重复订单生产时的参考。

根据以上原则，目前最好的结果是我们可以帮助客户做到，平均回墨数量不超过最小上机量2kg。

2. 回墨及时利用

回墨管理的原则就是及时利用。不同的工厂方法有所不同，在这里分享一下使用配墨机利用回墨的方案。

（1）回墨库存管理

所有回墨都要有库存管理机制，使用配墨机生产的油墨，在使用后退回到配色中心，需要检测、称量后输入配墨机回墨库存管理系统。

在实际印刷换单时，由于不经意地将清洗溶剂或水过多地回流到剩余油墨中，造成回墨黏度过低而报废。通常，回墨入库前配色中心人员要对回墨黏度进行检测。

配色机生产的油墨都有相应的标签标识，标签上的条形码记录了专色的信息，回墨退到配色中心后，配色中心的操作人员可以通过扫描标签上的条码，将回墨自动存储到系统中的回墨库。

（2）回墨改色

当有新的专色需要生产时，首先选择使用回墨改色方案，自动配墨机会推荐使用回墨库中油墨改色生产新的专色。在回墨改色中，配色中心的操作人员要对回墨色相、耐性等有足够的了解。

当遇到用量较大的专色时，也可以通过人工改色的方法，将多个类似色相、耐性的回墨混合，调配新的专色。很多时候，这种方案可以帮助我们大批量地消耗回墨。这时要切记在配墨机系统补录相关回墨信息，从而做到配色中心的所有油墨与系统记录一致。

在极端案例中，也有把多个回墨混合后调整成黑色使用，方法与上述基本一致。

3．回墨利用效果评估

需要对回墨利用的效果进行评估，以便相关管理人员了解回墨管理是否达到期望要求。这就要求每月整理油墨管理报告，报告中至少要包括油墨用量、回墨消耗量、回墨库存。如表3、表4分别是大订单为主和小订单为主的两家印刷厂2018年上半年的回墨管理报告。通过报告，管理层可以清晰地了解油墨使用的数据，便于监督和调整管理策略。

表3 某印刷厂（大订单为主）回墨管理报表

单位：kg

	2018.1	2018.2	2018.3	2018.4	2018.5	2018.6
销售总用量	16397.5	16640	14880	14548	12190	14740
回墨消耗量	2121.4	2329.1	2121.2	2201.3	2229.8	2345.3
回墨库存	480.5	492.5	435.2	428.6	311.7	395.7
月订单数(个)	173	175	158	162	139	158

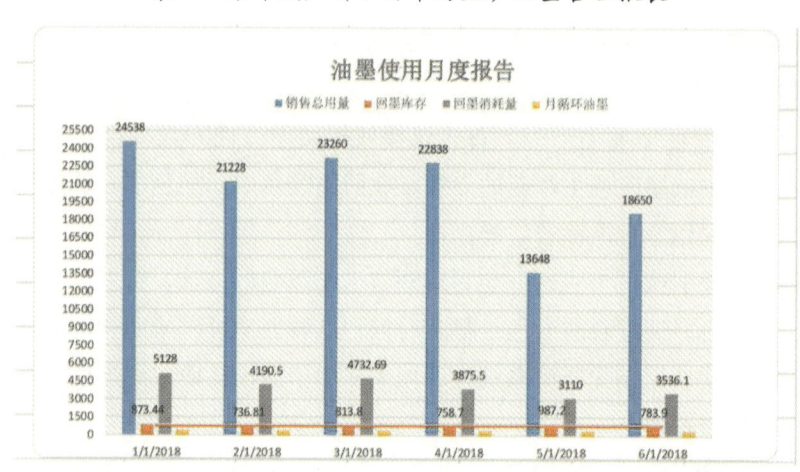

表4　某印刷厂（小订单为主）回墨管理报表

油墨使用月度报告

单位：kg

	2018.1	2018.2	2018.3	2018.4	2018.5	2018.6
销售总用量	24538	21228	23260	22838	13648	18650
回墨消耗量	5128	4190.5	4732.69	3875.5	3110	3536.1
回墨库存	873.44	736.81	813.8	758.7	987.2	783.9
月订单数(个)	465	433	435	423	475	453

4．总结回墨使用的原则

（1）准确测算油墨消耗量，设立每色回墨上限，减少回墨数量。

（2）生产油墨时首先要考虑使用回墨。

（3）定期把一些使用频率少的回墨调配成相近色相的、使用量大的专色墨或黑墨，加快这类回墨的使用。

（4）在使用回墨生产大桶油墨时，回墨必须过滤。

（5）每周从回墨数据库中查看回墨库存状况。

（6）回墨入库时间在3个月内的可正常使用，4～6个月的则必须尽快使用，或转化成专色或混合黑使用，超过1年的申请报废。

（7）每月至少一次清理回墨库存状况，实物与系统里的数据核对，以实际为准。

（8）对于回墨的使用情况，应该在月度油墨管理报告中显示出来。

遵守这样的管理原则，我们帮助一个油墨月使用量十几吨的印刷厂，把回墨的库存控制在500kg以内，而且可以做到没有油墨报废。这就是油墨管理带来的好处，它可以大量地减少印刷厂回墨的库存，减少印刷厂的资金占用，从而提高盈利水平。

另外，我们也遇到一些客户，前期没有对回墨进行严格有效的管理，造成大批量的呆滞回墨。遇到这样的情况，我们建议首先要对回墨进行评估，评估的原则如下：

（1）回墨是否在有效期内？如超出则申请报废（通常油墨有效期 1 年）。

（2）是否有异味？如有，申请报废。

（3）回墨是否有固体沉淀？如有，申请报废。

（4）检测回墨流动性（黏度过高或过低，刮样明显变浅或不均匀），如异常，申请报废。

（5）回墨有杂质或气泡，则要先过滤，去泡后再使用。

（五）油墨追溯性

油墨的管理，除了能够帮助印刷企业提高盈利水平，还能从其他方面给企业带来竞争力，比如产品信息的可追溯性。所谓的追溯是指，当某个批次的某个产品出现严重质量问题时，具备完善的配色中心和油墨管理方案的印刷企业，可以在很短的时间里，通过配色中心的订单设计，准确地查找出问题批次使用的所有专色批号及这些专色配方中基色的批号，就可以及时地冻结配色中心现场这些相关的油墨；并可查找其他使用相同油墨的产品和半成品，及时冻结或召回这些半成品和成品，避免风险扩大，这对于食品、药品包装印刷企业，也是提升竞争力的一个方面。目前比较严格的客户，要求在质量事故投诉后 3 个小时内冻结所有相关的原材料，如果具备以上条件和操作规范的印刷厂就可以满足要求。

四、结束语

印刷厂的条件各种各样，以上与大家分享的有关配色中心及油墨管理的一些内容，基于个人的视角，肯定有一定的片面性，不一定适用于所有的印刷厂。

我也相信，还有很多没有配色中心的印刷企业通过不同的专色管理方法，也运行得很好。即使是我在与客户的实际合作过程中，这些方案和原则也不是全部有效，但我分享这些内容的目的，是想让大家能够了解到我们在配色中心和油墨管理方面的一些好的经验和实际效果。

同时，配色中心的建立、运行，油墨管理的有效进行，还需要很多指导性的文件，比如配色中心操作人员工作职责、油墨生产作业指导书、回墨管理作业指导书、印刷跟踪作业指导书、机台油墨监控记录表等，也期待有机会与感兴趣的朋友一起分享和探讨。

（发表于《CI FLEXO TECH》2018年12月刊〔总第9期〕）

柔印污泥减量化处理研究

顾萍 龚云 田全慧

绿色柔印，引领未来。柔性版印刷是国内外公认的环保印刷方式，现已广泛应用于各类印刷产品中。但是近年来随着环保压力逐步增加，水墨柔印产生的废料，给企业带来了极大的难题。

目前国内外对于这一难题没有行之有效的处理方式，基本都是采取转移处理。具体处理方式是试剂沉淀法，一部分废水经过成熟的水处理工艺而排出，另一部分通过加入混凝剂和絮凝剂，使其中的树脂、颜料、添加剂等沉淀转为污泥。水墨柔印废物处理的难题，不仅给企业增加经济负担，且随着环保要求的日益增加，沉淀法所带来的污泥问题也日益凸显，亟须解决。

一、污泥的理化分析

图1是当前企业对污泥的处理流程图，处理思路是水渣分离，废水经过成熟的水处理工艺处理后排污，另一部分经过絮凝沉淀到沉淀池后经过简单的压榨，并排出表面水分后分装做

图 1　当前企业对污泥的处理流程图

危废/固废处理。污泥看上去干燥成块,但实际含水率在85%以上。随着人工费、固废处置费等相关成本的节节攀升,污泥处理问题困扰着许多柔印企业。

对污泥进行工业分析,干污泥中挥发成分占60%,意味着干污泥中有机成分达到60%,属高热值燃料。从下表中可以看出,油墨污泥60%的有机成分中,主要的无机物元素是C、H、O,其中也含有N、S等污染元素但含量较低,主要和水墨油墨的组分有关,是其中不可缺少的组成元素。

表　油墨污泥元素分析结果

元素分析					HHV
N（wt%）	C（wt%）	H（wt%）	S（wt%）	O*（wt%）	MJ/kg, d
1.17	40.78	5.263	0.593	18.844	17.77

采用差减法: O%=100%-C-H-N-S-ash

为了研究污泥的干化/半干化,对污泥进行热重、失重分析。图2为干油墨污泥在氮气中以20℃/min升温速率的TGA和DTG曲线。可以看出油墨污泥的热解分为三个阶段:第一阶段为干燥阶段,发生在40~160℃,该阶段失重量约2%;第二阶段为挥发阶段,发生在160~550℃,该阶段反应最活跃,失重量约58%,在445℃时失重速率最快,达到9.5%;第三阶段为残留有机物继续分解和矿物质分解阶段,发生在550~950℃,失重量约8%,在高温下失重较少。热重、失重分析实验结果从另一方面说明,污泥似泥而非泥,水墨污泥

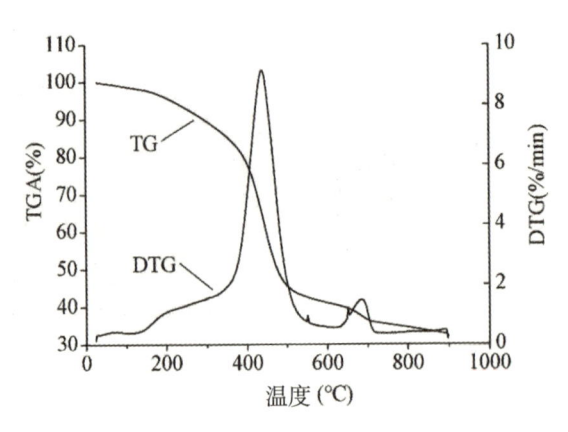

图2　20℃/min升温速率下的油墨污泥TGA和DTG曲线

的主成分是树脂，有机物成分多，高温会分解和大幅变形，无法作为陶瓷工艺品的原材料。

污泥热解相关实验表明，随着温度上升，水墨污泥热解成分中一氧化碳（CO）、甲烷、氢气、烃（C_mH_m）的含量逐渐增多，通俗来说就是随温度升高，污泥中燃料越来越多。另一方面，从800℃燃烧后残渣成分的无机成分物相分析结果来看，主要包含一些碳酸钙、氧化硅、氧化钛等，也就是灰分。因此可认为热解技术是一种低成本的油墨污泥减量化、无害化、稳定化和资源化的有效途径。研究设计的水墨污泥热解流程图如图3所示。

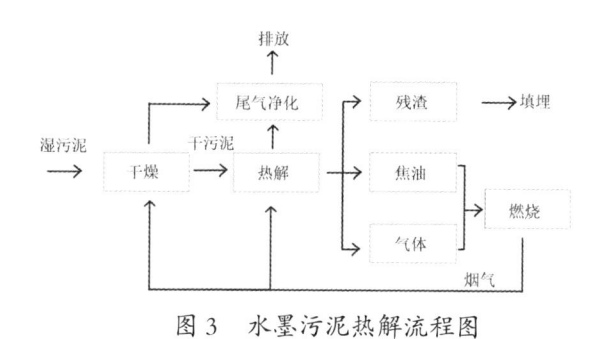

图3　水墨污泥热解流程图

二、污泥减量化处理方案

污泥的理化分析结果，说明油墨污泥具有高燃值的特性，热解技术是一种低成本的油墨污泥减量化、无害化、稳定化和资源化有效途径。方案设计了水墨污泥热解流程图，通过污泥热解能量平衡进行计算发现，含水率65%的污泥干燥、热解的能量需求完全不需要外部供给。但是这个方案的实施前提是污泥量比较大，然而在实际生产中，热解机器开机就需要很大的能量，如果污泥量不够多，产生的热解油不够大，不足以抵消开机能耗。此方案适合污泥量较多的企业，目前柔印企业多数为中小企业，达不到日产1吨的污泥量。因此水墨污泥的解决方案主要为以下几种。

第一，利用水墨污泥高热值特点，进行资源化处理，这种方案需要污泥量比较多，需要把污泥进行统一回收后集中进行热解处理。目前印刷企业比较分散，没有集中的园区，未来的印刷工业园区，可以采用这种集中资源化处理的方式。

第二，针对目前柔印企业比较分散的状态，没有一家集中回收污泥的公司，只能依靠企业自行解决，那么干化、半干化的减量处理是一种折中的处理方式。

在其他行业，如市政污泥、电厂污泥、化工污泥等，污泥干化、半干化已经有相对成熟的处理方案可以借鉴。目前污泥干化、半干化的解决思路（如图4），是污泥经过初步脱水和深度脱水工序，最终达到40%～50%的含水率。初步脱水主要是经过离心机、叠螺机、压滤机等进行初步脱水工序；然后进入深度脱水工序，其中可以加入成型工艺，主要是增大污泥的比表面积，节约脱水时间和能耗。深度脱水工序主要使用干燥机，目前的干燥机种类很多，原理不同，能耗不同，可以根据污泥的产量按需选择。

第三，废墨回收循环制作黑墨，此法节约成本，循环使用，符合当下的环保主题。该研究正处于实验阶段，回收柔印污泥经过沉淀分离再生所得到的再生

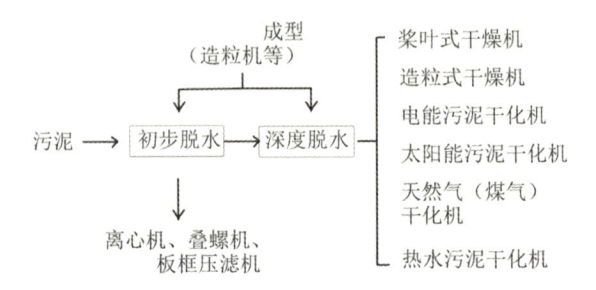

图4　污泥的干化/半干化解决思路

墨，各项指标和标样水墨指标基本相似，目前印刷品已经过SGS检测，印刷品质肉眼无差别。废墨回收需要建立配套管理和标准体系，期待未来能像再生纸一样得到政府和市场的认可。

第四，污泥源头减量也是污泥减量的一种方法。在废水处理的源头，通过添加一些吸附、催化材料，将水墨废水进行预处理，从而减少后期试剂的用量。此法正处于企业研究阶段。

三、小　结

绿色印刷，水墨先行。水墨柔印废料问题困扰着很多企业，目前各企业正在根据自身需求探索解决之道。此问题的解决需要政府、高校、企业三方联合，集思广益，共同探索出水墨污泥的标准解决方案后进行推广，造福行业，从而推动绿色印刷。

（发表于《印刷杂志》2018年第12期）

基于知识图谱的柔性版印刷技术应用专利数据挖掘

宗利永

对近年来柔印行业的技术研发热点进行分析，有助于梳理出该行业的发展路径与技术演化规律。本研究以德温特专利数据库（Derwent Innovations Index，简称DII）收录的柔性版印刷技术相关专利为数据源，借助信息可视化工具对所采集的专利数据进行计量和可视化分析，基于专利知识图谱分析，对柔印领域的技术热点、前沿进行识别，对其发展趋势进行分析与展望。

一、研究方法及数据来源

1. 研究方法

CiteSpace主要用于基于知识图谱的研究前沿与研究热点分析、关键词共词网络分析、科学知识图谱与引文分析学、科学知识图谱与引文分析学、共被引网络的聚类分析、知识计量与专利分析、技术测度研究等。借助CiteSpace研究者可以通过对相关领域的专利情报分析出相关科技领域的发展动态与趋势。本研究使用该工具对柔性版印刷相关技术领域的专利数据进行计量和可视化分析。

2. 数据来源

本研究数据来源于德温特专利数据库，该数据库信息来源于全球40多个专利机构，详细记载了两千多万条专利信息。每条记录除了包含相关的同族专利信息，还包括由各个行业的技术专家进行重新编写的专利信息，如描述性的标题和摘要、新颖性、技术关键等。还可查找专利引用情况，建立专利与相关文献之间的链接。因此，使用德温特专利数据库作为数据源，能够保证分析的合理性和数据的充分性。

为了增强搜索专利数据的完整性，在德温特专利数据库中，以柔性版印刷相关英文术语("flexography"OR" flexoprinting" OR" flexo-printing" OR" flexo printing" OR" flexoprinter" OR" flexo-printer" OR" flexo printer" OR" flexographic printing")为检索式,对柔性版印刷的相关专利进行主题检索,时间跨越为1963-2017年。一共检索到相关专利6649条。

二、柔性版印刷技术领域专利知识图谱

德温特手工代码（MC）标识了详细的技术领域,有助于发现热点领域和技术前沿。将专利文献数据利用citespace自带格式转换器进行转换并导入citespace中。在Citespace软件中以category为节点,相关参数设置如下：（1）年份选择为2008-2017年,时间切片为1年；（2）术语来源为Title、Abstract、Author Keywords(DE)；（3）节点类型为Category（MC）；修剪算法为Pathfinder-Pruning sliced networks；（5）设定标准为top30。

1. 手工代码共现网络图谱

运行Citespace软件,最终得到一个节点数为83,网络密度E=178(Density=0.0523)的专利德温特手工代码共现网络图谱,如图1所示。

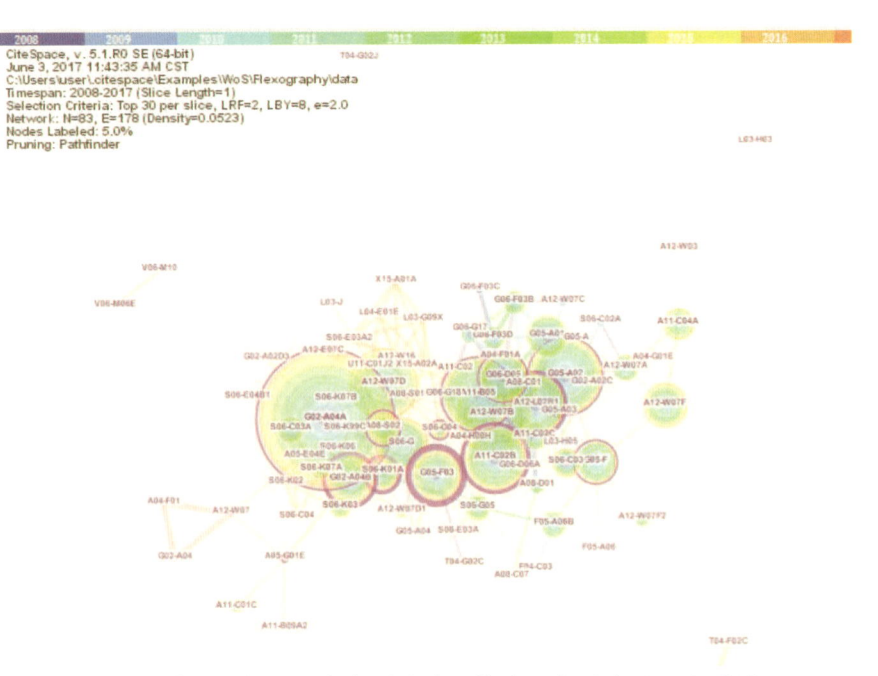

图1 柔性版印刷领域专利的德温特手工代码共现网络图谱

图谱由代表德温特手工代码的节点和代码字母组成，图中节点圆环的大小与此手工代码被标记的频次数量有关，圆环越大则说明此手工代码被标记的频次越多，其代码对应的领域越是柔印专利研究涉及程度较为深入的领域。

表1为所有德温特手工代码中，被标记次数前20的手工代码表。从中可以看出被标记次数最多的手工代码为G02-A04A，被标记379次。其对应的领域是Printing and writing inks，即印刷油墨。说明印刷油墨是柔印专利中涉及较多的领域。排名第二位的是G05-A02，被标记212次，其对应的领域是Letterpress and deep relief printing plates，即凸版印刷（柔印）印版，说明除了柔印油墨外，柔性版也是涉及较多的领域。排名第三的手工代码是A12-W07B，其对应的领域是Lithographic printing plates produced (electro) photographically，即平版印刷的照相制版，也是与制版相关的柔印领域。

表1 标记频次前20位的德温特手工代码

Freq	Burst	Centrality	Year	MC	Translation
379		0.12	2008	G02-A04A	Printing and writing inks
212		0.16	2008	G05-A02	Letterpress and deep relief printing plates
211		0.04	2008	A12-W07B	Lithographic printing plates produced (electro) photographically
206		0.11	2008	A11-B05	Coating
202		0.1	2008	A12-W07D	Printing inks
177		0.36	2008	A11-C02B	Crosslinking with irradiation
174		0.2	2008	A12-L02B1	Compositions for making printing plates
162		0.07	2009	S06-G	Ink-Jet Image Production
157		0.53	2008	G05-F03	Ink jets/ink jet printing
152		0.2	2008	G06-D05	Production of printing plates
150		0.25	2008	G02-A04B	Dyes and pigments for inks, crayons
136		0.02	2008	A12-W07F	Other printing equipment/processes
129		0	2008	G05-A01	Lithographic (planographic) printing plates

续表

Freq	Burst	Centrality	Year	MC	Translation
122		0.17	2008	G05-F	Other printing materials and processes
120		0.05	2008	A11-C04A	Surface treatment - painting, printing
106		0.09	2008	A08-C01	Crosslinkers, vulcanisers, accelerators and activators for addition polymers [general]
105		0.31	2009	S06-K01A	Full colour
105	5.98	0.11	2009	A08-S02	Solvents; swelling agents
94		0.01	2008	S06-C03	Printing, press control
93		0.02	2008	S06-C03A	Printing - control

2. 手工代码聚类分析

使用聚类功能对共现图谱进行聚类操作，得到共10个聚类（Cluster#0-9）。选择 Title Terms 对得到的聚类进行标签，并利用 Log-likelihood ratio 算法，得到共现聚类图，如图2所示。参数 Modularity Q=0.6321，表明聚类内的各节点有较强的关联性。参数 Mean Silhouette=0.6926，表明聚类内各节点对应

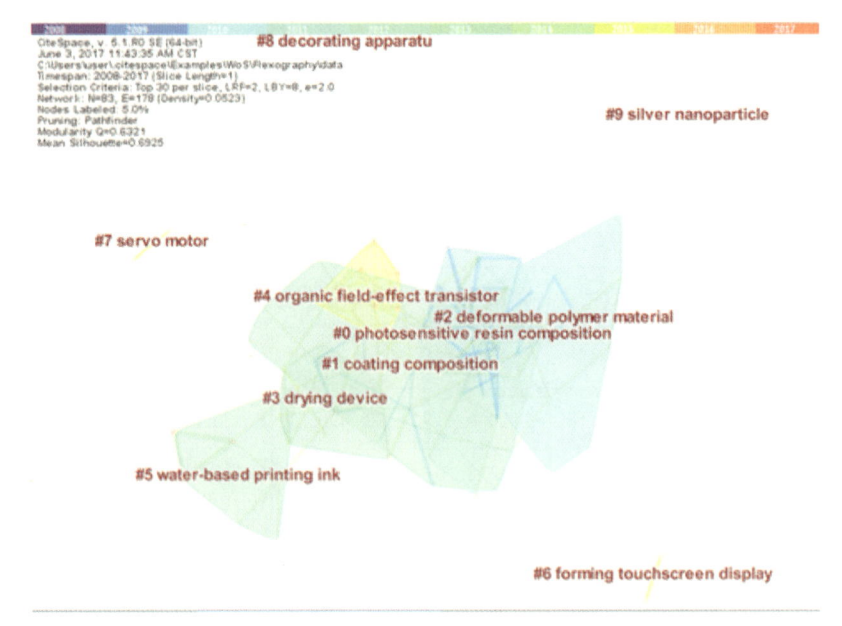

图2 柔印技术领域专利的德温特手工代码共现聚类图

的专利在内容上有较高的一致性。

从图 2 上方的年代颜色可以看出，聚类的颜色越蓝说明这个领域出现的时间越早，该领域发展可能逐渐变得稳定。Cluster #4 的颜色为黄色，体现的是新兴的发展领域。

表 2 为各个聚类的中文翻译表，从表中可以看出，各聚类的专利文献聚焦范围主要集中在印刷版材的制作、印刷油墨、印刷设备和柔性印刷电子领域。其中光敏树脂化合物、涂层化合物和可变形高分子材料的聚类对应印刷制版领域的研究；水性印刷油墨对应柔印的油墨领域的研究；烘干装置、触屏显示器、伺服电动机和装饰设备对应柔印的印刷设备研究领域的研究；有机场效应晶体管和银纳米粒子对应柔性印刷电子领域的研究。

表 2　各聚类的中文翻译

Cluster ID	Label of Cluster	Chinese Translation
0	photosensitive resin composition	光敏树脂化合物
1	coating composition	涂层化合物
2	deformable polymer material	可变形高分子材料
3	drying device	烘干装置
4	organic field-effect transistor	有机场效应晶体管
5	water-based printing ink	水性印刷油墨
6	forming touchscreen display	触屏显示器
7	servo motor	伺服电动机
8	decorating apparatus	装饰设备
9	silver nanoparticle	银纳米粒子

表 3 为对 Cluster #0 内手工代码标记最活跃的专利列表。从中可以看出，SUGASAKI A 在 2010 年的专利标记了 Cluster #0 内 45% 的手工代码，该篇专利对 Cluster #0 的手工代码的标记最为活跃。其次是 BROWN DE、FOHRENKAMM EA 和 KITANI Y 在 2010 年分别发表的三个专利，这三个专利均标记了聚类内 40% 的手工代码。

表3 对 Cluster #0 内手工代码标记最活跃的专利列表

Coverage	Author and Year	Patent
0.45	SUGASAKI A (2010)	composition useful for laser engraving comprises compound having hydrolyzable silyl/silanol group and binder polymer having functional group capable of forming crosslinked structure by reacting with hydrolyzable silyl/silanol group.
0.4	BROWN DE (2010)	making a relief image, comprises forming mask image by forming exposed and non-exposed regions in imaged film, transferring the mask image to radiation-sensitive element, and exposing the radiation-sensitive element to curing radiation.
0.4	FOHRENKAMM EA (2010)	flexographic relief printing plate processing solution used for photopolymer compositions, comprises diisopropylbenzene, and organic co-solvent(s), at least one of which is an aliphatic dibasic acid ester.
0.4	KITANI Y (2010)	photosensitive resin composition for flexographic printing plate, contains hydrophilic polymer and hydrophobic polymer containing polybutadiene, acrylonitrile-butadiene copolymer and methyl methacrylate copolymer.
0.35	ARAKI Y (2010)	photosensitive resin composition for printing plate, contains hydrophilic copolymer formed by emulsion polymerization using reactive emulsifying agent, thermoplastic elastomer, photopolymerizable unsaturated monomer and photoinitiator.
0.35	BEREZIN O (2010)	uv photo-mask producing process, involves performing direct printing process on photo-polymeric surface to affect immobilization of ink droplets as ink dots to form pattern on top of surface.

续表

Coverage	Author and Year	Patent
0.35	INOUE D (2010)	photosensitive resin composition used for printing original plate for flexographic printing plate, comprises water dispersion latex, rubber, surfactant, photopolymerisable monomer and photoinitiator.
0.35	KAWASHIMA T (2010)	making relief printing plate useful for printing in e.g. flexographic printer involves laser-engraving relief printing plate precursor formed of thermally crosslinkable resin composition.
0.35	MATSUBARA T (2010)	block copolymer composition for flexographic plate, contains aromatic vinyl conjugated diene-aromatic vinyl block copolymers having preset content of aromatic vinyl monomer unit.
0.35	SCHADEBRODT J (2010)	method for manufacturing flexographic printing plate, involves exposing photopolymerisable relief layer to actinic light with high radiation intensity in initial stage and low radiation intensity in successive stage.
0.3	HANNUM R (2010)	preparation of composite printing form used for e.g. relief printing, comprises securing element to carrier, imagewise exposing infrared sensitive layer, overall exposing element to actinic radiation through mask, and treating element.
0.3	OSHITA S JP (2010)	curable resin composition for flexographic printing plate material, comprises acrylic type block copolymer having weight average molecular weight in preset range, polymerization initiator and polymerizable monomer.

三、柔印领域专利研究热点及研究前沿变化

Citespace 的词频探测技术（Citation Burst）可以将一定时间内被高度标记的手工代码探测出来。利用 Citation Burst 对相关专利数据进行探测，被探测出

Subject Categories	Year	Strength	Begin	End
G06-F03C	2008	12.3747	2008	2009
A11-C01C	2008	11.8995	2012	2013
A12-W07C	2008	10.5939	2008	2009
S06-K02	2008	8.9554	2015	2017
G02-A02C	2008	8.9554	2015	2017
S06-C02A	2008	8.8139	2008	2009
S06-K99C	2008	8.81	2011	2012
S06-K07A	2008	8.5762	2012	2017
S06-E04B1	2008	7.8969	2015	2017
G06-G18	2008	7.3503	2008	2010
S06-G04	2008	6.1682	2014	2017
A08-S02	2008	5.9824	2015	2017
G06-G17	2008	5.8367	2008	2010
A12-W07F2	2008	5.6231	2008	2013
A12-W07D1	2008	4.5471	2015	2017
S06-E03A2	2008	4.4753	2014	2017
A04-H00H	2008	4.4753	2014	2017
G06-F03D	2008	4.148	2008	2010
A12-W07A	2008	3.4975	2010	2011
A08-D01	2008	2.4621	2012	2013

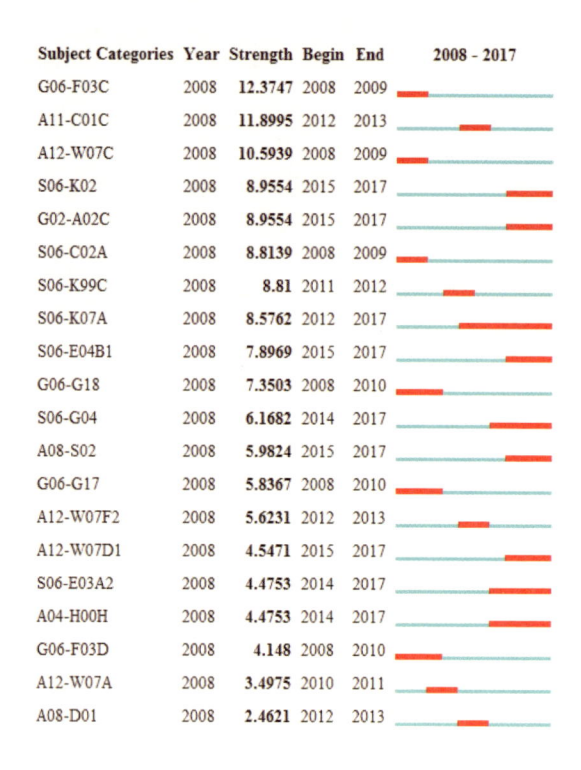

图 3　按强度排列的前 20 位手工代码

的手工代码表示的对应领域是柔印专利中在一定时间段内较为活跃的研究领域，是研究热点。需要注意的是该手工代码可能出现在更早的时间，只是随着时间的推移，在某一阶段成为集中爆发的被标记领域。利用该功能探测出的 Burst 手工代码其强度由高到低排列如下图所示。

从图 3 中可以看出，G06-F03C（Radiation-sensitive composition containing polymer）的 Burst 强度最高为 12.3747，其在 2008-2009 年被大量标记，表明在 2008-2009 年间，该领域是柔印研究的热门领域。从另外一个角度，将这些探测到的 Burst 值用时间顺序进行排列，可以清晰地看到各个时间阶段柔性版印刷技术专利中非常活跃的研究领域，如表 4 所示。

表 4 按时间顺序排列的前 20 位手工代码

MC	Burst	Begin	End	MC Translation
A12-W07C	10.5939	2008	2009	Other printing plates produced (electro) photographically [exc. lithographic]
G06-F03C	12.3747	2008	2009	Radiation-sensitive composition containing polymer
G06-F03D	4.148	2008	2010	Radiation-sensitive composition containing polymeric additives
S06-C02A	8.8139	2008	2009	Printing plate production
G06-G17	5.8367	2008	2010	Development of photosensitive resin systems
G06-G18	7.3503	2008	2010	Image formation by exposure to ionising radiation, light etc.
A12-W07A	3.4975	2010	2011	Printing plates produced non-photographically
S06-K99C	8.81	2011	2012	Printer
A12-W07F2	5.6231	2012	2013	Printing substrates
A08-D01	2.4621	2012	2013	Crosslinkers and accelerators for other polymers [exc. addition and ethylenically unsatd. polymers] [general]
S06-K07A	8.5762	2012	2017	General Control systems
A11-C01C	11.8995	2012	2013	Other bonding to make specific goods [exc. heat sealing, welding]
S06-E03A2	4.4753	2014	2017	Light source type - LED
A04-H00H	4.4753	2014	2017	General addition type resin
S06-G04	6.1682	2014	2017	Inkjet ink
S06-E04B1	7.8969	2015	2017	Composition of liquid developer
S06-K02	8.9554	2015	2017	Sheet feeding
G02-A02C	8.9554	2015	2017	Paints, varnishes, lacquers based on acrylics [general]
A08-S02	5.9824	2015	2017	Solvents; swelling agents
A12-W07D1	4.5471	2015	2017	Inkjet inks

表 5 为各个年份德温特手工代码对应的解释,从表中可以看出,从 2008 年开始,最先的研究焦点在于柔性版印刷的油墨和喷墨印刷研究领域,其次出现了对印版制版的研究,接下来几年又围绕着印刷设备的各个部分产生了新的研究领域变化,如控制系统、触屏、飞达和书刊装订部分。到了 2017 年,油墨的研究又出现了新的趋势。

表 5 柔印技术前沿演化路径表

年份	德温特手工代码	频次	Burst 值	技术前沿领域
2008	G02-A04A	379		Printing and writing inks
2009	S06-G	162		Ink-Jet Image Production
2010	A12-W07F2	48	5.6231	Printing substrates
2011	S06-K99C	24	8.81	Printer
2012	S06-K07A	58	8.5762	General Control systems
2013				
2014	T04-F02A2	13		Touchscreen
2015	S06-K02	17	8.9554	Sheet feeding
2016	A12-W07	5		Printing; book binding
2017	G02-A04	2		Printing and writing inks; pencil leads, crayons [general]

将图 1 所示的德温特手工代码共现图谱转换为对应的 timezone 图谱,如图 4 所示。由于该图出现的代码均为首次出现的代码,所以可以通过每年新出现的代码来寻找出柔印技术的新兴研究领域发展轨迹。

为了进一步了解柔印技术在 2008 年 –2017 年这 10 年中的新兴研究领域和研究前沿的变化,我们将每一年中带红圈的节点(Burst)作为该年度技术前沿的代表,如果某一年度没有带红圈的 Burst 节点,我们将该年中被标记频次最多的节点作为其技术前沿的代表,形成了一条柔印专利前沿热点领域的演化路径。

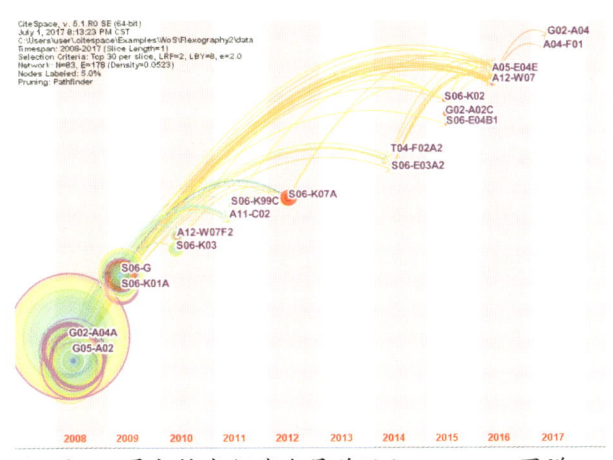

图 4　柔印技术领域发展前沿之 timezone 图谱

四、柔印领域专利权人分析

在 Citespace 软件中以 Institution 为节点，可以得到柔印领域内各专利的专利权人知识图谱，方便我们更加清晰地了解各个公司在柔印领域内的专利申请情况。Citespace 相关参数设置如下：(1) 年份选择为 2008-2017 年，时间切片为 1 年；(2) 术语来源为 Title、Abstract、Author Keywords(DE)；(3) 节点类型为 Institution (C1)；(4) 修剪算法为 Pathfinder-Pruning sliced networks；(5) 设定标准为 top50。运行 Citespace 软件，最终得到一个节点数为 98，网络密度 E=8(Density=0.0017) 的专利权人共现网络图谱，如图 5 所示。

图 5　柔性版印刷领域专利的专利权人共现网络图谱

在 2008—2017 年间，以 FUJI FILM CORP (FUJF-C) 为专利权人的专利最多，达到了 27 项。其专利首次出现时间为 2014 年，并在 2014-2016 年处于专利申请的爆发时期，Burst 值高达 10.65。除此之外，FUJI FILM CORP (FUJF-C) 与其兄弟公司共同申请的专利还有 30 项，以 FUJI FILM CO LTD (FUJF-C) 为专利权人的专利申请也有 16 项。说明富士胶片集团在柔印领域有很强的研究实力。以 FLINT GROUP GERMANY GMBH (FLIN-Non-standard) 为专利权人的专利从 2010 年开始出现，总计 10 项。

五、结论

结合本研究的相关数据可视化分析，关于柔性版印刷的专利研究主要集中在柔性版制作、柔印油墨、柔印设备的改善以及印刷电子电路的研究领域，其中柔印油墨和印版制作的研究开始较早，也是当今的研究热门领域。后期针对印刷设备各部分的研究开始增多，对印刷工艺持续提升提供了技术支持。

第四部分
行业典型案例

本部分遴选了柔性版印刷行业部分具有典型特色的企业作为案例解析，其中既有体现绿色大批量生产优势的大型瓦楞纸预印企业，也有集合柔印优势的纸箱包装印刷智慧工厂，立足大数据的柔印智能生产企业，还有教科书水墨柔印首家突破的书刊印刷企业，水墨应用于直接接触食品包装的环保柔印企业，高质量的柔印组合标签印刷企业，以及标签检测技术企业等，从中我们可以得到启迪和借鉴，进一步推进中国柔印产业的发展。

　　受限于编者的水平和多方面原因，本部分仅收录了7家企业案例，作了总结和提出了一些观点，可能存在着不妥之处，还未能全部反映出柔性版印刷行业的典型案例，敬请谅解。

柔印瓦楞预印技术大放异彩

一、厦门合兴包装背景介绍

厦门合兴包装印刷股份有限公司（以下简称合兴包装）前身系厦门合兴包装印刷有限公司，创建于 1993 年 5 月，现拥有 61 家全资子公司或控股子公司。是一家集纸板、纸箱及缓冲包装材料等包装制品设计、制造、服务为一体的大型综合包装企业。2018 年，合兴包装实现营业总收入 121.66 亿元，同比增长 39.07%；利润总额 3.56 亿元，较上年同期增长 32.15%。实现归属于上市公司股东净利润 2.33 亿元，同比增长 55.76%。是国内首家内销售收入突破 100 亿元的印刷企业。

作为国内领先的大型综合包装印刷企业，合兴包装及控股子公司长期从事中高档瓦楞纸箱及各类包装制品的研发与设计、生产、销售及仓储、配送等服务，公司主要产品有中高档瓦楞纸箱、彩盒、缓冲包装材料（EPE、蜂窝产品、纸浆模塑）、书刊等，能够为客户在中国大陆提供一站式的包装服务，先后获得了"中国包装龙头企业""先进技术企业""AAA 级资信企业""超千万元纳税大户""守

合同重信用企业"等荣誉称号。公司已有十年以上为众多国内外知名客户提供 CPS、VMI 等服务的经验，并赢得了广大客户的信赖。

二、环保和市场两不误

近几年我国电商市场迅猛发展，瓦楞电商包装对印刷精美度的要求也越来越高，国内外一些电商大咖，不断开发自己的品牌包装，瓦楞电商包装发展迅猛。但由于国内针对印刷行业的环保政策、VOCs 管控都提出了具体的强制性标准，传统的胶印瓦楞纸包装已无法满足如今的环保趋势与市场需求。而柔版预印工艺具有环保、高效等特点，在环保压力的助推下，已开始在高端瓦楞电商包装领域崭露头角。合兴包装通过一系列的技术保障在瓦楞纸印刷中成功实现了胶转柔的工艺突破，在保证产品质量的同时，又通过柔印预印工艺的特点实现了环境保护和市场效益的双赢。

合兴包装的柔印预印技术采用柔性树脂版，通过网纹辊定量传墨的印刷方式，墨色均匀、色调一致、颜色鲜艳、饱满。其次，柔版预印使用水性油墨，使用的溶剂是水，油墨中的 VOCs 含量为 2%～3%，低于最新的环保直排标准（VOCs ≤ 5%），在整个生产过程中只需用水作为稀释剂和清洗剂即可，是目前最为环保的印刷方式之一。柔版预印还具有印刷速度快、效率高、生产周期短、节约资源，更适合标准化，承印材料范围广等优势。随着柔印技术的不断发展，合兴包装的柔印印刷质量、印前准备时间和生产效率一直在不断优化。

三、"快、准、精"三大优势为企业生产提供保障

合兴包装作为瓦楞纸印刷行业巨头，其客户对产品有着品牌一致、交货时效性强、需求集中等要求。为解决这些问题，合兴包装早期通过胶转柔、提升印前技术、引进卫星式柔印设备等手段逐步发展解决问题。如今合兴包装已有一整套完善的体系以保障客户对高端瓦楞纸产品的任何需求。

1. 速度快

瓦楞电商包装供应商需要在电商产品上线的同时将一致的瓦楞纸电商包装送到全国各地的配送点，因此跨区域交货的时效性，是电商包装的一大特点。而

得益于"双11""双12"、春节等节假日的促销活动，在短时间内提供大量的包装满足促销活动的集中需求对瓦楞纸包装印刷厂的产量、效率有极高的要求。

合兴包装通过柔版预印，卷对卷印刷，与传统的柔印后印技术相比，其印刷好的纸卷运输物流成本相对低廉，采取"集中印刷、分散制箱"，保证快速多点交付。而柔版预印的成本优势和高效特点决定了其是瓦楞电商包装最经济有效的印刷方式。合兴集团在全国和东南亚有8个预印中心和近50个瓦楞纸箱加工基地，覆盖所有发达地区，可以根据电商的货仓布局，选择最近的成箱配送基地，实现多货仓配送的成本最优化。

2. 颜色准

由于瓦楞纸电商包装的客户多为大企业的品牌客户，对自身品牌颜色、产品颜色有着极高的颜色还原与颜色一致性的要求。合兴包装通过多年来对印前技术的提升，目前已有成熟的颜色供应链管理体系以满足客户对产品颜色的高要求。

合兴包装的颜色供应链管理系统从客户的品牌颜色定义、标准样张、印刷颜色控制、印刷工艺管理与控制、批量颜色评估、远程打样等全方位的服务，为客户提供了稳定的、符合颜色标准的包装产品。系统采用了先进颜色技术与现代信息技术的有效结合，其核心是企业数据的有效管理，通过对柔印预印工艺中全流程的数据化，如版面设计、数字打样、制版、油墨、印刷工艺、产品等所有可采集信息的数据化后，颜色供应链管理系统通过颜色循环优化技术对各个流程数据进行优化，并不断提高印刷颜色与目标颜色的一致性，最终达成可以在不同印刷方式和过程中重复使用的一体化数据。从而实现品牌颜色的数字化资源共享以及印刷效率的大幅提升，并真正提高品牌颜色的一致性。

其中合兴包装与宝洁公司合作，宝洁公司通过采用特殊原墨印刷的工艺方式达到产品防伪、提升品牌认知度等目的。其自身品牌产品在印刷时需采用相对应的宝洁色，需要供应商使用特殊色相的原色墨水进行相关产品印刷，所有宝洁色都有特定的 Lab 值标准。合兴包装的色彩供应链管理系统对宝洁色数据采集分析，在全流程中实时控制颜色数据的一致性，最终顺利达成了宝洁色的色相标准，并成功控制批量印刷中宝洁颜色的稳定性。

3. 图文精美

如今柔印行业已经广泛使用 100LPI 的加网印刷方式，但还不能满足客户与消费者对于印刷品精美度的需求，人眼能感到印刷图文有网点感，而柔印产品不精细也是业内一直被诟病的问题。

平定网点技术的普及为柔印提升了印版稳定性，也大幅提升了制版工艺的加网线数，为柔印产品提升图文精度带来了先决条件。但高网线数需对应高精度压力系统的印刷机、高网线的网纹辊以及高质量的油墨，才能达到精细柔和的图像效果，否则易适得其反。合兴包装采用卫星式柔印设备与成熟的柔印工艺相结合，目前已普遍采用 120LPI 印刷，已完成 150 LPI 的技术突破，即将可以稳定量产。

四、柔印预印的未来展望

电商的快速发展和需求特点，再加上环保压力的有效助推，为柔版预印工艺的应用带来了新机遇，同时柔版预印新技术的发展，也为瓦楞电商包装的发展提供了大力支持。柔印也将进一步摘掉低质量标签，实现高质量、高效率。表面处理工艺的发展与成熟也将继续拓展柔印预印的应用领域，给客户、消费者带来包装新体验。

两化融合，打造瓦楞包装智慧印厂

一、龙利得股份背景介绍

在瓦楞包装印刷领域，存在着市场集中度低、小企业偏多、劳动效率低、设备两极分化等问题，再加上近年来原材料上涨、人力成本上涨等因素的影响，纸箱市场的竞争更加白热化。这一工业生产领域似乎距离"德国工业4.0""中国制造2025""智能制造"理念很遥远。然而，有这样一家包装印刷企业，起步于竞争激烈的瓦楞纸箱包装领域，经过20余年的不断创新进取，形成技术含量高、差异化显著的特色产品，在行业内率先建成智慧工厂，并荣登"2018年国家两化融合管理体系贯标试点企业"榜单。这家企业就是龙利得股份有限公司。

龙利得股份有限公司始建于2000年，扩建于2006年。公司以科技创新为品牌核心价值，拥有一支专业技术等级的高资历员工队伍，标准化研发、设计与实验中心，拥有专利技术产品百余项，具备丰富的创新能力和创造能力，努力成为市场高端产品的引导者，是一家集各类纸包装容器设计、研发、生产智造、技术服务、销售及精细化综合服务为一体的专业企业。

二、技术创新，智能集成

瓦楞纸箱包装领域，一向被认为是门槛较低、竞争激烈的红海市场。龙利得成立之初，上海地区已有很多包装企业，规模都不大，产品也很类似。唯有技术创新，企业才能更好地发展。龙利得公司自成立始，一直关注的是如何走出传统印刷产能落后、人才技术欠缺的困境。他们在寻找自己的定位，企业在行业中的定位，行业在国家整个经济中的定位，坚持"科学技术是第一生产力"，发展方向明确，毫不动摇。

企业立足于采用环保水墨的柔性版印刷平台，在坚持环保绿色印刷业的发展基础上，建立企业技术中心，进行科学、细致、合理的技术改造。从改革印刷工艺、提高印刷质量入手，包括瓦楞结构改造，在防渗水、防渗油、防酸、防锈、耐磨、轻质高压、透气保鲜、低克重、轻量化、高强度、环保低碳等瓦楞纸包装产品应用领域不断创新，产品质量不断提升。公司将多国相关先进设备技术有机地集合于一身，按自己公司的特点与需求，组建新型生产流水线。公司现在的柔印流水线已经达到除上机打样还需要人工干预之外，正常印刷生产时的调机已不再依靠人工调节。调机时间短，没有一张纸板的损耗。换生产订单时在电脑指令下整机切换，在机器特有的音乐声中迅速完成。CCD相机对每一张产品取样检测，发现故障及时用警铃提示纠正。由于公司一贯注重产品的印刷质量，2018年获得美国印刷大奖柔性版印刷类别的铜奖。企业一直以无毒、无污染的柔印为发展方向，研发了高清晰度、高分辨力的柔印工艺以服务用户，彻底消除了传统胶印过程还存在的有机溶剂污染，产品不仅环保，清晰与美观度堪与胶印媲美。

公司在推进出口业务中，学习了澳洲、欧洲等各国的先进包装理念，致力于开发无毒、无害、无味的包装用品，定位中高端客户，以技术性、功能性印刷包装产品为突破口，以家化、电子、日化、特殊食品药品包装为重点，狠抓公司内部的技术管理、质量管理，目前已获得技术专利超196项，申请发明专利11项。

龙利得以瓦楞为核心开发新技术应用，对楞型和箱型做深入研究调整，建立国际顶尖的高性能瓦楞纸板生产、超高速、智能化技术生产平台和国际化流水标准线，成功开发了几十个个性化及标准化瓦楞楞型，并推出一批高品质低成本的瓦楞产品。公司是主要以研发设计各类纸包装容器、绿色环保柔性版水墨高清印刷、个性化、结构性高级多楞型瓦楞纸板、纸箱、微楞纸盒、纸制品、包装装潢印刷以及进出口贸易的现代服务实体包装平台。设计生产的无压痕瓦楞纸板、高级瓦楞纸箱、纸包装装潢制品，款式多样，制作精美，受到国内外客户的肯定，公司安徽和上海的智能工厂平均每天要出口二十余个集装箱的产品。

公司是国内为数不多通过美国第三方认证的国内纸箱包装企业，公司重头出口产品比萨盒运用了多项国家专利，还有用于直接接触食品、高温食品或超低温食品的纸盒专利。新型环保多色高网线、高清柔印瓦楞包装，在家电、日化、电子、家居、食品（水果、蔬菜、特殊食品）、机械配件等多个市场领域需求旺盛，使公司的产能进一步扩大。

三、高效运转的智慧印厂

2011年，以皖江城市带承接产业转移示范区的建设为产能转移契机，龙利得安徽工厂正式投产。工厂总占地面积100余亩，厂房采用科学环保排热、降噪技术，基础建设以环保、节能、低耗设计，设备采用低碳节能的进口2500mm×400mm全自动智能瓦楞纸板流水线，配套10台高速全自动（全伺服）水性柔印生产线。生产现场智能化联动，不设置车间主任，生产流程设计完全欧化。从原纸进厂到产品出货均由ERP及MIS系统控制。每次产品规格换单，时间只需0.3s。半成品和成品物流运输通过自动无人小车准确按时到达印刷指定位置和装货门口，确保无差错地转入下道工作程序。工厂实现了"自动化＋智能化"，成为高新技术包装印刷企业典范，年产值超8亿元人民币。

为促进工业化与信息化深度融合，2015年，龙利得"智慧工厂"新项目正式启动，在上海奉贤设立全资子公司奉其奉印刷科技（上海）有限公司，2017

年这家包装印刷行业领先的智慧印厂建成投产。工厂按照工业 4.0 标准设计，重在打造智能设备互联、工业大数据、智能应用三方面上下互通、整体互联的体系，由运营物流智能、操作流程智能、产品转换智能、仓储智能以及客户端办公软件渗透生产流程信息化的商业智能 5 大板块组成。两条智能化纸箱生产流水线只需要 8 名操作员工，还配备了单臂机器人、码垛机器人、AGV（自动导引运输车）等自动化装备，日均产量达约 50 万平方米（80 万件）成品入库，人力成本大幅节约，生产效率得到了几十倍突飞猛进提升，并且成品率大幅提高。

公司开发的 ERP 云平台，可以远程向客户三维展示 CAD 软件制作的样品效果，得到认可后立即生产，解决了样品寄送确认周期长的难题。通过云平台，客户还能实时了解货单生产进程及点位。此外，ERP 系统与生产管理系统、PLC 系统连接在一起，企业的管理信息能够第一时间传输到设备的芯片系统，控制生产环节；设备芯片系统也能将生产数据反馈回企业管理系统，优化管理环节。随着生产数据的积累越来越多，生产设备会越来越"智慧"，逐渐形成自行按照一套标准生产某种类型的产品。

安徽和上海两家"无人工厂"的软件系统都由龙利得自主研发，已获得多件专利授权，硬件方面向德国、意大利、日本及国内企业购买了自动化流水线、码垛机器人、智能物流系统、印刷机等设备。龙利得先后荣获国家印刷示范企业、高新技术企业、上海市名牌产品、上海市著名商标、上海市专精特新企业、安徽省企业技术中心等荣誉称号。2018 年，龙利得登上"国家两化融合管理体系贯

标试点企业"榜单,这是国家工信部对公司贯彻国家制定的工业化和信息化融合管理体系标准,以管理体系的思路和方式推进两化融合,系统推动企业技术创新和管理变革,提高企业在协同研发、精益管理、风险管控、供应链协同、市场快速响应等方面能力,最终全面提升企业的竞争力方面所取得的突出成绩的高度认可,标志着龙利得在推动信息化和工业化深度融合方面在行业中具有重要的示范和导向作用。2018年,公司被作为智能工厂典型案例在《人民日报》报道。

四、未来展望

龙利得领导层坚信,从被认为低级简单的瓦楞纸箱传统印刷中走出,从淘汰落后产能向先进智造业转变,向工业4.0进军,这是政府的导向,也是行业的导向,这是印刷行业必然要走的道路。龙利得选择了绿色环保又高效的柔印,努力发展,努力朝先进制造业、环保绿色印刷业的目标发展。

未来3~5年,在技术研发上,龙利得将继续秉承科技创新的理念,提供新的差异化产品;在产品拓展上,将不仅仅生产运输外箱包装,还将设计生产水墨柔印的产品内包装盒;在智能化建设上,将兴建一家新的上海全智能无人工厂,进一步提升现有工厂的产能效益,并适时向全国布点、入股,向国际化拓展。

把传统包装印刷业转型升级为高新技术现代服务产业,实现包装工业智造化,是龙利得一以贯之的信念,并将努力得以实现。

立足大数据，走柔印智能化发展之路

一、上海界龙艺术背景介绍

上海界龙艺术印刷有限公司（以下简称界龙艺术）是界龙集团旗下企业之一，其前身是上海龙樱彩色制版有限公司，2000年后成功转型为上海界龙艺术印刷有限公司。现有高精度柔性版印刷机配套先进环保的柔版制版系统及先进的柔印实验中心。创建了全自动的智能化中央仓库，把四台柔印机组成的柔印中心与环保纸袋生产线和高精度柔印包装生产线自动连接，能够连线加工从环保牛皮纸袋到各种精细包装的多种印刷包装产品，引领国内宽幅高精度柔性版印刷之潮流。其中柔印环保纸袋生产速度每小时超过5万个。通过20余年的信息化不断探索发展，目前界龙艺术的智能化管理成绩斐然。

二、立足大数据，整合管理资源

企业智能化建设发展是大势所趋，也是《中国制造 2025》的重要工程之一。印刷企业智能化发展历经三个重要步骤。第一步，企业应收集自身的大数据、建设信息化系统，这是打造企业智能化，最基本、最重要的核心因素。第二步，企业应管理整合资源，根据具体工作规划整合数据、创造工作流程。第三步，企业配置自动化装备，提升生产稳定性，提高生产效率，企业可以打造自动化仓库，设立自动化机器人等。

界龙艺术通过四步方法对每个部门进行了大数据建设。第一步，建立数据标准，把企业内部可以收集、转化的数据资料全部数据化、标准化，并相互串联、共通，如工作流程、管理流程、技术控制流程、质量控制流程、采购物流流程、成本控制流程、人力资源考评流程等；第二步，建立工作流程，把各个项目工序都变成一系列完善的工作指令放入施工单中，通过电脑设备告诉员工应该做什么；第三步，创建完善指令，在工单实施过程中，从原料到成品仓库、到出厂的任何一个环节都不需要人为的沟通，不存在某环节使员工产生不理解，无法操作的状况；第四步，实施人机对话，使员工和电脑沟通，然后企业可以进一步更新完善各个环节直至使用机械设备全面代替人工。

早在 20 年前，界龙艺术就开始对企业自身数据开展采集、运用工作，并坚持更新不断完善。如今界龙艺术各个环节都有详细的大数据资料，实现了企业内部的跨部门跨领域数据资料的合作互通、串联运用，并在局部环节已实现了智能化运行，为最终实现全面智能化印厂的目标打下了坚实的基础。

目前界龙艺术所有的工作技术质量都有数据库，具有一定的技术保证和质量保证。供应商的技术资源、质量管理资源、成本控制资源、生产效率资源可以有效帮助相关管理层规划出对应的工作基准路线，保证公司整体的良好安全运行。生产运行时，管理层需根据运行情况对路线数据进行改善与调整，不断追求使之更加完善。

界龙艺术通过量化数据来激励员工。目前已取消生产第一线员工的基本工资，取消了一岗一职制度，针对员工的工作状况提出了量化计划考核，员工薪酬按照任务完成的多少进行计算发放，多劳多得，大大提升了员工工作时间的有效利用率，也提高了员工的收入与积极性。

印前数字文件管理示意图

注明：
① 数据保存区域：所有文件集中保存在服务器中，管理员负责针对所需操作文件进行派工指令，并生成新的文件名。
② 工作区：管理员从数据库中把制作文件指令对应操作员的工作区域，操作员面对的是单一文件工作，操作完毕自动对应新文件名保存，避免操作员误操作。

在夯实建设企业大数据、管理好整合好企业相关资源后，界龙艺术根据企业自身运营需求、成本划算等因素，逐步购入自动化生产设备代替原有人工。

三、印刷物流与生产的智能化

界龙艺术的智能化采购物流流程首先生成物流的名称代码，根据企业安全内控流程对供应商资质进行评定，随后在系统程序内部进行招投标、询比价，通过财务部、采购部和生产部等5位部门负责人对采购货物进行相应评审后，无须通过总经理授权，直接产生采购单、入库单。仓库部门无法随意领料收料，财务部和采购部的物流系统会每天指派仓库部门完成货物验收任务，仓库部门根据任务与供应商一一核对交接后自动验收。

采购部对仓库存储的物料分为三种类型。一是翻单物料，翻单物料根据计划安排有效的备库，不产生断货、不占过多仓储空间；二是一次性物料，用于特定施工单，如数字印刷订单，在订单完工后采购人员必须负责清理仓库物资，做到零库存；三是车间常用物料，如洗车水、润版液这些不直接与产品订单挂钩的物料，生产车间根据每月实际使用的数量和频次向采购部进行报备，采购部需以最快的采购周期，最小的存货量来做相应的指标管理，大大压缩企业的库存积压。

目前公司生产线上每个物料托盘都有对应的仓位标识条码，车间实现WIFI全覆盖。厂内物流人员开动电瓶车，根据电脑指示定位搬运相关物料，如物料错误，在扫描条码时会有实时同步反馈，可以第一时间发现问题改正错误。物流员工的配备也从8位人员转变到如今的2位人员，效率大幅提高。生产现场的物料通过

5S管理，根据每个机台，每个班次按需配发。班次施工单完工后自行清场。

界龙艺术的工作流程中没有领料单，也没有配备仓库保管员，把各个部门的大数据信息全部串联起来，让物流人员以最小的包装单位按需配送。系统根据机台的使用情况实时反馈给物流人员，物流人员随时了解具体机台需要哪些具体物料、需要配备多少。目前界龙艺术的柔印卷筒纸生产线依靠自动化卷筒传送带配合大数据信息，已完成仓储与生产物流的智能化建设，全程无须人员干涉，系统会根据机台生产进度提前配好卷筒纸张原料，并计划于今年下半年开始平版胶印生产线的智能化生产物流的改造工作。

每道工序、每个产品都有相应的质量控制流程标准，如供应商提供原辅料入厂，每个原辅料都有供应商的出场标准，但企业需要把其变成企业自身标准，需要在实验室中对每个物料做检测。每次供应商提供物料入厂后，实验室都会根据系统提示第一时间掌握物料入厂时讯，根据不同物料的不同数据标准进行相对应的项目检测，并得出相关报告通过系统反馈给采购部门、供应商。物料、工序、产品都有相对应的质量标准数据库。在生产之前质检人员都要进行质量标准的项目检测。为保证重大客户对产品质量的高要求，质检人员不根据个人经验水平来检测判定质量，需要根据系统的质量检测指导对质检流程一一操作逐步完成。如果根据流程操作完后产品仍出现质量问题，那么说明质检流程存在漏洞，需进一步完善。

为控制产品质量的稳定性，界龙艺术分别引进了柔印与胶印的两套INKMAKER自动调墨系统，并在全国率先实现了联机智能化调墨系统，系统与企业内部MES系统完美对接实现数据共享。目前界龙艺术的柔印色彩管理系统中打样环节可以与胶印打样相媲美，客户直接签样，最终成品不跑色。其印前部门的数据库中有企业所有纸张材料与机台设备相匹配的制版曲线，而智能化印前流程会根据施工单所需材料和所用设备自动匹配相应的制版曲线，减少人为出版错误导致企业不必要的损失。印前部门也采用了当前流行的云服务器技术的概念，所有文件资料都存放在企业的云服务器中，任何设备不通过系统手续与报备，都无法下载拷贝文件，计算处理全在云服务器中运行，为企业数据的安全提供保障。

四、未来发展规划

目前国内外各行各业都在为 5G 通信的到来而兴奋不已，界龙艺术虽已实现全厂区 WIFI 覆盖，但 WIFI 通信技术的稳定性无法满足企业智能化发展的需求，时常会出现信号不好、网速变慢等问题。界龙艺术已和当地网络运营商进行了沟通，将在未来几年内建设厂区的 5G 通信全覆盖工程，以应对智能化发展中对网络通信建设的超高需求。5G 通信的建设将为企业的互联互通打下坚实基础，为企业下一步考量、规划引进 AGV 等自动化设备，研究视频通信管理等一系列更高阶段的智能化发展工程提供保障。界龙艺术还将考虑完善质检流程、引进视觉图像检测系统来进一步提高产品合格率，提升市场竞争力。

书刊柔性版水墨印刷实现了柔印零的突破

2011年4月，原国家新闻出版广电总局印发了《印刷业"十二五"时期发展规划》，提出以中小学教科书、政府采购产品和食品药品包装为重点，大力推动绿色印刷发展，建立绿色印刷体系，力争绿色印刷企业数量占到印刷企业总数的30%，在国家的强力推动下，用三年时间就实现了全国中小学教科书的绿色平版印刷的全覆盖，开启了我国印刷业转型升级、环保战略发展之路，绿色发展已成为国家新发展理念的重要内容。

2018年10月1日正式实施的《环境标志产品技术要求 凹印油墨和柔印油墨》中规定凹印油墨和柔印油墨溶剂含量不超过5%等一系列的绿色印刷标准，再一次把平版印刷之外的其他印刷方式逐步纳入环保印刷的体系，并且对达到这一标准的生产工艺可以免安装环保设备、免征环保税，从而进一步明晰了印刷业的环保发展方向，中国柔印将迎来绿色环保国策下的快速发展。

一、书刊柔性版水墨印刷项目的启动背景

柔性版水墨印刷采用环保水性油墨，无毒、无污染，符合绿色环保的要求，是目前最环保的印刷方式之一，也是目前世界范围内增长速度最快的印刷方式。2011年国家新闻出版广电总局在推动平版绿色印刷的同时，考察借鉴了欧美发达国家成功发展柔性版水墨印刷，实现印刷业"深度绿色环保"的成功经验，结合中国实际情况，布置并推动了《教科书柔性版水墨印刷项目》可行性的研究，以政府采购、印数庞大的教科书印刷为突破口，进行工艺设备技术、原辅材料匹配等的规模化产业化的研发试验，并将项目列为总局的重点扶持项目，总局领导亲自指导、关心，积极争取中央财政的支持；积极协调地方政府、印刷协会、出版单位给予全方位的支持。在各方的全力支持帮助和承担单位的不懈努力下，项目获得了成功，为印刷产业向绿色环保发展创造了基础条件，为实现书刊印刷行业的转型升级提供了成功案例。

二、项目实施过程概要

1. 项目实施主体单位

上海新华印刷有限公司是上海印刷（集团）有限公司下属国有企业，承担了《教科书柔性版水墨印刷项目》的主体任务。上海新华公司在充分调研、了解分析了项目的复杂性和艰巨性后，选择了搭建平台吸引全行业、全产业链有志于绿色发展的优秀企业、技术专家共同研发合作的道路。

在国家新闻出版广电总局、上海市新闻出版局、中国印刷技术协会等的指导以及相关企业的支持下，上海新华公司以不畏艰难的开拓创新精神，从一台机组式宽幅连线折页柔印机起步，在国内外率先尝试书刊水墨柔印工艺，成为绿色环保印刷的先行者。

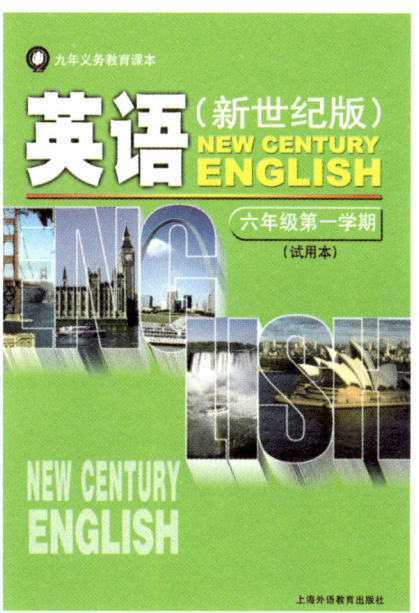

2. 项目参与单位

为中小学生提供更环保的教科书对行业来说不仅是挑战、更是社会责任。七年多来，正是由于项目的开创性、挑战性和公益性，上海新华和业内专家，产业链优秀企业从技术、生产、资金等全方位给予了极大的支持并坚持不懈地探索、优化书刊水墨柔印工艺，使项目各方面技术日臻成熟，成果具有创新性、环保性、先进性和可借鉴性。

国内外参与项目研发的优秀企业包括：

印前设备企业：网屏、艾司科、柯达等；

印刷机械企业：青州意高发、北人集团、北人富士、高斯中国等；

纸张生产企业：河南龙丰纸业、岳阳纸业等；

油墨生产企业：富林特、广东锦龙源、武汉威仕等；

柔性版材企业：杜邦、富林特、华光等。

3. 各方给予项目的大力支持

政府层面：政府有关部门给予项目大力支持，前后投入2000多万元的项目研发资金。

企业层面：上海新华公司作为项目主体任务的承担者，不仅承担了资金、技术、工艺和质量等方面的压力，还承受来自印制业务和经济效益方面的巨大压力，上海新华公司始终坚定信心、埋头苦干、不断总结、开拓创新。

北人富士承担了第一台宽幅柔版印刷机的任务，为项目的成功提供了宝贵的经验。

山东意高发公司为项目的研发和出版物印制质量的提升提供了印刷设备，前后为项目投入2000万元，研发了六条不同要求的生产线提供给上海新华公司，管理层和技术人员无数次地来往于山东、上海之间，给予了极大的支持。

龙丰纸业在生产旺季让出宝贵的产能为项目生产小批量的试验用纸，确保了教科书印刷的时间进度。

三、项目取得的主要成效

1. 实现了生产全过程和产品的绿色环保

做到了每个环节、所有原辅材料都实现了环保，主要体现在：

（1）制版采用了热敏制版技术、无纺布洗版，生产过程完全环保，废版可以集中粉碎作为建筑材料，无纺布可以作为无害固体废弃物处置。

（2）生产过程不需要添加有机溶剂，水墨中 VOCs 的含量远远低于国家标准，不需要安装环保设备、不需要缴纳环保税。

（3）洗版用普通的水就可以，废水处置后可以回收利用，废水沉淀物可以重新制成水墨再使用。

（4）印刷产品经质量监督站严格检测，8 种重金属和 16 种有机挥发物都未检出，全面优于国家标准。

2. 实现了国产设备、普通书刊用纸、连线折页的规模化生产

（1）印刷设备：通过实践不断淘汰了不适应的设备和相应部件，目前已形成各种书刊规格、各种色数、连线折页的机型，可以根据需要添加各种自动化模块，如自动洗版、在线印刷质量检测、封闭式供墨、变频动力等，胶印设备上的先进技术都可以在柔印上得以应用，从而可以大大提高生产的效率和质量。

（2）柔印书刊用纸实现了常规化：通过不断试验，柔印书刊用纸从最初要达到书刊印制质量的国家标准必须使用轻涂纸，到定制柔印书刊专用纸再到现在所有的国内外各大纸厂的普通胶版纸，都能很好地适应书刊印刷的要求。

（3）实现了书刊印刷连线折页：实现书刊的规模生产，连线折页是基本的工艺要求，因此，项目的一个重要目标就是实现连线生产。

（4）水墨上，国内多家企业的水墨产品已经完全适应书刊印刷的三原色稳定印刷要求，一些企业已实现了利用印刷生产水墨墨渣再生产黑墨的生产工艺。

3. 工艺标准、质量稳定可靠

目前上海新华公司已经累计印刷各类书刊 3000 多万册，质量完全达到书刊印刷国家标准，其中《听爸爸讲故事》（少儿读物）获得 2016 年第十届（华光杯）全国柔印产品质量评比精品奖；英语（新世纪版）六年级第一学期（试用本）获得 2018 年第十一届（华光杯）全国柔印产品质量评比优秀奖、劳动技术七年级（试用本）和劳动技术八年级（试用本）获得佳作奖。值得关注的是：

（1）印制中有一本教科书每年再版印刷，七年累计印刷已经达到 300 多万册，而使用的柔印印版不少还在继续使用，印证了柔印印版印数可以超过百万的宣传，说明柔印对于长版印刷的产品有绝对的优势。

（2）在印刷出口美国的薄纸小字《圣经》时，外商对柔印能稳定达到他们的标准大感意外，把原来分散印制的订单给了新华，2019 年总印数将达到 300 万册。

为了扩大柔性版水墨印刷的影响，上海新华与两家面对中小学生的期刊社战略合作，用柔印进行印刷并进行宣传，通过几年的努力，这两本期刊逆势而上，以原来的整数倍增长，发行总数均达到了十万册左右。

四、书刊柔印还需进一步努力和多方支持

2018 年 11 月 30 日，"绿色柔性版出版物印刷关键技术开发研究"项目总结会在京召开，以项目试验数据为基础的书刊柔印生产标准，在中宣部印刷发行局的指导下通过产、学、研专家历经三年的努力，标准即将发布。参会领导和专家对项目予以很高评价，认为柔版书刊印刷技术的开发研究取得了重要的阶段性成果，表现在由原来生产环节的"孤军奋战"到现在的产学研合作。接下来要聚焦产业推广，实现三个"同步"，项目产业推广与生产持续的积累同步，上海的深度拓展与全国的场景试点同步，系统布局安排与产业协同创新同步。由此，提出如下建议。

1. 转变观念

虽然柔性版印刷是一种非常环保的印刷方式，但在整个印刷工业中的应用占比还很少，各种印刷方式都有各自的特点和不足，柔印有着其优势和特点但也存在一些不足，在鱼和熊掌不可兼得时怎么选择，需要观念的转变。

2. 发挥柔印长版优势

柔印版材目前单价还很高，但企业将环保治理成本综合计算，差距就大大缩小，尤其是长版大印数教材、字典等选择柔印，成本将会大大下降，这就离不开出版社的支持。

3．推动产业链之间的合作

柔性版印刷质量不仅受印刷设备影响，还受原辅材料等影响，需要对纸张与油墨的印刷适性、网纹辊的印刷适性进行深入的研究，为解决进一步推广应用中的瓶颈问题，需要在产业链上下游技术、工艺、材料、设备上的紧密协作，加大研发投入、技术创新。

4．政府引导和资金扶持

为了推进印刷业的绿色转型发展，促进柔性版印刷在国内的应用，需要有政府的政策引导和资金扶持，将柔性出版物印刷推广纳入绿色印刷整体规划中，给予柔印的出版物印品使用绿色印刷十环标志，制定教材柔印鼓励政策和给予财政补贴，逐步将教科书印刷向柔印转移。

水墨应用于直接接触食品包装的环保柔印生产

一、上海紫丹食品包装印刷有限公司背景介绍

上海紫丹印务有限公司成立于1997年，是由上海紫江企业集团股份有限公司全资控股的一家纸包装、广告宣传品印刷专业公司，业务范围涉及食品、医药、日用品、电子等行业，主要产品有各类卡纸盒、包装纸、礼盒、彩色说明书等。2002年，公司开始引进环保的柔性版水性油墨印刷技术，并大量应用于包装印刷，从一台柔印机起步，至今已有水性柔印生产线十二条。公司的柔印板块业务具有一定规模后，于2008年独立出来成立上海紫丹食品包装印刷有限公司（以下简称紫丹食品包装）。紫丹食品包装依靠良好的市场前景以及在紫丹印务中积累的多年技术底蕴，已迅速成长为业内一流的食品包装企业。紫丹食品包装和它的名字一样，专攻食品包装印刷，只生产与食品直接接触的一次性食品包装，对印刷产品的安全、绿色和环保有着极高的要求。紫丹食品包装为肯德基、麦当劳、必胜客、德克士、汉堡王等很多食品行业巨头提供服务，其业务关键是安全与稳定，必须保证所有包装产品都能符合食品质量安全标准，让客户用得安心，公司被上海市政府授予"2015–2016食品安全示范企业"。

二、引领行业，积极实践"胶转柔"

1. 积极参与各项体系认证

紫丹印务在1998年建厂时，就斥巨资建造了自己的污水处理站，并确立了"遵守法律、法规要求，采用新技术，持续改善，以实现节约资源、减少污染"的目标，2000年通过ISO 14001环境管理体系的认证。之后，公司每年持续改进管理体系，为绿色印刷提供制度性保障。公司从污染预防着手，改进生产工艺和原辅料选用，加强过程控制和管理，达到节能、降耗、减污、增效的目的。从原材料的选用到先进印刷工艺的采用均符合绿色印刷认证的要求，公司从源头到生产过程均做到了绿色生产。这些年来，公司陆续贯彻实施欧盟的RoHS标准、日本索尼的GP（绿色伙伴）认证、通用汽车的绿色供应链认证等一些国际通行的、有利于环境保护的管理体系或标准。

紫丹食品包装拥有一整套完善的管理体系以保证生产过程的安全与稳定，如ISO 22000食品安全管理体系、HACCP体系、QS认证等，通过了相应的体系认证并始终贯彻落实体系中的具体方针。其中还包括客户的部分特殊要求，需要得到第三方认证机构的认证，如BRC（英国零售商协会）认证等。这些体系认证更多地关注企业在全流程中如何去保障食品安全，强调企业的生产现场与控制过程，并通过飞行检查的方式对企业进行监督和考核。

2. 源头控制污染物

源头控制是践行环境保护、实现绿色印刷的最重要环节。早在2002年，紫丹印务就开始引进最具环保性的柔性版水性油墨印刷技术，并大量应用于包装印刷。至今，紫丹食品包装已拥有柔性版水性油墨印刷机12台，共计73个色组。

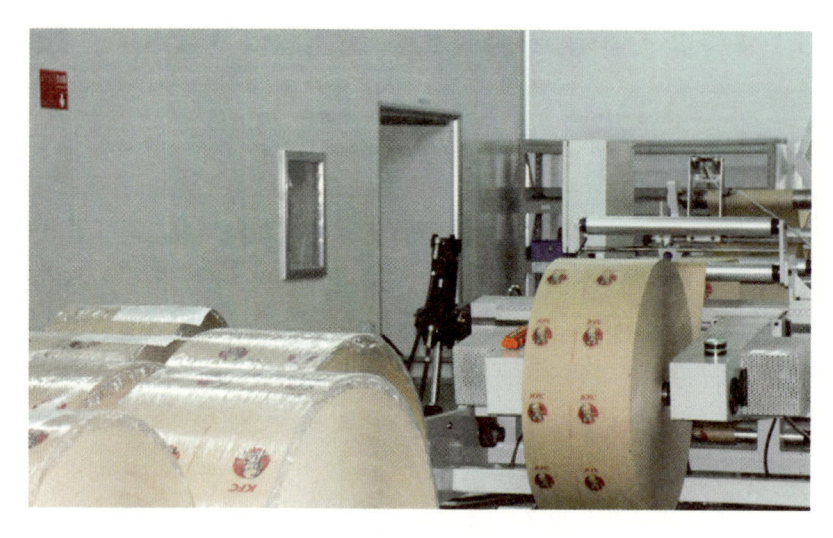

经初步统计，在推广使用柔性版印刷技术的15年时间里，公司累计减少使用矿物油基油墨1000多吨、有机溶剂110多吨、异丙醇190多吨，合计减少VOCs排放450多吨，环保效果十分明显。紫丹食品包装从紫丹印务中独立之初，就全部采用柔性版水性油墨的印刷生产线，积极践行环境保护，全面实现了绿色印刷。

在传统印后加工工艺中，有时需要用到一些含有有机溶剂的材料。为了实现对环境保护的承诺，1998年公司就淘汰了含有苯类和酯类的溶剂型上光油，2003年淘汰了溶剂型压光工艺，2005年彻底淘汰了溶剂型覆膜工艺，从那时起实现了印后加工辅料完全水性化，彻底消除了印后加工过程中的VOCs排放。采用FSC认证的纸张，也是践行环境保护的一个重要举措。紫丹食品包装建立了一套专门的FSC纸张管控体系，当客户有需求时，确保白卡纸、牛皮纸、瓦楞原纸等大类纸张能够实施FSC认证纸张的专项采购和使用。

3. 印刷过程控制和末端循环利用效果显著

印刷生产过程中有几个环节比较容易产生污染排放。水性油墨在印刷过程中所产生的污染最小，但紫丹食品包装还是十分注重公司的废水排放，专门斥资建立了专业的废水处理系统，水性油墨、洗车液等都通过废水站处理后达标排放，同时还对污泥实施干化处理，最大限度地减少生产过程对环境的影响。

在加强过程控制的同时，紫丹食品包装也不放松末端治理这最后一道防线。尽管未处理前的VOCs排放已经低于上海市地方标准，但公司还是安装了VOCs收集和过滤处理装置，经处理后的VOCs含量10 mg/m^3左右，远低于上海市规定的50 mg/m^3的排放标准。

三、成效显著，环保和市场双赢

2002年紫丹印务把一次性食品包装从胶印转向了柔印，也是中国第一家采用这种方式生产食品直接接触包装的印刷企业。起初从食品包装安全性上考虑，促使了紫丹食品包装业务所用印刷方式的转型，而转型也为紫丹带来了安全环保与扩大市场的双赢效益。

如今，紫丹食品包装全部生产线都采用柔版水性油墨的印刷方式，使用食品级印刷原料、辅料、制造环境、设备、人员、物流等系统都满足国家相应标准。许多快餐巨头都成为紫丹食品包装的长期客户，年产值连年增长。

紫丹食品包装通过成熟工艺把现有产品由胶印转向柔印的生产方式，来推动绿色印刷的发展，无疑是十分成功的。随着国家对食品卫生安全、环境保护的重视，这一成功转型为越来越多的同行和客户所认可。如今业内大部分同类企业已经使用柔印对一次性食品直接包装进行印刷加工，原先的胶印包装也更多地由柔印包装所替代，紫丹食品包装引领行业向包装安全和环保绿色发展功不可没。

2016年，上海市政府对紫丹食品包装多年来在食品安全领域的突出表现授予"上海市食品安全示范企业"的荣誉。作为一家印刷企业而非食品生产企业，能够获得如此殊荣十分不易，这体现了社会对紫丹食品包装在食品安全领域的认可。

四、未来发展的思考

在习总书记"绿水青山就是金山银山"理念的指引下，紫丹人一直追求和探索印刷业的"美丽而无污染"，在努力发展经济的同时，积极践行环境保护和绿色印刷的举措，实现经济建设和环境保护两不误。

目前紫丹食品包装在食品安全和环保柔印生产领域都得到了市场和客户的高度认可，公司计划未来从自动化逐步走向智能化。由于印刷业是一个离散性制造业，其产品相对个性化，印刷智能化难度较大，尚没有完美的成功经验可循，如何把这些单机作业断点之间通过智能互通的方式连接起来，公司正在进行探索。可喜的是，公司已经积累了庞大的ERP数据源，并尝试开发了企业自身的MES系统，将根据自身特点探索有紫丹特色的智能化之路，并在个别节点上取得了初步成效，相信未来紫丹的智能化道路会越走越顺，并最终取得成功。

高质量的柔印组合标签印刷

一、上海正伟印刷背景介绍

标签印刷作为印刷产业的一个细分领域,其产品主要应用于包括食品、饮料、酒类、化妆品、家电、日用品等轻工业产品上。据中国轻工业联合会的统计,我国轻工业近年来发展迅速,这带来了标签需求量的大幅增长,标签印刷成为印刷产业中发展最快的领域之一。而且,随着消费者需求的升级,品牌商货架效应的要求提高,标签印刷对精美度的要求越来越高,标签印刷成为印刷产业中先进技术应用最为突出的领域之一。

伴随着标签市场的良好发展机遇,总部位于中国台北的正美集团也在数十年间快速发展起来。正美是一家专业包材标签与印刷应用的加工企业集团,拥有完善的产能规模、专业人才、稳定质量、良好供应链关系。公司秉持"美化商品、美化生活"的使命,坚持"为产品赋予生命力,让消费者的生活更美好"的信念,专注于印刷本业,致力于创新与研发,突破传统标签的领域,将印刷技术延伸应用至外观装饰等领域。公司整合内部流程和供应链,为客户提供定制化且一站式采购的完善解决方案,提供高质量的印刷应用产品。公司拥有各类国际认证,确

保产品质量、环境管理、职场安全等系统运作，深获客户长期信赖，在日化和电子行业获得大量全球 500 强客户的青睐，标签年出货量达 120 亿枚。

为就近提供实时与便捷的服务，配合客户需求设立生产据点，提供高端的服务。正美集团在中国的华南、华东、环渤海湾、川渝、华中、华北地区，以及越南陆续建立一贯化的生产及服务据点，并在美国、中国香港设有办事处，目前已经成为超过 5000 名员工的跨国性印刷集团。上海正伟印刷有限公司便是在集团统一战略布局下，于 1996 年在上海青浦设立的标签印刷专业企业。

二、顺应环保需要，实施凹转柔工艺

不干胶标签和收缩膜套标是标签市场需求量最大的产品。在上海正伟的产品结构中，不干胶标签被定位为经典长青产品，收缩膜套标则是增长潜力较大的创新运用产品。中国是全世界最大的收缩膜套标消费国，这给上海正伟带来了新的发展机遇。

收缩膜套标是基于薄膜材料的一种标签形式，合身的外观突破传统标签的设计，创造 360 度环绕产品装饰的效果，可结合原材料的光泽度呈现出金属油墨质感，使用环保 PETG 材质，适合各种形状复杂的异型容器，更加环保，可轻松拆除膜套、瓶体回收再利用。其应用优势有：增加宣传版面，提供产品 360 度的广告宣传及保护作用；使用高耐晒系数油墨，色彩更能维持饱和亮丽；为货架

上产品增加亮点，吸引消费者目光，刺激购买意愿并增加销售机会；全瓶体设计，可从各角度拍摄宣传照，强化网络销售力度；提升品牌形象并增加成本效益；能提供附加的防拆封保全功能；符合绿色包装趋势及环保要求；客户产品与竞争者差异化的选择。

成立之初，上海正伟的不干胶标签多采用凸版印刷机生产，收缩膜套标采用凹版印刷机生产。然而，近年来，节能减排和环境保护是印刷行业的当务之急，走在可持续发展前列的全球500强客户也对产品的全过程环保生产提出了要求。如何构建低能耗、低污染的发展模式，推广低碳产业、绿色印刷，从源头采用环保承印材料、水性油墨或UV油墨，积极发展绿色印刷生产工艺，成为上海正伟不得不思考的重要课题。

2011年，上海正伟开始实践探索"凹转柔"的技术路径。业界常常提到的"凹转柔"工艺，一般是指将薄膜印刷产品从溶剂墨凹版印刷工艺转向溶剂墨卫星式柔性版印刷工艺。上海正伟的标签订单数量一般在10万～50万印，卷料长度在5000～20000m，这种中短单采用大幅面高速度的卫星式柔印显然不现实。再加上日化高端品牌客户对标签精美度的要求，图文加网线数一般在175LPI以上。因此，上海正伟实施的"凹转柔"工艺，是将PET收缩薄膜产品从溶剂墨凹印转向LED UV油墨机组式柔印工艺。其主要特色是承印材料采用环保可降解的PET薄膜，油墨采用低能耗、无残留的LED UV油墨，生产过程采用环保的柔性版印刷工艺。

三、柔印组合印刷，产品更精美

组合印刷技术是近年来发展迅速且在高档包装及标签领域应用广泛的一种技术。组合印刷是集合胶印、柔印、凹印、丝印等不同印刷方式和上光、过油、烫金、模切、覆膜、切单张等印后加工方式，一次连线生产完成印刷产品加工的技术，目前广泛应用于高档印刷品生产中。数字印刷的进步，给组合印刷技术带来更多的新型组合形式，特别适合目前印刷市场上短版订单增多，印刷产品装饰性效果、防伪功能、信息负载量需求增大，印刷包装设计中承印材料多样化的趋势。加之印刷市场的竞争激烈化，组合印刷工艺带给印刷企业更多印刷品增值能力和更广泛的产品适应性。

在不干胶标签生产上，上海正伟已经将组合印刷工艺运用得出神入化。公司配备了高端麦安迪、捷拉斯机组式柔印机，以柔印工艺为主体，可与丝印、胶印、凸印、数字印刷、冷转移、热烫、覆膜、压痕、压凹凸、分切和模切等多种方式组合，产生千变万化、绚丽多彩的印刷效果。这种独特工艺加工的标签产品精美度更高，使包装视觉效果更高端，提高了商品货架效应，获得品牌客户的青睐，是上海正伟能够远离低端低价竞争的红海市场，走自身特色的差异化之路所依赖的技术基础。

当上海正伟将不干胶标签产品上运用娴熟的柔印组合印刷工艺推广到收缩膜套标产品上来时，很快获得了市场的认可，赢得了更多客户的订单。即使环保PET材料成本较普通PVC薄膜更高，LED UV油墨成本也比一般溶剂墨更高，但客户更倾向于绿色环保的、图文更精美的、商品货架吸引力更高的柔印工艺。目前，宝洁、联合利华等品牌客户的日化产品收缩膜套标在上海正伟印制。上海家化的一款婴幼儿洗浴产品的收缩膜套标采用了温变油墨技术，在热水中变色的图文包装效果大大提高了产品吸引力。箭牌口香糖和农夫山泉矿泉水的收缩膜套标采用柔印冷烫组合工艺，产品效果十分抢眼。

四、未来展望

敏锐地捕捉到收缩膜套标市场需求扩大的商机，并顺应我国环保绿色化产业发展的政策要求，2011 年，上海正伟便成功实施了将 PET 收缩薄膜产品从溶剂墨凹印转向 LED UV 油墨机组式柔印的"凹转柔"工艺。这在国内外都是领先的技术。2015 年，欧美地区的标签印刷企业开始做这方面的工艺转型。2018 年，国内软包装印刷企业也逐渐开始该工艺的转型。

由于收缩膜套标展开面积比较大，用传统的 330mm 窄幅柔印机生产在成本和效率上不够经济。2019 年，上海正伟新引进了一台 660mm 中幅机组式柔印机，同样集合了丝网、冷烫、数字印刷单元形成组合印刷加工能力，专门用于收缩膜套标产品的生产。未来，上海正伟将继续履行正美集团制定的企业社会责任制度，不断推进绿色印刷，运用可再生、轻薄、无毒的环保材料和油墨，降低废弃物对环境的冲击，落实节能减排，持续为"美化商品、美化生活"的使命作出更大的努力。

自动质检,为柔印智能化发展打下坚实基础

一、背景介绍

2018年9月8日,2018中国印刷业创新大会在北京亦创国际会展中心隆重召开。会上,原国家新闻出版广电总局正式发布了中国印刷业智能化发展白皮书,即《中国印刷业智能化发展报告(2018)》,明确指明了中国印刷业的未来发展方向。柔性版印刷在印刷环保领域有着得天独厚的优势,其还有着印刷效率高、承印物范围广等诸多优点,近年来得到了大力发展。如今,柔性版印刷也走在智能化发展的前沿。

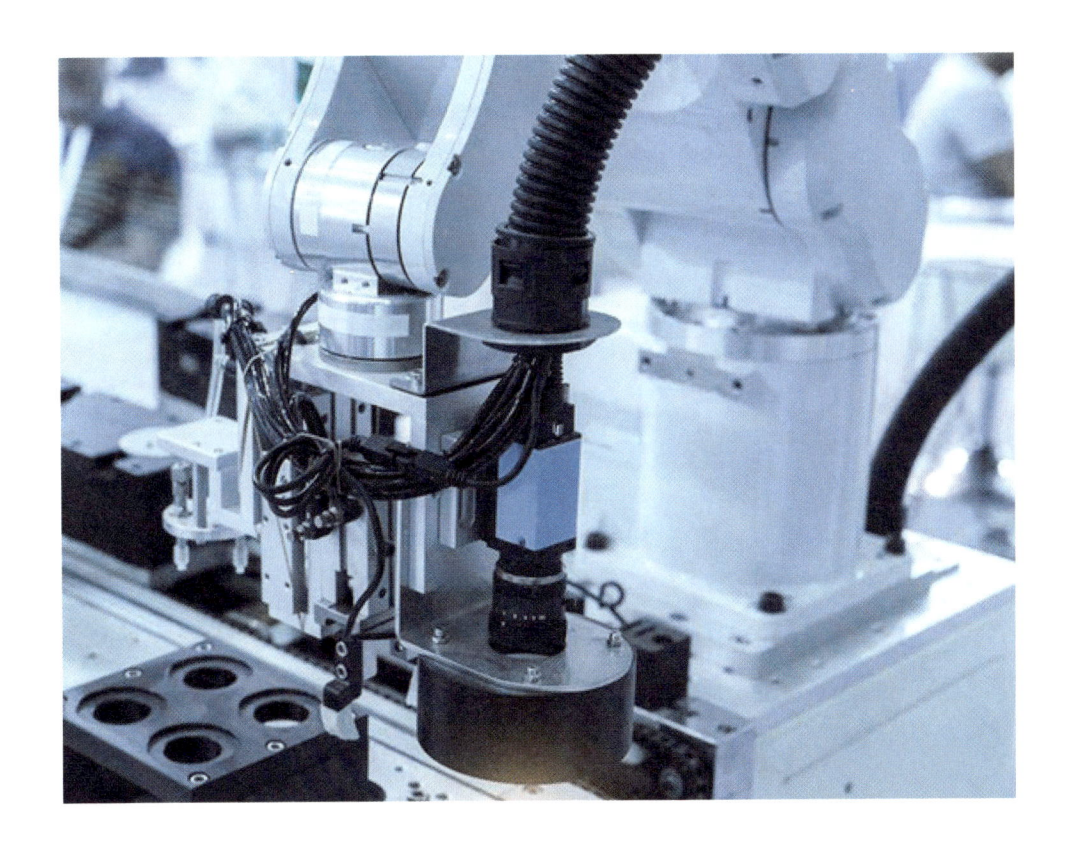

视觉检测系统在行业内也称为检品机，21世纪初开始进入我国市场。起初，视觉检测系统一般都是和进口印刷机配套进口，主要有日本和以色列等国的品牌，检测能力好，价格十分昂贵，动辄上百万元，只有国内个别大型企业才有可能采购一两台使用，普及率很低。

2010年后，国产视觉检测系统开始崛起，在保证使用的便捷性和检测功能好的同时，充分考虑到我国行业用户的实际生产情况，因此国产检测系统更适合国内车间操作人员使用。凌云光技术集团（下简称凌云）就是其中的佼佼者。凌云公司于1996年6月创立于北京，致力于视觉图像及光通信与传感领域的专业技术。在印刷行业，凌云提供自动化印刷过程检测、出厂质量终检及智能化大数据质量信息管理的解决方案，目前已有超过2000套凌云印刷质量检测系统成功应用于800余家客户现场，国内市场占有率达65%以上。在柔性版印刷领域中，凌云在柔印标签、软包、液体包装等细分领域内都有着丰富的经验与诸多成功案例，黄山永新、顶正集团、浙江诚信等印刷企业都是其用户。

二、自动检测助力柔印智能化

1. 适用于柔印标签印刷的视觉质量检测技术

视觉检测系统将视觉技术与图像技术相结合，给柔印设备安装上超级"智眼"。针对柔印标签印刷的特点，机器视觉质量检测软件将印刷缺陷分为三类：表面普通印刷缺陷，如脏点、漏印、蚊虫、异物等；颜色缺陷，如偏色；尺寸缺陷，如套印不准等。并根据以上三类缺陷的成因开发三大检测模块，分别是一般缺陷检测模块（检测大部分表面缺陷，包括：漏印、脏点、蚊虫、异物等）、色差检测模块（检测偏色）和尺寸检测模块（检测套印不良、模切偏位等）。检测软件采用单一好品模板建模，根据质量标准的不同，在不同区域设置不同的检测精度，可实现分区检测，确保满足柔印标签印刷领域的复杂检测需求。

2. 全方位的质量检测设备

柔印印刷、印后加工工序可使用检测设备及其解决方案，满足柔印企业的全方位质量检测需求，如在线检测离线剔废设备、喷码检测一体设备、标签检测设备、软包检测设备等，能有效帮助柔印企业摆脱人力质检困局，提升生产效率、降低人力成本。

3. 信息化的印刷质量检测系统

印刷质量检测系统可解决印刷企业集团的全球总部和分工厂、国内总厂与分厂、同一工厂内部不同设备上从ERP下单到最终产品交付的全流程质量管理，统一了质量标准。质量检测系统不仅能为柔印印刷企业提供质量检测设备，还可以提供数字化管理服务，如将缺陷检测结果形成统计报表和质量报告融入客户本身的质量管理体系，为柔印企业收集产品质量数据打造信息化、智能化工厂提供了可行之路。

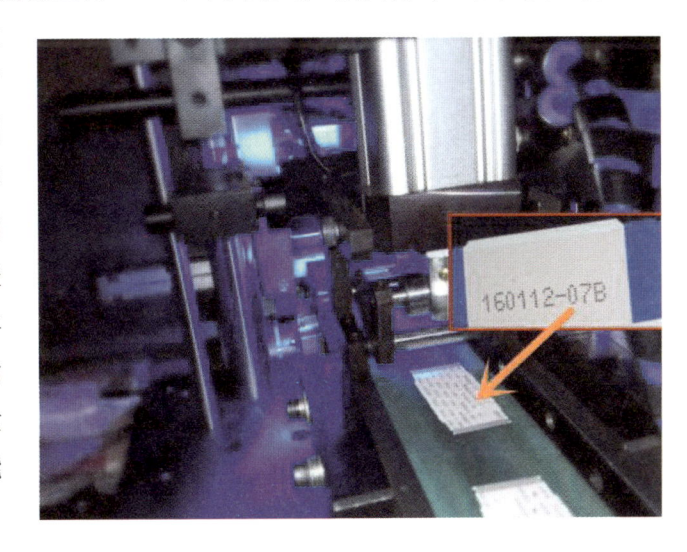

三、自动质检系统助力柔印企业智能化发展

在柔印印刷领域有软包、标签等多种自动质检系统，可帮助柔印企业降低品检人员的劳动强度和品检人员数量，采集质检过程中相关数据信息，助力企业智能化发展，有效降低企业劳动成本和管理成本，提高企业竞争力。

以在线检测离线剔除系统为例，该系统在检出缺陷后，声光报警器就会第一时间发出警报，提示缺陷产生，防止材料浪费。中央服务器记录下缺陷在印卷上的位置和大小，这些缺陷信息在上传到复卷机之前，可进行筛选，排除掉不需要剔除的瑕疵，然后电脑控制复卷机在缺陷位置停机，完成剔废。这种方式可提升生产效率，没有缺陷的印卷无须复卷，严格控制生产质量，能够帮助柔印企业更好地实现智能化质量检测管理。

在线检测、离线检测系列通过在印刷过程中对质量实时监控，发现缺陷后记录并声光报警，特别对于连续发生的缺陷能及时报警提醒操作人员做相应处理。检测精度高达0.05mm，能满足高质量检测需求，对激光、烫金等特殊材料也能有效适应，做到100%材料可检测。三维检测系统和双透膜模切不良检测系统，可以100%精确检测压胶、划痕、气泡等三维缺陷，解决了双透膜模切缺陷行业难题。大幅提高了柔印标签印后成品质量检测精度与成品合格率。

业内多家企业引进自动质检系统后获得了很好的使用效果。如上海正美集团引进检测设备后，产品已基本无退单现象；江苏某印刷企业购买检测设备后，在当年订单翻番的情况下，不需要再为漏检错检发愁，产品质量有了明显保障。

四、精心准备迎接柔印智能化未来

"标准先行、夯实基础，数据驱动、融合发展，模式创新、示范引领"是《中国印刷业智能化发展报告（2018）》中提出的印刷智能化发展"24字方针"，明确指出了印刷业应以加强阵地建设为目标，以提质增效为中心，以信息技术与印刷技术深度融合为主线，来推进智能化建设的发展方针。其中"标准先行"作为方针之首，体现了标准化作为智能化发展基础的重要性。

凌云目前也正积极参与由中国印刷及设备器材工业协会标签印刷分会与全国印刷标准化技术委员会联合主办的标签印刷行业标准的起草工作，以推动印刷质量检测及发展进步为己任，积极配合协会组织抓好标签印刷产品的标签检测标准与制定工作，完成卷筒料印刷品质量检测系统国家标准的起草，印品外观质量视觉检测系统计数要求和检验方法行业标准的起草，为带动印品质量检测技术的发展而不断努力。

除了参与印刷质量标准的制定，凌云也正从视觉图像 AI 技术入手，积极提高印刷检测设备的精度与效率，不断进行管理技术的创新，将印刷自动化检测设备和智能化质量管理作为努力方向，真正实现从单纯的检测设备向智能化品质管理方面发展，帮助印刷企业建立科学的产品质量标准与工艺，为企业提供更多的统计、反馈功能，从而指导相关人员，建立产品的全过程标准化、信息化、智能化的生产体系。